고객만족 측정 방법의 재정립

- 만족한 불평고객을 찾아라 -

고객만족 측정 방법의 재정립

-만족한 불평고객을 찾아라-

손 영 화 著

한국학술정보(주)

책머리에

　최근 들어 기업들의 고객에 대한 관심은 그 어느 때보다 높은 상황이다. 특히 기업들마다 고객 만족 경영을 경영이념으로 확립하고 많은 노력을 기울이고 있는 실정이다. 또한 고객 만족 센터 또는 콜 센터 등 고객과의 직접적인 커뮤니케이션 채널을 열어놓고 불만이 있는 고객들의 목소리를 직접 듣고 있다. 이처럼 기업들의 많은 노력에도 불구하고, 몇몇 고객 만족도를 측정하는 기관에서 발표된 만족도 점수를 보면 대다수 고객 만족도가 1위라고 하는 기업의 만족도 점수는 최근 수년간 증가되는 모습이 잘 보이지 않고 있다. 왜 이런 현상이 나타나는 것인지 한번쯤 의문을 가져 볼 필요가 있다고 보았다.

　오늘날 고객들은 급속하게 변화하는 소비 환경 속에서 다양한 욕구를 분출시키고 있으며, 세계 어느 곳에 있는 정보도 빠르게 접할 수 있게 되면서 제품에 대한 기대 또한 점점 높아지고 있는데 반해, 기업에서는 기술력을 내세운 제품만으로는 제품 차별화도 어려울 뿐 아니라 고객들의 기대 수준을 충족시키는 것이 쉽지 않게 되었다. 왜냐하면 제품의 품질 수준이라는 것은 고객들의 만족을 증가시키는 요인이 아니라 오히려 기본적인 수준에 못 미치면 불만족을 발생시키는 요인으로 작용하기 때문이다. 즉 제품 품질이 아무리 좋다고 해도 고객들은 그것을 당연한 것으로 받아들이고 있다. 따라서 만족을 증가시키기 위한 노력은 다른 요인에서 찾아야 할 것이며, 제품 외의 다른 요인들에 대한 고객들의 불만족을 최소화시키는 것이 궁극적으로 고객 만족을 극대화시킬 수 있는 길이라고 볼 수 있다.

또한 고객 만족도를 측정하여 고객들이 어느 정도 만족하는지를 파악하고 우리 기업이 만족도 1위 기업이라는 것을 광고하는 것에 초점을 맞추고 있는 것이 최근 몇 년 동안 나타난 현상이라고 할 수 있다. 하지만 고객 만족도 점수가 몇 점인지가 중요한 것이 아니라 고객들이 우리 회사의 제품 및 서비스의 무엇 때문에 만족하고 불만족하는 지를 파악하여 개선하는 것이 더욱 중요한 일이라 하겠다. 불만족한 고객이 무조건 우리 회사나 우리 제품을 떠나는 것이 아니라 불만족한 고객의 불만족스러워 하는 점을 어떻게 처리해 주느냐에 따라 떠나는 고객도, 오히려 충성도가 더욱 커지는 고객도 있을 것이다. 따라서 불만족한 고객의 불만족 원인이 무엇이고 그 원인의 성질이 무엇인지를 파악하여 불만족 고객을 어떻게 처리하고 대응할 것인가에 대한 방법을 찾는 것이 더 중요하다고 볼 수 있다. 왜냐하면 불만족 했다고 해서 모든 불만족 고객이 불평이 증가하고 재구매 의도가 낮아지는 것이 아니기 때문이다.

이러한 문제점을 해결하기 위해서는 우선 고객 만족도를 측정하는 방법이 달라져야 한다는 것이다. 기존의 측정 도구들이나 고객 만족도 조사의 방식으로는 현재의 만족도 수준이나 현상에 대한 설명은 충분히 가능하지만, 단일 차원의 전반적 만족도를 측정해서는 만족과 불만족에 영향을 미치는 요인을 분리해서 찾아낼 수가 없고, 그 원인에 대한 고객들의 생각을 알아낼 수가 없기 때문에 고객 만족도 조사를 수행하고 있는 많은 기업들이 조사 결과를 충분히 활용하지 못하는 한계점을 가지고 있다고 본다.

지금까지 많은 연구자들이 고객 만족도를 측정하고 관련 연구들을 수행해왔지만 이들은 대부분 고객만족을 단일차원 개념으로 다루는데서 오는 한계점 즉, 만족과 불만족에 영향을 미치는 요인들을 분리해 낼 수 없고, 만족과 불만족을 동시에 경험하는 고객들이 누군지 알 수 없는 한계점을 지닌다. 본 연구는 만족과 불만족이 별개의 차원이며, 각각에 기여하는 요인들도 다를 것이라는 입장에서 출발한다. 이에 따라 본 연구에서는 고객 만족의 개념과 측정차원, 고객 만족과 불만족을 결정짓는 선행 요인들 즉, 인지적 평가와 감정적 평가 요소들과 만족/불만족 형성 이후 나타나는 소비자의 귀인 유형, 귀인 후 유발되는 구체적인 정서, 그리고 귀인 관련요인들이 불평행동 및 재구매 의도에 미치는 영향에 관한 실증적연구를 수행하고자 하였다.

구체적으로, 본 연구에서는 만족과 불만족 측정에 있어서 단일차원이 아닌 2-요인 이론의 입장을 취하여 이를 검증하였고, 이와함께 소비 정서가 고객 만족/불만족을 결정하는 선행변인으로서 작용하고 있다는 것을 다루고자 하였다. 이를 위해 소비자들이 소비후 느끼는 정서 또는 감정 차원을 제품과 서비스를 구분하여 추출하였다. 또한 만족과 불만족에 따른 만족 및 불만족의 발생 원인을귀인 차원에 따라 평정시키고, 귀인 후 유발 정서를 측정하고자 하였으며, 그에 따라 그 이후의 불평행동 및 재구매 의도에 귀인 유형이 어떻게 영향을 미치는지를 검증해 보고자 하였다. 이러한 작업을 통해 본 연구에서는 고객 만족의 형성 단계부터 만족/불만족형성 이후에 불평행동 및 재구매 의도에 영향을 미치는 귀인 요인의 효과에 이르기까지의 전 과정을 총체적으로 다룰 수 있게 되었으며, 지금까지 부분적으로 이루어져 오던 고객 만족과 관련된 문제들을 전체적으로 검토함으로써 고객 만족을 증진시킬 수 있는 실질적 대안을 제공할 수 있는 기회가 마련되었다고 본다.

이러한 목적을 달성하기 위해 본 연구에서는 총 3개의 실증적 연구를 수행하였다. 연구 1에서는 고객 만족과 불만족에 영향을 미치는 소비 정서 항목들을 개발하고, 연구 2에서는 연구 1을 통해 개발된 소비 정서 항목들을 사용하여 만족과 불만족이 2차원의 독립적인 구성체임을 검증해 보았으며, 마지막으로 연구 3에서는 만족과 불만족에 대한 귀인 유형에 따라 유발되는 구체적인 정서가 무엇인지, 그리고 귀인 유형이 불평행동 및 재구매 의도에 어떻게 영향을 미치고 있는지를 밝혀 보았다.

연구 1에서는 제품과 서비스 각각에 대해 정적 정서와 부적 정서를 구분하여 요인을 추출한 결과 제품 정적 정서에서 9개, 서비스 정적 정서에서 10개, 그리고 제품 부적 정서에서 8개, 서비스 부적 정서에서 7개의 요인을 추출하였으며, 추출된 요인에서 밝혀진 특징은 제품과 서비스에서 공통적으로 나타나는 정서와 제품과 서비스에서 차별적으로 나타나는 정서가 있다는 것을 알 수 있었다.

연구 2에서는 신용카드와 핸드폰 각각을 대상으로 하여 고객 만족과 불만족의 2차원성 검증을 위해 고객 만족/불만족의 1차원 모형과 2차원 모형 중 어느 것이 우수한 모형인지를 차이검증해 본 결과, 2차원 모형이 우수한 모형임이 밝혀졌다. 또한 불일치에서 정서를 매개로 만족과 불만족에 영향을 미치는 2차원 모형과 정서를 매개로 하지 않는 2차원 모형 간의 차이검증 결과, 정서를 매개로 한 2차원 모형이 우수한 모형임이 밝혀졌다. 그렇지만 소비 정서의 매개 효과는 정적 정서에서는 유의하지 않았고 부적 정서에서는 완전 매개 효과를 보이는 것으로 나타난 반면, 1차원 만족도에 미치는 정서의 매개 효과는 정적, 부적 모두 유의하지 않았다.

만족/불만족의 2차원성에 따라 불일치와 만족/불만족 집단 간의 효과를 분석하여 만족과 불만족 동시 경험 집단과 모두 낮게 경험한 집단이 만족만 높게 경험한 집단에 비해 불일치를 적게 경험할 것이라는 가설은 지지되지 않고 불만족만 높게 경험하는 집단에 비해 불일치를 적게 경험할 것이라는 가설은 지지되는 결과를 보여주었다. 그리고 정서 경험의 정도와 차이에 대한 가설들은 신용카드에서 만족과 불만족을 동시에 경험한 집단이 불만족만을 경험한 집단에 비해 정적 정서와 부적정서의 차이가 적을 것이라는 가설만 지지되지 않았을 뿐 신용카드와 핸드폰 모두에서 모두 지지되는 결과를 보여주었다. 즉 만족과 불만족을 모두 낮게 경험한 집단은 만족만을 낮게 경험한 집단과 불만족만을 낮게 경험한 집단에 비해 정서 경험의 정도가 적게 나타났으며, 모두 높게 경험한 집단은 만족만을 높게 경험한 집단과 불만족만을 높게 경험한 집단에 비해 정서 경험의 정도가 큰 것으로 나타났다. 또한 만족과 불만족을 동시에 경험한 집단은 만족만을 경험한 집단에 비해 정적 정서와 부적 정서 경험의 차이가 적게 나타났으며, 불만족만을 경험한 집단에 대해서는 핸드폰에서만 차이가 적은 것으로 나타났다. 마지막으로 2차원 만족이 재구매 의도에, 2차원 불만족이 불평행동에 유의하게 영향을 미치고 있음도 밝혀졌다.

연구 3에서는 만족과 불만족 형성이후 나타나는 귀인이 귀인 의존 정서에 미치는 효과와 불평행동 및 재구매 의도에 미치는 효과에 관한 가설들을 검증하였다. 가설 검증 결과들을 보면, 만족에 대해 내적 귀인을 하면 자부심과 자신감을 느낄 것이라는 가설은 신용카드에서는 지지되지 않았고 핸드폰에서만 자신감이 유발되는 것으로 나타났고, 만족에 대해 외적 귀인을 할 때는 신용카드와 핸드폰 모두에서 고마움과 신뢰감을 느끼는 것으로 나타났다. 불만족 귀인 후 유발되는 정서, 즉 분노는 외적/안정성 귀인의 경우를 제외하고는 모두 지지되었다. 즉 불만족에 대해 내적 귀인을 할 때보다 외적 귀인을 할 때 분노를 더 크게 느끼고, 외적 통제 불가능한 귀인을 할 때보다 외적/통제 가능한 귀인을 할 때 분노를 더 크게 느끼며, 외적/안정적/통제 가능한 귀인을 할 때 분노를 가장 크게 느끼는 것으로 나타났다.

반면에 불평행동과 재구매 의도에 관련된 가설들은 신용카드와 핸드폰에서 유사한 결과가 나왔으며, 내외 귀인에서는 확실하게 지지되는 결과를 보여준 반면 통제 가능성과 안정성의 경우에 일관되게 지지되는 결과를 보여주지 못했다. 가설 검증을 통해 나타난 결과들을 보면, 불만족에 대해 내적 귀인을 할 때보다 외적 귀인을 할 때 더 강한 불평행동을 보이고, 재구매 의도는 낮게 나타났고, 불만족에 대해 외적/불안정적 귀인을 할 때보다 외적/안정적 귀인을 할 때 재구매 의도가 낮게 나타났으며, 불만족에 대해 외적/안정적/통제 가능한 귀인을 할 때 재구매 의도는 가장 낮게 나타났으나 불평행동은 신용카드에서만 가장 강한 것으로 나타났다. 반면에 불만족에 대한 외적/통제 가능성 귀인은 신용카드와 핸드폰 모두에서 불평행동 및 재구매 의도에 유의한 효과를 미치지 못하는 것으로 나타났다.

전체적으로 볼 때, 본 연구를 통해 한국적 소비 상황에서 한국인이 소비 후에 경험하는 정서를 측정하는 척도들을 제품과 서비스 각각에서 개발하였고, 고객 만족과 불만족의 2차원성에 대한 실증적 확인이 제품과 서비스에서 모두 이루어졌으며, 만족과 불만족 측정에 감정적 평가를 포함해야 한다는 새로운 시사점과 향후 연구에서 활용될 수 있는 측정 도구를 제공했으며, 고객 만족과 불만족에 관련된 귀인의 효과를 부분적으로 확인하였고, 향후 귀인 연구의 필요성에 대한 새로운 방향을 제시할 수 있었다.

본 연구를 끝까지 수행할 수 있도록 지도해주시고 이끌어주신 서용원 선생님께 감사드리며, 성균관대학교 조직심리 연구실의 석.박사과정 후배들의 아낌없는 도움에도 감사드립니다. 그리고 오랜 시간동안의 연구 수행을 끝까지 믿고 격려해주신 어머님께 무한한 감사를 드립니다.

손 영 화

목 차

표 차 례

그 림 차 례

제1장 서 론

제1절 연구의 배경

최근 고객 만족이란 용어는 일반인들에게조차 익숙한 용어가 되었다. 이 용어는 고객 만족에서부터 고객 감동, 고객 행복에 이르기까지 많은 기업들이 앞 다투어 사용하는 문구가 되었다. 하지만 소비자들에게 다양한 매체를 동원하여 많은 광고비를 써가면서까지 내세우고 있는 고객 만족을 진정 제대로 실천하는 기업은 몇 안 되는 것으로 보인다. 많은 기업들이 대내외적으로 고객 만족 경영을 경영이념으로 채택하고 이를 실천하기 위한 적극적인 노력을 기울이고 있는 것이 최근의 실정이다. 새로운 세기를 맞이하여 오늘의 기업 환경과 패러다임은 정보화 사회로 급격하게 변화하고 있으며, 소비자들 또한 정보화 사회로의 변화에 맞춰 급격한 변화 속에 놓여 있다. 소비자들이 이러한 변화 속에서 다양한 욕구를 분출시키고 제품에 대한 기대는 점점 높아지면서 기술력을 내세운 제품만으로는 소비자들을 만족시키기가 어렵게 된 것이다. 즉 제품 차별화는 기업들 간의 더 이상 마케팅의 무기가 될 수 없으며, 자사의 고객이 되었다고 해서 그 고객이 지속적으로 자사 제품을 구매할 것이라는 생각은 할 수 없게 된 것이다. 왜냐하면 고객들은 얼마든지 다른 대안을 찾을 수 있으므로 굳이 한 기업에 머물러 있을 이유가 없기 때문이다. 따라서 최근의 기업을 둘러 싼 경영환경의 변화는 기업의 판매 신장 및 이윤 수준을 지속적으로 유지하기조차 어려운 실정이다. 그렇기 때문에 기업들은 한 명의 소비자라도 자사의 고객으로 만들고, 고객이 된 소비자는 어떻게 하든 계속 남아있게 하기 위한 최선의 노력을 기울이지 않을 수 없게 되었다. 제조업을 중심으로 이루어져온 A/S가 고객 만족 서비스로 전환되면서 금융, 서비스, 유통, 및 공공기관에 이르기까지 확대 시행되면서 고객 만족은 모든 산업 분야에 걸쳐 중요한 영역으로 대두되었다.

고객 만족이 최종 목표인 것처럼 고객 만족 경영을 내세우던 기업들이 최근 들어 CRM(Customer Relationship Management)을 하기 위한 시스템 구축에 힘을 쏟고 있다. 즉 기업마다 고객 데이터베이스를 갖추고 소비자들을 자사 고객으로 창출하고, 고객과의 관계를 지속적으로 관리하여 충성 고객으로 만들기 위한 것이다. 이러한 과정 속에서 많은 기업들이 고객과의 접점 관리를 하기 위한 고객 콜센터를 구축하고 많은 인력들을 동원하여 고객과의 접촉을 시도하고 있다. 이전에 수행되어온 고객 문의나 불만 접수창구인 고객지원센터 내지는 고객 서비스센터의 확장 내지는 변화를 추진하고 있으며, 다양해진 고객과의 채널을 폭 넓게 활용하는 총체적인 고객 접촉(contact) 센터로서의 역할과 기능을 부여하고 있는 것이다.

이러한 상황에서 중요하게 고려해 봐야 할 문제들이 나타나고 있다. 고객들의 만족 수준을 극대화하고 불만을 극소화시키기 위해 고객 만족 경영을 하고 있는 많은 기업들이 고객 만족도 조사를 수행하고 그 결과로 고객 만족도 1위 기업임을 내세우는 것도 중요하지만, 전반적인 기업들에 대한 고객 만족도가 낮게 나타나고 있다는 점과 경쟁기업보다 1점이라도 높은 점수를 받으면 된다는 식의 사고가 지배적이어서 불만족 고객, 특히 만족하면서 불만족도 높은 고객들이 누구인지 모르는 것이 큰 문제라 할 수 있다. 이러한 문제점이 나타나고 있는 것은 고객 만족도를 측정하는데 있어서 만족도 점수 산출에 너무 많은 비중을 두고 있으며, 이로 인해 고객 만족과 불만족에 어떤 요인들이 영향을 미치고 있는지에 대한 분석 노력이 상대적으로 부족하다는 것이다. 이는 곧 고객 만족도를 증가시키기 위해 기업이 어떤 노력을 기울여야 하는지에 대한 정확한 전략을 수립할 수 없다는 것을 의미한다. 최근 수년간 이루어지고 있는 고객 만족도 조사에서 1위 기업임을 내세우는 기업의 만족도 점수가 얼마나 향상되었는지를 자신 있게 발표하는 기업을 우리 주변에서 찾아보기 힘든 것 또한 같은 맥락에서 생각할 수 있는 것이다.

또 다른 문제점으로 지적할 수 있는 것은 고객 데이터베이스를 갖추고 CRM을 시행하는 기업들이 자사의 제품이나 서비스를 구매하지 않거나 이용하지 않을 때, 그 사실을 정확하게 인지하고는 있으나 그 고객이 왜 떠났는지에 대해서는 정확히 파악하지 못하고 있으며, 더욱 심각한 것은 자사의 고객 센터에 직접 불평행동을 표출하는 고객들조차도 어떤 이유로 그런 불평을 하는지에 대해 잘 모르고 있다는 것이다. 또한 고객들의 불평행동이 표출되었을 때 그 불평행동을 처리하는 것에 급급하여 고객의 불만족 이유가 무엇인지, 그러한 불평행동을 왜 하는지에 대해 파악하지 못한다면 결코 그 불만족한 고객을 자사의 고객으로 남아 있게 할 수는 없을 것이다. 그리고 불평행동을 보이는 고객은 그나마 기업이 인지하게 되므로 어떠한 대응 노력을 하여 관계를 유지할 수 있을지 모르지만, 조용히 아무 반응 없이 떠나는 고객들에 대해서는 어떠한 노력도 할 수 없게 된다는 것이 더욱 심각한 일이 아닐 수 없다.

이러한 문제에 대해 지금까지 이루어진 선행 연구들을 고찰해 본 결과 이론적 관점에서 다음과 같은 한계점을 발견할 수 있었다. 우선 고객 만족도를 측정하고 있는 방법 및 도구의 문제를 들 수 있다. 현재 국내에서 수행되고 있는 고객 만족도 조사들은 대부분 만

24

족도 점수를 산출하는데 초점이 맞추어져 있다. 이러한 만족도 조사들을 수행하는 것에는 나름대로의 목적과 이유가 있다고 본다. 경쟁 기업과의 비교, 자사 내부 직원들의 부서 간 만족도 성과 비교 지표 등과 같은 이유에서 외부 기관을 이용한 만족도 조사가 수행되고 이를 활용한 마케팅 전략과 광고도 이루어지고 있는 실정이다. 물론 자체적으로 고객 만족도 조사를 실시하는데 많은 노력을 기울이는 기업들이 없는 것은 아니지만, 사용하고 있는 측정 도구가 위에서 언급한 만족과 불만족을 동시 경험하는 고객에 대한 정보 부재와 불만족 고객들의 불만족 이후 원인 지각에 따른 행동 파악의 미흡과 같은 문제들을 해결하는데 충분한 역할을 하지 못하는 것이 현재의 상황이라고 본다. 이는 기업 입장에서 직접 연구를 수행하기가 현실적으로 쉽지 않으며, 학계에서도 고객 만족에 대한 충분한 연구가 이루어지지 않은 것이 원인이 될 수 있다. 고객 만족의 개념뿐 아니라 고객 만족의 형성과정에 대해서, 그리고 고객 만족 이후의 소비자 행동에 대해서도 많은 연구들이 행해져 왔음에도 불구하고 연구 결과의 일관성이나 측정 도구의 신뢰도나 타당도에 의한 문제로 인해 체계적으로 정립되지 못할 뿐 아니라 활용되지도 못하고 있다.

다른 문제점으로 고객 만족/불만족이 형성된 이후에 불만족에 대한 원인 지각, 고객 불평행동과 재구매 의도의 발생 유무에 미치는 영향 요인에 대한 파악이 연결되지 못하고 있다는 것을 들 수 있다. 즉 이는 고객 만족도를 측정하고 난 이후에 그 결과를 어떻게 활용하고 있는 가에 대한 부분이며, 고객 센터를 통해 입수되고 있는 고객 불평행동에 대한 정보가 어떻게 활용되고 있는가에 대한 문제이다. 우리 기업들은 고객의 욕구 파악을 매우 중시하며, 이를 위해 많은 비용을 들여 다양한 조사들을 하고 있지만, 고객들의 불만족이나 불평행동에 대한 심층적 파악 노력이 상대적으로 부족하다고 할 수 있다. 즉 고객들의 불만족이 왜 발생했으며, 그 원인의 발생소재와 책임소재가 무엇인지, 어떤 원인에 대해 불평행동을 하는지, 그리고 불평행동에 어떻게 대처해야 하는지에 대해서는 관심을 기울이지 못하고, 관심을 가지고 있는 기업에서도 실제 수행하지 못하고 있는 것이 현실인 것이다.

이러한 문제점들이 많은 연구자들에 의해 지적되어 왔으나 이를 뒷받침 하는 실증적 연구들이 많지 않았거나, 이루어졌다 해도 부분적으로 수행되어 졌다고 본다. 따라서 본 연구를 통해 고객 만족의 측정과 관련된 문제, 고객 만족의 형성과정 및 만족/불만족 형성 이후의 소비자 행동에 대한 전반적인 이론들을 살펴보고, 이를 실증적인 자료들을 활용하여 검증해 보고자 하였다. 본 연구는 고객 만족의 개념과 측정 차원, 고객 만족을 결정짓는 선행 요인들과 만족/불만족 형성 이후 나타나는 불평행동 및 재구매 의도에 영향 미치는 요인들의 매개과정을 밝힘으로써 실질적으로 활용할 수 있는 신뢰성 있고 타당한 도구 개발의 기초를 제공할 수 있을 것이고 나아가서 고객만족 경영을 실천하는 기업들에게도 유용한 자료를 제공할 수 있는 계기를 만들 수 있을 것으로 생각한다.

제2절 연구의 목적

소비자가 제품을 구매하고 사용해 본 후에 나타나는 태도형성 과정이 불평행동, 충성도라 할 수 있는 재구매 의도 및 구전효과에 매우 중요한 역할을 하고 있다는 사실이 알려지면서 고객 만족 연구에 대한 관심이 커지고 있다. 하지만 소비자 만족/불만족 연구들은 제품 일반에 대한 전반적인 접근이라기보다는 특정 제품/서비스 중심적이며, 그때그때의 필요에 따라 이루어지기 때문에 소비자 만족/불만족에 대한 엄밀한 이론적 바탕이 결여되어 있을 뿐 아니라 그 연구방식도 덜 체계적인 경향이 있다(성영신 & 김완석, 1988). 90년대 후반까지 고객 만족에 관한 다양한 모델이 등장했고, 선행 변인과 결과 변인들에 대한 연구가 활발하게 진행되어 왔는데, 90년대 후반부터 고객 만족의 개념적 논의가 다시 일어나기 시작했고, 2000년 이후로 개념에 대한 재정립 논의들이 국외뿐 아니라 국내 연구자들 사이에서도 활발히 나타나고 있는 실정이다.

지금까지 연구되어온 고객 만족의 영역을 정리해 보면 다음과 같이 4가지 정도로 정리해 볼 수 있다. 첫 번째는 고객 만족의 개념 및 측정(차원) 문제이고, 두 번째는 고객 만족의 과정 문제, 즉 고객 만족의 선행변인, 결과변인, 매개변인을 다루는 것이고, 세 번째는 고객 만족의 인과관계(귀인) 분석 문제 그리고 네 번째는 고객 만족과 기업 성과 문제를 다루는 것이다. 지난 20여 년간의 연구들은 인과관계 분석을 제외한 세 분야에서는 매우 활발하게 연구되어 왔다고 할 수 있다. 최근 국내 연구자들 사이에서도 지금까지의 연구 주제에 관한 고찰과 고객 만족 개념에 대한 재정립 연구들이 시도되고 있다(예: 박명호 & 조형지, 2000; 이유재, 2000). 고객 만족의 개념과 관련된 문제들을 살펴보면, 연구자들마다 조금씩 다른 개념적 정의를 사용해 온 것은 분명한 사실이다.

또한 고객 만족의 측정과 관련된 문제들도 연구자들 사이에서 서로 다른 견해들을 보이고 있다. 첫 번째는 단일 항목 척도와 복수 항목 척도의 문제를 들 수 있다. 단일 항목으로 측정했을 때 간단하다는 이점 외에 구성요소에 대한 정보 제공 불가, 고객 만족의 복잡성 설명 불가, 무작위적 오차, 척도의 신뢰도와 타당도 평가 곤란 등과 같은 문제점들이 다수 지적되었다. 두 번째는 만족과 불만족이 단일 차원인지 별개의 차원인지의 문제를 들 수 있는데, 이는 만족과 불만족이 동일한 구성개념인지 독립되는 차원의 별개의 구성개념인지에 관한 것이다. 90년대 이전의 연구들은 대부분 단일차원으로 보고 측정해 왔다. 초기 정서이론가들(Havlena & Holbrook, 1986; Plitchik, 1980; Russell, 1978)은 정적 정서와 부적 정서를 단일 차원으로 간주하고 양극단(bipolar)형태의 척도로 측정하였고, 고객 만족과 관련된 선행 연구들에서도 대부분 양극단 척도를 이용하여 측정함으로써 만족과 불만족을 단일차원으로 정의하여 연구하였다(박명호 & 조형지, 2000). 하지만 정적 정서와 부적 정서가 별개의 요인이라는 주장과 단일 요인이라는 주장은 최근까지도 학자들 간의 논쟁의 대상이 되고 있다. 90년대 들어서 지금까지 계속되어 온 연구들 중에는 정적 정서와 부적 정서를 분리하여 측정한 결과 모형의 적합도가 더 높게 나타나고 있으며 따라서 두 요인이 별개의 개념인 것으로 나타나고 있다(예: Babin, Griffin, & Darden, 1994; Babin & Griffin, 1998; Bagozzi & Moore, 1994; Mano & Oliver, 1993; Oliver, 1993). 따라서 소비자는 만족과 불만족을 동시에 경험할 수 있으며, 만족과 불만족이 별개의 개념이라는 주장이 고객 만족 연구 영역에서 더욱 유의한 실증적 지지를 받는 이론으로 수용되고 있다고 본다.

만족과 불만족을 별도의 차원으로 인식하는 2요인 이론이 간헐적으로 제기되었지만, 연구자들은 이 이론을 뒷받침하기에 충분한 실증적인 결과를 보여주지는 못했고 다만 소수의 연구에서 부분적으로 2요인 이론에 부합하는 결과를 찾아냈을 뿐이다(예: Maddox, 1981; Swan & Combs, 1976). 그러나 2요인 이론을 입증하는 강력한 실증이 없었다는 것만으로 소비자의 내면에 만족과 불만족의 상존 가능성을 배제할 수는 없다. 즉, 제품 또는 서비스의 구매 및 사용에 있어 소비자들은 그와 관련된 어떤 속성들에는 만족을 느끼면서 동시에 다른 어떤 속성들에는 불만족을 느낄 수 있으며, 또한 구매 및 사용 경험에 대한 인지적 평가를 통해서는 만족을 느끼면서 감정적인 평가 측면에서는 불만족스러워 할 수 있다는 것은 당연한 현상이라 할 수 있다.

이와 관련해서 함께 다루어야 할 문제는 고객 만족 형성 과정에 있어서의 감정적인 경험에 관한 고려이다. 대부분이 고객 만족 연구들이 기대-불일치를 이용한 인지적 변인들을 밝히는데 초점을 맞추어 왔으나, 만족/불만족 차원의 문제와 함께 그 문제의 근본적인 부분인 정적 정서와 부적 정서의 분리 문제가 함께 언급되어져야 한다. 또한 최근 연구들에서 감정이나 느낌을 고객 만족 과정 연구에 포함시키는 사례가 늘고 있다(예: Bagozzi, Gopinath, & Nyer, 1999; Mano & Oliver, 1993; Oliver, 1993; Watson & Tellegen, 1985; Westbrook & Oliver, 1991). 하지만 이러한 감정반응의 측면을 고려하기 위해서는 우선 감정의 차원을 명확히 구분하는 작업이 선행된 후에 인지적 평가 모형인 불일치 패러다임에 이를 추가하여 그 효과를 분석하는데 사용하여야 할 것이다(이유재, 2000). 또한 고객 만족과 정서에 관한 여러 연구 결과에도 불구하고 심리학자들이 개발한 정서 요인을 만족과 같이 소비 상황에서 유발되는 정서를 측정하는 척도로 적용하는데 대한 즉, 소비 상황에 적합지 않은 정서들을 사용했다는 비판과 그러한 정서를 사용해서 나온 결과의 타당성에 의문점이 제기되고 있다(박명호 & 조형지, 2000).

지금까지 수행되어온 고객 만족 연구에서 가장 부족했던 부분이라고 할 수 있는 영역이 바로 만족/불만족에 대한 원인 분석과 그 이후의 행동 반응에 대한 인과 관계 분석이라고 할 수 있다. 하지만 소비자 불평행동에 대한 관심이 높아지면서 소비자의 제품 실패에 대한 반응을 예측하는 것이 매우 중요한 것으로 인식되어 지고 있다. 주로 고객의 불평행동이 고객 만족의 결과 변인으로 연구되어 왔지만 불평행동의 유형을 예측할 수 있는 매개변인이나 조절변인에 대한 연구는 귀인 변인이나 관여도 등을 제외하고는 그리 많지 않은 편이고, 불만족에 대한 귀인이 불평행동을 야기한다는 것을 실제로 보여주는 연구는 적다(이유재, 2000).

그럼에도 불구하고 귀인이 불평행동과 재구매 의도에 영향을 미친다는 것에 관한 연구들이 80년대 이후로 속속 등장하고 있다. 예를 들면, 소비자가 제품 사용의 결과를 어떤 원인으로 귀인 하는가에 따라 구매 후 행동 특히 불만 처리가 달라진다는 연구(Folkes, 1984; 1988; Krishnan & Valle, 1979), 귀인과정과 감정과의 관계를 다룬 연구(Oliver, 1989), 그리고 귀인과 재구매 의도(안광호 & 윤면상, 1990), 귀인변인에 의한 소비자 불평행동 설명(박진영 & 문숙재, 1990), 만족도와 재구매 의도에 미치는 귀인 요인의 효과(구순이, 1996) 등의 국내 연구들도 있다. 또한 Weiner(2000)는 소비자 행동에서의 귀인에 관련된 생각들을 정리하면서 안정성 차원에 따른 인과 관계 지각이 제품 만족의 예측 가능성에 영향을 미치고 통제성 차원에 따른 인과 관계의 지각은 책임과 불만에 대한 보복 행위의 판단에 영향을 미친다고 하였다.

　따라서 본 연구에서는 만족과 불만족 측정에 있어서 단일차원이 아닌 2차원이라는 만족/불만족의 차원성 문제를 검증하고, 이와 함께 소비 후 경험하는 정서 또는 감정이 고객 만족을 결정짓는 매개변인으로서 작용하고 있다는 것을 밝히려고 한다. 또한 제품 실패에 따른 불만족 발생의 원인을 귀인 차원에 따라 평정을 시키고, 귀인 유형에 따른 유발 감정을 측정하여, 귀인 유형에 따라 어떤 귀인 의존 정서들이 유발되고 귀인 유형이 불평행동 및 재구매 의도에 어떻게 영향을 미치는지를 검증해 보려고 한다. 이는 고객 만족의 형성 단계부터 만족/불만족 형성 이후에 불평행동 및 재구매 의도에 영향을 미치는 귀인 요인의 효과에 이르기까지의 전 과정을 총체적으로 다루고, 이를 통해 지금까지 부분적으로 이루어져 오던 고객 만족과 관련된 문제들을 종합적이고 체계적으로 다루고자 하는 것이다.

제2장 이론적 배경

제1절 고객 만족의 개념

1. 고객 만족 개념 및 측정에 관한 문제들

고객 만족의 개념은 마케팅 사고 및 실무에 있어서 점점 더 중심적 위치에 놓이고 있다. 고객 만족은 마케팅 활동의 중요한 목표이며, 구매 및 소비 후 태도 변화, 불평행동, 반복 구매, 상표 충성도와 같은 구매 후 현상과의 연결고리 역할을 수행한다. 고객 만족은 기업의 이익이 고객의 필요 및 욕구를 만족시킴으로써 창출된다는 마케팅의 핵심인 것이다. 최근 들어 고객 만족을 다양한 관점에서 보려는 시도가 활발히 이루어지고 있으나, 1990년대에 이르기까지 학자들 간에 고객 만족 개념에 대한 뚜렷한 합의가 이루어지지 않고 있다. 이러한 합의된 개념적 정의의 부재는 고객 만족의 척도에 관한 다양한 조작적 정의로 연결되어 측정 방법 또한 연구자들 간에 불일치된 견해를 보이고 있다. 따라서 오늘날 많은 기업들이 고객 만족 개념에 대한 확실한 이해가 없는 상태로 개별 기업 나름대로 고객 만족도를 측정하여 마케팅 전략의 수립과 실행 및 평가에 사용해 오고 있는 실정이다.

Cardozo(1965)의 고전적 논문 이래 수년 동안 광범위한 연구가 있었지만, 연구자들은 소비자 만족에 대한 일치되는 정의를 아직까지 개발하지 못하고 있다. 만족을 정의하려는 연구들이 거의 주목

을 받지 못하는 동안 대부분의 연구들이 소비자 만족의 모델을 검증
하는데 초점을 맞추어 왔다(예: Mano & Oliver, 1993; Oliver, 1993;
Oliver & DeSarbo, 1988; Spreng, MacKenzie, & Olshavsky, 1996;
Tse & Wilton, 1988).

기본적 정의의 불일치성은 만족이 과정인지 결과인지의 여부에
대한 논쟁에 의해 분명해졌다(Yi, 1990). 더 정확하게 말하면, 소비
자 만족의 정의는 평가 과정(예: Fornell, 1992; Hunt, 1977; Oliver,
1981)뿐 아니라 평가 과정에 대한 반응(예: Halstead, Hartman, &
Schmidt, 1994; Howard & Sheth, 1969; Oliver, 1997, 1981; Tse &
Wilton, 1988; Westbrook & Reilly, 1983)을 강조해왔다. 일반적인
정의의 관점에서 보면, 과정 정의는 만족 처리 과정에서 일치성이
거의 없다는 문제가 있다. 조작적 관점에서 보면, 처리 과정 정의는
개념적 정의 속에 포함된 선결적 구성체로 인해 혼란에 빠지게 되
었다. 따라서 결정 과정 구성체와 소비자 만족 구성체의 영역 간에
중복이 있는 것이다.

최근의 정의는 평가 과정에 대한 반응으로서의 소비자 만족 정의
를 선호해왔다. 구체적으로 보면, 충족 반응(fulfillment response)
(Oliver, 1997), 감정적 반응(affective response) (Halstead, Hartman,
& Schmidt 1994), 전반적 평가(overall evaluation) (Fornell, 1992),
심리적 상태(psychological state) (Howard & Sheth, 1969), 전반적
인 평가적 판단(global evaluative judgment) (Westbrook, 1987) 등
이다. 그렇지만 이러한 요약된 개념에 관해 불일치가 존재하고 있
다. 또한 연구자들은 소비자 만족을 인지적 반응(cognitive response)
(Bolton & Drew, 1991; Howard & Sheth, 1969; Tse & Wilton,
1988) 또는 감정적 반응(affective response) (Cadotte, Woodruff, &
Jenkins, 1987; Halstead, Hartman, & Schmidt, 1994; Westbrook &

Reilly, 1983)으로 분류하기도 한다. 더 나아가서, 비록 개념적 정의가 행동적 방향성이 결여되어 있다 하더라도, 조작적 정의는 만족의 행동적 차원을 포함하기도 한다(Halstead, Hartman, & Schmidt, 1994).

고객 만족에 대한 정의가 불일치하고 있다는 사실은 소비자 만족 연구에 심각한 문제를 일으키고 있다. 이론을 논의하고 검증할 때 개념적 영역을 설명하는 것은 중요한 일인데, 구성체가 일치하는 정의를 가지고 있다면, 이 문제는 모든 각각의 연구에서 언급할 필요는 없다. 그렇지만, 만일 구성체에 대한 여러 가지 정의가 존재한 다면, 연구자들은 선택된 정의를 외현적으로 정의하고 정당화해야 만 한다. 불행하게도, 대부분의 고객 만족 연구자들은 만족에 대한 그들의 정의를 정당화하지 않았다. 이렇듯 연구자들 사이에서도 만 족의 정의에 대해 일치된 견해가 모아지고 있지 않은 것이 지금까 지의 상황이다. 이러한 정의의 불일치로 인해 연구 간의 커뮤니케 이션이 어려울 뿐만 아니라 연구 결과의 비교가 어렵다는 것이 큰 문제라 할 수 있다.

또 다른 일치하지 않은 문제가 사용된 용어에서 나타나고 있다. 연구자들은 만족을 최종 사용자에 의해 결정되어지는 것으로 의미 를 부여하기 위해 다른 용어를 사용했다; 소비자 만족(예: Cronin & Taylor, 1992; Oliver, 1993; Spreng, MacKenzie, & Olshavsky, 1996; Tse & Wilton, 1988; Westbrook, 1980), 고객 만족(예: Churchill & Surprenant, 1982; Fornell, 1992; Halstead, Hartman, & Schmidt, 1994; Smith, Bolton, & Wagner, 1999), 또는 간단히, 만족(예: Kourilsky & Murray, 1981; Mittal, Kumar, & Tsiros, 1999; Oliver, 1992; Oliver & Swan, 1989). 이 용어들은 어떠한 특 별한 용어의 사용에 대한 정당화에서 제한성을 가지고 다소 상호

34

변화할 수 있게 사용되어지고 있는데, 분명한 것은 모두 최종 사용
자에게 초점을 맞추고 있다는 것이다. 물론 최종 사용자가 구매자
일수도 있고 아닐 수도 있지만, 고객 만족의 개념이 다양한 마케팅
맥락에서 적용된다는 것은 명백하다. 그러므로 소비자 만족 또는
고객 만족은 구매자일수도 있고 아닐 수도 있는 최종 사용자의 반
응에 상관이 되어 있는 것이다. 따라서 본 연구에서는 최종 사용자
의 반응에 초점을 맞춘다는 점에 동의를 하며, 최종적으로 사용한
다는 것 자체를 이미 그 제품의 고객이 된 상태로 보고 연구 과정
내에서는 고객 만족을 기준 용어로 사용하고자 한다.

고객 만족의 개념에 대한 문제만큼 중요하다고 할 수 있는데도
불구하고 아직 견해가 일치되지 않고 있는 문제가 바로 타당한 만
족 측정치의 개발이다. 구성체의 이론적 의미와 개념을 정의하는
것은 적합한 측정치를 개발하고 타당한 결과를 얻는데 필요한 단계
이다(Bollen, 1989; Churchill, 1979; Gerbing & Anderson, 1988). 만
일 소비자 만족 정의의 선택이 부족하거나 정당하지 않다면, 사용
된 측정치들이 적합하거나 타당한 지의 여부는 분명하지 않을 것이
다. 분명한 정의 또는 정의의 틀이 부족하다면, 맥락－구체적 항목
들을 개발하는 것은 어렵게 된다. 예를 들면, Westbrook(1987)은 만
족을 "제품 사용/소비에 관한 포괄적인 평가적 판단"이라고 정의하
였다. 이 정의는 맥락－구체적인 측정치를 개발하는데 가이드라인
을 거의 제공하지 못하고 있다. 맥락－구체적인 측정치를 개발하기
위해 사용할 수 있는 일치된 만족의 정의가 없다면, 고객 만족에
관한 의미 있는 결론을 내리기가 어려울 것이다.

아마도 고객 만족에 대한 정의가 불일치하고 있다는 사실로 인해
발생되는 가장 심각한 문제는 실험적 결과를 해석하고 비교할 수
없다는 것이다. Peterson과 Wilson(1992)은 연구 결과의 차이가 만

족을 어떻게 조작화 하는가에 달려있다는 것을 지적했다. 예를 들면, 기대가 만족에 어떻게 영향을 미치는가? 만족의 정의와 조작화에서의 차이가 모델 내에서의 기대의 역할에 영향을 미칠 수 있기 때문에 연구에 따른 결과를 비교하는 것은 불가능하다. 더 나아가서, 기대는 만족이 결정되는 특별한 맥락에 관련이 없을 수 있다. 관리자들에게 특별한 관심은 해석 불가능한 결과들이 의사결정을 위한 정보를 제공할 수 없는 결과를 기본적으로 일으킨다는 것이다. 따라서 정의 표준화와 측정 표준화의 부족은 일반화된 도구의 개발을 제한할 수 있다. 즉, 정의 표준화의 부족은 결과를 설명하고, 일반화하고, 비교할 수 있는 정도를 제한하게 된다는 것이다.

요약하면, 만일 연구자들이 만족이 무엇인지에 동의하지 않고 일치하는 정의에 따라 측정을 할 수 없다면 고객 만족 연구에 대한 단일화되고 비교 가능한 실체를 만들어 내는 것은 불가능하게 될 것이다. 더 나아가서, 관련된 만족 상황에 대한 소비자들의 관점에 따라 만족을 정의하고 측정하는 것은 피할 수 없는 부득이 한 일이 될 것이다. 이와 같은 이유로 해서, 이유재(1990)는 "소비자 만족의 영역을 더 발전시키기 위해서는 소비자 만족에 대한 분명한 정의가 필요하다"고 하였다.

2. 고객 만족 개념의 재정립을 위한 연구들

고객만족의 개념은 여러 연구들에서 다양한 개념으로 정의되어 왔는데, 여러 연구자들이 개념화한 고객 만족의 개념을 크게 두 가지로 즉, 결과와 과정으로 구분하여 볼 수 있다(이유재, 2000). 우선 결과와 관련된 정의를 보면, ① 소비자가 치른 대가에 대해 적절히 혹은 부적절하게 보상되었다고 느끼는 소비자의 인지적 상태(Howard & Sheth, 1969), ② 구매한 특정 제품이나 서비스, 소매상, 혹은 쇼핑이나 구매행동과 같은 행태와 관련된 또는 이들에 의해 야기되는 경험에 대한 감정적 반응(Westbrook & Reilly, 1983), ③ 불일치된 기대와 소비자가 소비 경험에 대해 사전적으로 가지고 있던 감정이 복합적으로 결합하여 발생된 종합적 상태(Oliver, 1981)로 구분하고 있다. 반면 과정에 초점을 맞춘 정의는 ① 소비 경험이 최소한 기대되었던 것보다는 좋았다는 평가(Hunt, 1977), ② 선택된 대안이 그 대안에 대한 사전 신념과 일치되었다는 평가(Engel & Blackwell, 1982), ③ 사전적 기대와 소비 후 지각된 제품 성과 사이의 차이에 대해 보이는 소비자의 반응(Tse & Wilton, 1988) 등을 들 수 있다. 또한 박명호와 조형지(2000)는 선행연구들을 검토하여 4가지로 고객 만족 개념을 구분하였는데, 첫 번째는 고객 만족을 인지적 상태(cognitive state)로 보는 관점, 두 번째는 고객 만족을 평가(evaluation)로 보는 관점, 세 번째는 고객 만족을 정서적 반응(emotional response)으로 보는 관점이고 마지막으로 인지적 판단과 정서적 반응의 결합으로 보는 관점이다.

고객 만족의 개념에 관한 연구 초기에는 인지적 상태 또는 주관적 평가 후 만족 또는 불만족 상태가 형성된다는 포괄적인 개념적 정의를 제시하고 있으나, 만족이란 구성 개념에 대한 세부적 기술과 명확한 정의는 제시되지 않고 있다. 1980년대 이후 비로소 고객 만족에 관한 이론의 정교화가 점진적으로 이루어지기 시작하면서 고객 만족 개념은 구매 후 유발되는 정서적 반응 또는 구매 경험에 대한 정서적 반응 또는 평가 결과 유발되는 정서적 반응 등으로 정의되면서 조금씩 구체화되었다. 그러나 이러한 개념적 정의 또한 고객 만족의 개념을 단순히 정서적 반응이란 일반적인 개념으로 정의하고 있을 뿐, 정서적 반응에 대한 구체적이고 명확한 속성을 세부적으로 기술하지 않고 있다.

최근 20여 년 동안 고객 만족에 관한 이론의 정교화가 양적, 질적으로 발전해 오면서 고객 만족의 개념적 정의는 정교화 된 개념적 정의로 발전해 가고 있다고 볼 수 있다. 최근 들어 Oliver(1997)는 고객 만족이란 "충족 상태(인지적 판단)가 유쾌한 수준(정서적 판단)에서 제공되었는지의 여부에 대한 판단"이라고 정의함으로써 고객 만족이란 구성 개념의 속성을 보다 구체적인 수준에서 설명하고 있다. Oliver가 제시한 고객 만족 정의는 지금까지 제시된 정의 중 고객 만족을 가장 정교하게 설명하고 있는 것으로 볼 수 있다. 그러나 Oliver(1997)는 유쾌한 이란 충족 상태가 유쾌함을 제공하거나 증가시키는 것을 의미한다고 설명함으로써 고객 만족을 "소비 경험의 유쾌한 충족 상태"로 규정하고 있다. 이것은 고객들의 충족 상태에서 유발되는 감정의 유형을 유쾌함만으로 한정시킨다는 의미로 해석될 수 있다. 하지만 선행 연구들에서 고객 만족은 흥미, 기쁨, 유쾌한 놀람, 쾌적함 등과 같은 다른 유형의 정적 정서 요인들과도 관계가 있는 것으로 나타났다(예: Mano & Oliver, 1993; West-brook, 1987; Westbrook & Oliver, 1991). 따라서 고객의 충족 상태를 유쾌한 수준으로만 한정짓는 것은 고객 만족이란 구성 개념의 본질적인 특성으로 인정되는 여러 유형의 정적 정서 요인들을 배제하게 되므로 여전히 불충분한 것으로 판단된다(박형호 & 조형지, 2000). 그래서 박형호와 조형지(2000)는 고객 만족 개념을 인지적 차원인 충족(fulfillment)이란 개념과 정서적 차원인 소비관련 정서(consumption-related emotion)라는 두 개념이 결합된 것으로 정의하고 있다. 그런데 만족이라는 개념을 만족과 불만족이 동시에 병존할 수 있다는 입장에서 볼 때, 만족이 유쾌한 충족 상태라고 한다면, 불만족은 불쾌한 미 충족 상태라 할 수 있으며, 이는 기대ー불 일치 모형에서의 불일치 즉, 기대 이상이면 만족, 기대에 못 미치면 불만족 상태가 되는 것과 유사한 개념이라고 볼 수 있다.

최근에 소비자 만족에 대한 개념을 재정의 하려는 시도가 있었 다. Giese와 Cote(2000)는 소비자 만족 연구를 해온 30년 동안 기존 문헌들에서 제시한 20여 개의 만족 정의에 대한 검토를 통해 만족 정의의 공통점들을 찾아내고 소비자의 관점에 기초한 소비자 만족 정의의 틀을 제공한 것이다. 그들은 기존 문헌들에서 만족을 정의 하는데 있어 유의한 차이를 포함하고 있는 반면, 모든 정의들은 어 느 정도 동일한 요소들을 공유하고 있다고 하였다. 그 세 가지 구 성요소는 다음과 같다: 첫째, 만족은 감정적 또는 인지적 반응이다; 둘째, 그 반응은 특별한 포커스(기대, 제품, 소비 경험 등)와 관련이 있다; 그리고 마지막으로 그 반응은 특별한 시간(소비 후, 선택 후, 축적된 경험에 기초된)에 일어난다. 또한 불만족에 대해서도 만족의 양극단의 반대쪽으로 묘사되거나, 소비자의 만족과 불만족이 서로 다른 두 차원으로 보여 왔다고 하면서 만족 정의 틀과 같은 세 가 지 구성요소로 구성되어 있다는 제안을 하였다. 즉 소비자들은 때 때로 선택/구입 경험의 한 측면에서 만족되어지지만, 다른 측면으로 불만족스러워지며, 이 경우, 만족과 불만족은 서로 다른 차원으로 간주될 수 있다는 것이다.

개념의 의미는 속성적 정의(attributional definitions), 구조적 정 의(structural definitions), 또는 특성적 정의(dispositional definitions) 가 결정한다(Bagozzi, 1984). 앞서 논의되었듯이 지금까지 고객 만 족의 개념적 정의는 구조적 관점에서 주로 다루어져 왔으며, 고객 만족의 본질(nature)이나 특성(properties)의 관점에서는 거의 규명 되지 않고 있다. 그 원인은 고객 만족 연구의 이론적 토대에 있는 것 같다. 즉, 지금까지 고객 만족 연구는 심리학의 인지 이론에 이론적 토대를 두고 있었으므로 고객 만족 개념의 규명은 주로 심리 처리과정의 관점에서 조명되어 왔다. 따라서 선행 연구의 상당 부분은 고객 만족의 형성에 영향을 미치는 선행 변인들이나 결과 변인들과의 관계를 다루는 연구들이 대부분을 차지하고 있다. 그 결과, 고객 만족이란 구성개념의 속성이 연구자에 따라 다양하게 정의되어 왔으며, 타당성이 충족된 측정지표가 제시되지 않고 있었던 것이다(Babin & Griffin, 1998). 이러한 현상의 근본적인 이유는 고객 만족 개념을 구성하는 핵심적 속성에 관해 연구자들 사이에 명확한 합의가 이루어지지 않고 있기 때문으로 여겨진다. 고객 만족이 마케팅 영역에서 주요 연구영역으로 부상한 이래 오늘날까지 고객 만족이란 구성개념의 본질과 관련된 주요 문제점을 크게 두 가지로 나누어 정리하면 다음과 같다.

첫째, 만족과 불만족은 별개의 구성 개념인가 아니면 동일한 구성 개념인가에 관한 쟁점이다. 초기의 정서이론가들(예: Havlena & Holbrook, 1986; Russell, 1978; Plutchik, 1980)은 긍정적 정서와 부정적 정서를 단일 차원으로 간주하고 양극단(bipolar)형태의 척도로 측정하였다. 그러나 양극단 이론은 요인분석 결과 요인 부하량이 단일 차원으로 부하되지 않았으며 두 개의 별개의 요인으로 부하되었다. 즉, 사람들은 긍정적 정서와 부정적 정서를 동시에 경험하는 것으로 나타났다. 그러나 정적 정서와 부적 정서가 별개의 요인이라는 주장과 동일선상에 놓여져 있는 단일요인이라는 주장은 오늘날까지도 학자들 간에 논쟁의 대상이 되고 있다. 실제로 고객 만족의 측정과 관련된 많은 연구에서는 "매우 만족/매우 불만족(very satisfied/very dissatisfied)", "매우 기쁨/매우 불쾌함(very pleased/very displeased)", "행복함/불행함(happy/unhappy)" 등과 같은 정서적 반응을 나타내

40

는 양극단 척도를 이용하고 있다. 그러나 여러 연구자들의 연구 결과, 정적 정서와 부적 정서를 분리하여 측정한 경우 모형의 적합도가 더욱 높은 것으로 나타났으며, 더욱이 두 요인은 별개의 개념인 것으로 나타나고 있다(예: Babin, Griffin, & Darden, 1994; Babin & Darden, 1996; Babin & Griffin, 1998; Bagozzi & Moore, 1994; Darden & Babin, 1994; Mano & Oliver, 1993; Oliver, 1993). Mackoy와 Spreng(1995)의 연구결과에서도 소비자들은 만족과 불만족을 동시에 경험하는 것으로 나타남으로써, 만족과 불만족은 별개의 개념이라는 주장이 고객 만족/불만족 연구 영역에서는 더욱 유의한 실증적 지지를 받는 이론인 것으로 수용되고 있다.

둘째, 고객 만족 개념은 순수한 정서적 개념인가 또는 정서적 요소와 인지적 요소가 결합된 개념인가에 관한 쟁점이다. 소비자 행동 연구 분야에서 정서적 변인이 인간 행동의 동기를 부여하는 주요 변인으로 부상한 1980년대 이래로 많은 연구자들은 고객 만족을 순수한 정서적 속성으로 구성된 개념으로 정의하였다. 이들은 만족을 정확하게 측정하기 위해서는 인지적 속성이 전혀 포함되지 않은 순수한 정서적 속성을 나타내는 척도로 구성된 도구의 사용을 주장하고 있다. 그러나 일부 연구자들(Fornell et al., 1996; Oliver, 1997)은 고객 만족의 속성을 정서적 요소와 인지적 요소가 결합된 것으로 보고 있다.

정서(emotion)란 정적 또는 부적 느낌(feelings), 대응을 위한 준비나 경향(readiness or tendency to cope) 그리고 인지와 행동을 위한 단서(cues for cognition & action) 등과 같은 동기부여와 관련된 것이다. 한편, 인지란 학습, 기억, 상징의 조작(symbol manipulation), 사고(thinking), 언어 등과 같은 지식과 관련된 것이다. 감각기관을 통한 정보처리는 이러한 여러 수준의 자료의 해석과 통합으로 구성되어 있으며, 모든 종류의 정보처리는 단일 선상(a single continuum)에서 이루어지게 된다(Izard, 1993). 이러한 단일 선상에서 정서적 경험은 동기 부여적이며 단서 유발적인 기능을 수행하며, 인지는 인간과 환경 간의 교호활동(transactions)을 지시하는데 필수적이므로 정서와 인지는 일반적으로 상호 작용한다는 주장이 지배적이다. 또한 정서와 인지의 상호작용은 행동이전 자극에 대한 평가 및 판단이 요구되는 활동에서 발생되는 것으로 보고 있다(Izard, 1993). 특히 고객 만족에 관한 실증연구를 수행할 때 대부분의 경우 연구자들은 응답자들에게 여러 유형의 척도를 제시한 후 평가하도록 한다. 이때, 응답자들은 만족도의 정도를 회상하여 평가해야만 하는 인지적 절차를 거치게 된다. 그러므로 고객 만족은 순수한 정서적 개념이라기보다는 정서적 요소와 만족상태에 대한 소비자의 판단인 인지적 요소가 결합된 "만족에 대한 판단"으로 보는 것이 타당할 것으로 판단되어진다.

이상으로 앞에서 언급한 내용을 기초로 하여 본 연구에서는 여러 가지로 분류된 고객 만족의 개념들 중 결과와 관련된 정의 중에서 불일치된 기대와 소비자가 소비 경험에 대해 사전적으로 가지고 있던 감정이 복합적으로 결합하여 발생된 종합적 상태(Oliver, 1981), 즉 인지적 요소와 정서적 요소가 결합된 것(Fornell et al., 1996; Oliver, 1997)으로 고객 만족의 개념을 설정하고자 한다. 또한 만족과 불만족이 별개의 구성 개념인가 아니면 동일한 구성 개념인가에 관해서는 두 요인이 별개의 개념인 것으로 나타난 Babin, Griffin, & Darden(1994), Bagozzi와 Moore (1994), Mano와 Oliver(1993), Oliver(1993) 등의 연구 결과와, 그리고 소비자들이 만족과 불만족을 동시에 경험하는 것으로 나타난 Mackoy와 Spreng(1995), 만족과 불만족이 불일치에서 정서를 매개로 하여 형성되어 진다는 만족/불만족의 2차원성 검증에 대한 실증적 증거를 보여준 서용원과 손영화(2003)의 연구 결과를 바탕으로 만족과 불만족은 별개의 개념이라는 입장을 취하고 연구를 수행하였다.

제2절 고객 만족의 형성 과정

1. 기대 - 불일치 모형

'고객 만족은 어떻게 형성되는가'라는 질문에 대해 제품 또는 서비스의 지각된 성과, 품질 및 기타 결과에 대한 소비자의 지각 수준과 평가 표준의 비교 과정에서 발생한다는 데에는 학자들 간의 견해가 일치한다. 고객 만족의 형성 과정에 대한 모형화가 다르고 따라서 연구에 사용한 변인들의 개념화와 측정, 변인의 종류 등에서도 차이를 보이고 있으며(Yi, 1990), 또한 소비자가 만족 여부를 판단할 때 어떠한 평가 기준을 채택하는 가에 대해서는 주장에 따라 여러 연구 패러다임이 나타났다(Oliver & DeSarbo, 1988). 이런 과정을 통해 고객 만족을 깊이 있게 이해하려는 노력을 해온 것이다. 또한 지금까지의 연구들은 측정 방법이나 결과 변인들에도 관심이 있었지만 주류는 고객 만족 형성과정의 개념화를 위한 선행 변인들과 그들의 관계에 관심이 있었다. 그러한 연구 결과에 따라 선행 변인으로는 기대(expectation), 지각된 성과(perceived performance), 불일치(disconformation)등이 다루어져 왔고 이런 변인들을 선행 변인으로 하는 일치 - 불일치 패러다임이 고객 만족을 설명하는 중심의 위치에 서게 되었으며, 가장 널리 받아들여지는 모형으로 자리 잡았다. 또한 고객 만족이 불평행동, 구전, 재구매 의도와 같은 결과 변인들에 영향을 미친다는 사실도 밝혀졌다.

기대−불일치 모형은 소비자들이 제품 성과에 대한 기대와 지각된 성과를 비교하여 제품에 대한 만족 판단을 한다는 것이다(Oliver, 1980; Yi, 1990). 여기에서 기대는 예측되는 제품 성과에 대한 소비자들의 전망을 의미하며, 성과가 어떠할 것이라는 예측을 반영한다. 만일 제품 성과가 기대를 상회한다면, 즉 긍정적 불일치가 발생한다면 만족의 증가가 예측되고, 반대로 제품 성과가 기대에 못 미쳐 부정적 불일치가 야기된다면 불만족의 증가가 예측된다. 그러므로 불일치는 고객 만족에 영향을 미치는 것으로 가정한다. 따라서 고객 만족은 기대와 불일치의 함수인 것으로 가정을 하고 있으며, 기대가 평가 기준으로 사용된다. 이 모형이 최초에 제시한 관계보다 훨씬 복잡한 측면이 있다는 사실이 밝혀졌지만, 많은 연구들이 이 모형을 다양한 수준에서 지지하고 있다(예: Churchill & Surprenant, 1982; Oliver, 1980; Swan & Trawick, 1981; Tse & Wilton, 1988).

소비자가 제품에 대해 갖는 만족을 설명하는 선행 변인을 밝히기 위해 수많은 이론적 모형이 제시되었는데, 지금까지의 만족에 관한 연구는 일반적으로 기대−불일치에 초점을 두고 있다. 그러나 기대−불일치의 효과보다 소비자가 직접 지각한 제품 성과가 만족에 더 큰 영향을 미친다는 주장도 나타나고 있다. 성과 모형은 제품 성과가 불일치를 통하지 않고 직접적으로 만족, 불만족에 영향을 미친다는 모형으로, 여러 연구(Churchil & Suprenant, 1982; Swan, 1988; Olshvsky & Miller, 1972; Tse & Wilton, 1988)를 통하여 이러한 관계가 증명되었다. 예를 들면 Churchill과 Suprenant(1982)는 제품의 성격(내구재 또는 비내구재)에 따라 제품 성과가 불일치를

44

통하지 않고 직접적으로 만족, 불만족에 영향을 미칠 수 있다는 것을 증명했다. 또한 Swan(1988)은 음식점의 만족도에 관한 연구에서 기대에 대한 성과 불일치가 만족에 영향을 미치는 것과 동시에, 지각된 성과가 불일치를 거치지 않고 만족에 영향을 미치는 결과를 보여주었다. 즉 기대-불일치 모형과 성과 모형이 동시에 만족과 불만족에 작용함을 보여 만족, 불만족에 대한 제품이나 서비스 성과의 직접적 효과를 밝혔다.

한편 무관심 영역(zone of indifference)이 불일치와 만족/불만족 사이의 관계에 매개 역할을 할 수 있는 것으로 제안하는 연구자들도 있다(Woodruff et al., 1993). 이들은 소비자들이 일치, 불일치에 대한 정확한 판단을 하기에는 인지능력의 한계가 있기 때문에 실제 수준이 기대 수준에서 크게 벗어나지 않는 범위에서는 둘 사이에 다소 간의 긍정적이거나 부정적인 불일치가 있더라도 일치하는 것으로 받아들이게 되는 무관심 영역이 존재한다고 제안하고 있다. 이를 설명하는 이론으로 동화 이론(assimilation theory)과 대비 이론(contrast theory)을 들 수 있는데, 동화 이론은 제품의 수준이 처음 기대 수준에서 벗어나면 소비자에게 인지부조화가 생기게 되고, 그 부조화를 해소하기 위해 제품 수준이 처음의 기대 수준과 비슷한 것처럼 인식하게 된다는 것이다. 그렇지만, 대비 이론은 소비자가 제품 수준과 기대 수준의 차이를 인지부조화로 받아들이지 않고 오히려 불일치의 정도를 확대시켜 인식할 수 있다는 것이다. Anderson(1973)은 동화-대비이론을 주장하였는데, 즉 불일치의 정도가 크지 않으면 동화 이론이 적용되고 불일치의 정도가 수용 범위를 넘어설 경우에는 대비 이론이 적용된다는 것이다. 유사한 맥락에서 Woodruff 등(1983)도 제품의 수준이 무관심 영역 안에 걸쳐있게 되면 소비자들의 주의를 끌지 못해 제품 사용에 대한 평가 과정으로 이어지지 않게 되고, 무관심 영역 밖에서는 만족과 불만족에 대한 의식적인 평가가 이루어지게 될 것이라고 제안하고 있다.

무관심 영역이 만족과 불만족 사이에서 어떻게 매개변인의 역할을 하는지에 대한 충분한 실증적 연구들이 이루어지지 않았지만, 앞서 언급한 연구들은 무관심 영역의 내부와 외부에서 불일치와 만족/불만족이 서로 다른 관계를 보일 것이라는 점을 제시하고 있으며, 전선규(1996)는 불일치의 경험 정도와 만족과 불만족 판단의 관계를 다루어 선행 연구들(Mano & Oliver, 1993; Watson & Tellegen, 1985)의 제안과 유사한 결과 즉, 만족과 불만족을 동시에 경험하는 소비자는 만족만 하는 소비자보다 불일치를 적게 인지하는 한편 전체적인 감정 경험의 정도는 크지만, 만족하는 소비자가 정적 감정에 의해 지배를 받는 반면에 만족과 불만족을 동시에 경험하는 소비자는 정적 감정과 부적 감정의 갈등을 경험하는 것으로 나타나는 결과를 보여주었다.

2. 소비 감정 반응의 개념 및 유형

지금까지 고객 만족에 관한 연구들은 소비자가 어떻게 심리적으로 소비 경험을 하는지에 대해 인지적 설명 위주의 연구들이 주로 이루어져 왔으며 소비 경험에 대한 감정적 반응을 간과해 왔다. Hirshman과 Holbrook(1982) 이후로 감정은 소비자의 소비 경험에 있어 중요한 역할을 한다는 주장이 우세해 졌고 구매 후 감정 형성 과정에 대한 문헌들(예: Oliver, 1993)도 소비자가 제품을 소비할 때 감정이 존재하며 다른 변인들보다 더 큰 영향을 미칠 수 있다고 주장하고 있다.

감정(affect)이라는 용어는 여러 문헌에서 다양하게 정의되고 있지

만 정서(emotion)와 기분(mood)을 동반하는 의식적으로 경험한 주
관적인 느낌 상태에 의해 특유하게 특징 지워지는 일종의 정신적 현
상으로 개념화하고 있다(Westbrook, 1987; Cohen & Areni, 1991).
정서를 정의하려는 시도가 여러 차례 있었으나 정의하기가 힘들고
실패할 가능성이 높다고 하는 연구자들도 있었다. 이러한 회의적인
견해에도 불구하고 많은 심리학자들은 정서에 대한 정의 및 유형을
구분하고 있다. 일반적으로 정서를 연구하는 심리학자들은 자신이
관심을 두고 있는 몇 가지 특징들을 정의에 포함시키고 있다. 그리
고 최근 들어 인지적 과정이 정서에 미치는 영향이나 정서에 수반되
어 나타나는 표정 및 목소리의 변화, 생리적 변화, 행동 경향 및 행
동 준비성의 변화 등에 대해서는 점차 견해의 폭이 좁혀지고 있는
실정이다.

또한 감정을 연구하는 다수의 연구자들이 기분과 정서는 분명히
구분된다는 입장을 취하고 있으며, 정서와 구분되는 기분의 특징에
대해서도 연구자들 사이에서 합의가 도출되고 있다. 예를 들어 정
서와 기분을 구분하는 것은 여러 면에서 유용한데, 정서는 느낌이
나 행동 준비성과 같은 기초적인 감정 현상 중 한 측면에 의해 특
징 지워지는 대상에 초점을 둔 감정적 과정이며, 기분은 특정 대상
없이, 또는 스쳐 지나가는 대상들에 대해서나 특정 대상을 하나의
전체로서 환경으로 받아들이는 감정적 상태 혹은 과정을 말한다
(Frijda, 1993).

소비자 행동 분야에서의 감정 관련 연구들을 고찰해 보면 소비자
의 기분 상태(예: Gardner, 1985; Gardner & Hill, 1986, 1988; Srull,
1983)와 소비 정서(예: Muller 등, 1993; Oliver, 1994; Richins, 1997;
Westbrook & Oliver, 1991)라는 비교적 뚜렷하게 구분되는 유형에
집중되어 있는 것을 알 수 있다.

소비자의 기분 상태는 중요한 감정적 요소를 이루고 있기 때문에 모든 소비 상황의 일부분을 형성하고 있다(Westbrook, 1980). 소비자의 기분 상태는 소비자 행동 문헌에서 선행 상태(antecedent state) 혹은 상황적 요소(environmental or situational factor)로 언급되고 있다. Gardner(1985)는 소비자의 기분 상태를 소비자에 의해 주관적으로 지각되는 감정 상태로 정의하였다. 소비 정서(consumption emotion)가 소비자 행동 분야에서 점점 관심이 높아지고 있는 주제이기는 하지만 이러한 소비 정서를 개념화하고 측정하는 문제는 여전히 해결되지 않은 채로 남아 있다(Richins, 1997). 한편 소비 정서는 일반 정서와 구분되는 개념으로 여러 연구자들에 의해 다음과 같이 정의되고 있다. Havlena와 Holbrook(1986)은 소비 정서를 제품의 사용이나 소비의 경험 동안 유발되는 정서적 반응의 집합으로 정의하였다. Oliver(1989)는 소비 정서에 대해 제품 경험의 좋았던 측면과 나빴던 측면에 의해 발생하는 기초 감정의 결합으로 가정하고, 소비 정서는 소비 결과에 대한 소비자 반응의 감정적 톤(tone)을 제공한다고 하였다. Muller 등(1991)은 소비 정서의 개념을 소비자가 자신의 소비 경험에 대해 심리적으로 어떻게 준비하는 가에 대한 인지적 표현이라고 규정하였다. 본 연구에서는 Oliver(1989)의 개념을 수용하여 소비 정서를 제품이나 서비스를 소비 또는 이용하면서 경험하는 좋았던 측면과 나빴던 측면에 의해 발생하는 기초 감정의 결합으로 개념화하고자 한다.

3. 정서와 인지의 관계에 관한 이론

1980년에 접어들면서 인간의 정서에 대한 연구가 활발하게 이루어

졌으며, 특히 정서와 인지의 관계에 대해서 많은 연구 결과들이 제시
되고 있다. 정서와 인지의 관계에 대해서는 크게 두 가지 견해가 대
립되어 왔다. 첫 번째 견해는 인지적 평가가 정서의 선행 조건이라는
것(예: Arnold, 1960; Lazarus, 1982, 1984, 1991; Ortony, Colore, &
Collins, 1988)이고, 두 번째 견해는 정서가 인지적 평가 없이도 독립
적으로 나타날 수 있다는 것이다(예: Izard, 1993; Zajonc, 1980, 1984).
인지적 평가가 정서의 선행 조건이라는 견해는 정서의 인지적 평가
모형(cognitive appraisal model of emotions)의 핵심을 이루고 있다.
다수의 모형에서 인지적 평가가 다양한 정서에 선행한다는 사실을
제시해 왔으며, Lazarus(1991)는 인지적 평가가 정서 형성의 필요조
건이라고 보고 있다. 반면에 Zajonc(1980, 1984)은 어떠한 선행된 인
지 처리 없이도 감정이 유발될 수 있다고 보고, 정서와 인지는 전혀
별개의 시스템이므로 정서는 인지 없이도 일어난다고 주장하였다.
그는 인간 생활에 있어 감정이 사고보다 훨씬 중요한 역할을 한다고
생각하였고, 우리가 사고한 것을 알아차리는 데는 많은 시간이 걸리
지만, 느낀 바는 대개 즉시 알아차릴 수 있다고 하였다. Izard(1993)
는 정보 처리가 정서의 모든 경우에 관련이 되기는 하지만 정서를 유
발시키는 정보 처리는 비인지적일 수 있다고 주장하였다.

  이와 같이 정서에 있어서 인지의 필요성에 대한 논쟁이 계속 되
고 있기는 하지만 정서의 인지적 평가 모형이 지니는 현실적인 중
요성이 부각되고 있다. 즉, 정서의 인지적 평가 모형은 정서의 선행
요인을 보다 명확하게 기술 할 수 있도록 해 주기 때문에 정서에
대한 예측력을 향상시킬 수 있다는 것이다(예: Clore, Schwarz, &
Conway, 1994; Roseman, Spindel, & Jose, 1990). 인지-정서에 대
한 독립적인 연구(예: Anand, Holbrook, & Stephens, 1988; Russell
& Woudzia, 1986)들이 나타나고 있으며, 이러한 관계가 점차 마케

팅 분야에서도 광범위하게 적용되고 있다.

Lazarus(1982, 1984, 1991)는 인지적 평가는 정서 경험에 있어서 아주 중요한 요소이며, 일반적으로 정서 과정의 첫 단계는 상황에 대한 인지적 평가가 된다고 보았다. 이때 인지적 평가는 1차 평가, 2차 평가, 재평가로 이루어진다고 하였다. 1차 평가(primary appraisal)란 당면한 자극 사건이 자신의 복지에 어떤 영향을 미칠 것인가를 결정하는 과정이다. 2차 평가(secondary appraisal)는 1차 평가 후 자신이 그 상황에 대해 어떻게 행동할 것인가를 결정하는 과정이다. 즉, 사건의 내용을 평가하여 계획에 대하여 생각하고 정서를 일으키는 자극 사건에 대하여 어떻게 대처할 것인가를 고려하게 된다. 재평가(reappraisal)는 지각 및 행동에 따른 환경의 반응에 대한 평가 과정으로 인간과 주변 환경과의 상호작용을 강조하고 있다. 그러면 구체적으로 정서를 발현시키는 중요한 인지적 평가에는 어떠한 것들이 있을까에 대한 질문에 대해 Lazarus(1991)는 목표 중요성, 결과의 바람직성, 귀인들이 포함된다고 보고 있다.

목표 중요성은 개인에게 있어서 한 사건의 중요도에 대한 평가이다. 그러므로 이 개념은 관여도(Involvement)와 다르지 않다고 볼 수 있다(Nyer, 1997b). 어떤 상황이 개인에게 중요한 것일수록 그 결과로 나타나는 정서는 강하게 될 것이다. 여러 연구에서 만족의 형성과정에 있어서 관여도가 중요한 역할을 수행함을 보이고 있다 (예: Oliver & Bearden, 1983; Mano & Oliver, 1993; Yi, 1993). 관여도의 개념이 전통적인 기대-불일치 모형에는 포함되지 않았으나 여러 정서의 인지적 모형에서는 기초적인 요소라 할 수 있다. 결과의 바람직성은 그 상황이 얼마나 바람직하냐 혹은 기분 좋으냐에 대한 평가이다. 기분 좋은 상황은 정적인 정서를 유도할 것이고 기분 나쁜 상황은 부적인 정서를 초래하게 될 것이다.

50

귀인의 방향은 내적 혹은 외적으로 나타날 수 있다. 귀인은 어떤 주어진 상황에 대해 칭찬하거나 비난하고 있는 사람이 그 상황에 책임을 전가하거나, 그 상황을 통제하려고 하는 경우에 나타난다. 내적 귀인은 자존심 혹은 수치심과 같은 내적으로 향한 정서를 초래할 수 있으며, 반면 외적 귀인은 외부 대리인을 향한 감사나 분노 같은 외향적인 정서를 유발하게 된다. 귀인 또한 많은 만족/불만족 연구의 관심 대상이 되고 있다(예: Richins, 1982, 1983; Folkes, 1984; Oliver & DeSarbo, 1988; Oliver, 1989). 그리고 Oliver(1993)는 기대−불일치 모형에 귀인이 추가된 모형을 제시하기도 하였다.

정서의 인지적 평가 모형에서는 귀인과 같은 평가를 모형에 통합시킬 수 있는 이점이 있다. 정서의 인지적 평가 모형은 광범위한 정서를 예측할 수 있게 하기 때문에 전통적인 기대−불일치 모형보다 소비 후 행동을 모형화 하는데 더 적합하다고 볼 수 있다. 또한 불평행동이나 구전, 재 구매 의도와 같은 소비 후 행동을 모형화 하는 경우, 만족만을 예측 변인으로 하는 모형에 비해 분노나 슬픔과 같은 정서가 포함된 모형이 더 우수할 것이다(Nyer, 1997). 정서의 인지적 평가 모형은 소비자 행동 연구자들에게 소비자들의 정서 경험에 근거한 인지나 평가에 대한 추론을 가능하게 한다(Oliver, 1997).

4. 불일치와 소비 정서 간의 인과 관계

제품 만족에 대한 선행 연구들은 주로 기대 불일치 또는 인과적 속성 등과 같은 인지적 평가에 기반을 두었다. 이렇게 소비 행동의 인지적 설명에 초점을 맞추었음에도 불구하고, 실용적 동기에 의해 감정적 욕구가 동기 연구자들에 의해 다루어져 왔다(Holbrook & Hirshman, 1982). 소비자 만족 분야에서도 Westbrook(1980)의 연구에 의해 감정적 반응에 관심이 모아졌다. 그 이후, 쾌락적 소비에 관한 여러 연구가 행해졌으며 감정적 과정이 인지적 과정보다 더 중요할 뿐만 아니라 만족과 불만족의 선행 변인으로 작용할 수 있다는 연구 결과도 나왔다(Zajonc, 1980). 또한 Westbrook (1987)은 소비 후 감정은 소비자의 구매의도를 형성하는데 중요한 요인으로, 특히 부정적 감정은 불평행동에 유의한 영향을 미친다는 것을 밝혀 소비 감정은 만족에 의해 영향을 받는 소비 후 행동에도 유의한 영향을 준다는 것을 발견했다.

기대와 성과 간의 불일치를 지각한 소비자에게는 즉각적인 정서 반응(Oliver, 1981)을 유발하는 심리적인 불균형 상태가 나타난다. 불일치는 만족에 대해 직접적인 효과만을 나타내는 것이 아니라 소비 정서를 통하여 간접적인 효과를 나타낼 수도 있다. 즉, 소비자는 기대와 성과의 비교를 통하여 불일치라는 인지적 평가를 한 소비자는 평가 결과를 직접적으로 만족과 불만족에 반영하기도 하지만 불일치의 정도에 따라 소비자가 경험한 정적 또는 부적 소비 정서도 만족과 불만족에 영향을 미친다는 것이다. Oliver(1989)는 불일치의 수준에 따라 하나 이상의 소비 정서가 유발될 수 있다고 하였다. 그리고 불일치 그 자체가 유쾌의 원리를 통하여 중요한 정서 반응을 유발할 수 있다는 사실을 제안하였다. 즉, 기대보다 나은 성과 그 자체는 유쾌한 일이며, 기대에 못 미치는 성과는 화나게 하거나, 실망을 하게 만든다는 것이다.

정서의 인지적 평가 이론(Lazarus, 1982, 1984)에 의하면 소비 정서는 소비 경험상의 여러 사건에 대한 인지적 평가의 결과로 나타나게 된다(Nyer, 1997). Oliver(1997)는 특히 불일치를 만족 형성 과

52

정에서 주요한 인지적 평가로 볼 수 있다고 하였고 이러한 평가의 결과로 나타나는 소비 정서들은 만족 반응의 감정적인 내용을 형성하고 있다고 보았다(Kumar & Oliver, 1997).

Muller 등(1991)은 소비 전 구성 개념과 소비 후 평가가 소비 정서에 어떤 영향을 미치는 가를 고찰하였다. 구체적으로 소비 정서에 영향을 미치는 요소로 구매 전 기대, 이전 경험으로부터의 성과 규범, 지각된 성과, 지각된 불일치 등 4가지를 제시하고 이들의 관계를 실증적으로 분석하였다. 정적 소비 정서와 부적 소비 정서를 각각 종속 변인으로 하는 회귀분석의 결과 정적 소비 정서의 경우에는 적합성이 검증되었으나, 부적 소비 정서의 경우에는 R^2가 지나치게 낮게 나타났다. 정적 소비 정서의 경우에도 지각된 성과와 지각된 불일치만이 소비 정서와 유의한 관계가 있는 것으로 나타났다.

5. 고객 만족 형성 과정과 감정 반응

오랜 기간 동안 고객 만족 연구의 주류에서는 만족/불만족이 형성되는 원인을 제품 속성에 대한 인지적 평가 과정의 결과라고 보았다. 이는 고객 만족을 포함한 소비자 행동 연구의 기초가 되는 심리학의 70년대 연구 조류가 인지적 관점에 초점을 두었던 사실에 기인한다고 볼 수 있다. 1980년대에 접어들면서 Holbrook과 Hirshman(1982)의 연구를 시작으로 제품 소비에 있어서 기능적 측면만을 고려하는 것이 아니라 쾌락적, 감정적 측면도 고려해야 한다는 쾌락적 소비(hedonic consumption)의 개념이 등장하였다. 또한 심리학 분야에서도 그간 인지와 감정을 독립적인 개념으로 간주해 오던 이원적 시각에서 벗어나 이들 간의 관계를 밝혀보고자 하는 연구가 활발하게 진행되기 시작하였다(예: Lazarus, 1982; Zajonc, 1980, 1984).

한 소비자가 제품 및 서비스를 구매하는 것은 소비 경험에 있어서 가장 중요한 사건으로 볼 수 있다. 즉, 구매 행위는 소비자 자신이 구매 이전까지 축적해 왔던 각종 정보와 감정을 토대로 제품 대금을 지불하고 그 제품을 자신의 소유로 만드는 순간인 것이다.

고객 만족 형성 과정도 이러한 구매를 기점으로 구매 전 과정과 구매 후 과정의 두 단계로 구분하여 볼 수 있다. 구매 전 과정에서 소비자는 다양한 정보와 감정 반응을 토대로 자신이 구매할 제품의 성과에 대한 기대를 형성하게 된다. 그리고 구매 후 과정에 있어서는 구매 전에 형성한 기대 신념과 실질적인 제품 성과를 비교하여 불일치 판단을 하게 되고, 이를 근거로 만족과 불만족이 생기게 된다. 한편 소비자는 이와 같은 만족 형성 과정에서 다양한 소비 관련 감정을 경험하고 구매를 기점으로 중요한 감정적 변화를 겪게 된다. 그리고 구매 후에는 소비자가 제품을 사용하면서 제품에 직, 간접적으로 관련된 긍정적 및 부정적 측면을 경험하게 되고 이로 인해 소비자들은 그 제품에 대해 비교적 지속적인 느낌을 갖게 된다(Oliver, 1989). 이와 같은 제품에 대해 나타나게 되는 비교적 안정적인 감정 특성은 정서의 속성에 가깝다.

이와 같은 심리학 및 소비자 행동 연구의 영향을 받아 고객 만족 연구 분야에서도 고객 만족이 제품 성과에 대한 인지적 평가에 의해서만 결정되는 것이 아니라 감정적 요소에 의해서도 영향을 받을 수 있다는 견해가 등장하였다(예: Westbrook, 1987; Westbrook & Oliver, 1991). 즉, 제품 및 서비스의 소비와 관련해서 유발되는 소비자의 감정적 측면이 고객 만족과 어떤 관계가 있을 지에 대한 의문이 제기된 것이다. 이러한 의문에 대해 Westbrook(1987), Oliver(1989), Westbrook과 Oliver(1991), Mano와 Oliver(1993), Oliver(1993) 등의 연구에서 소비자가 제품을 소비하는 동안 경험하는 감정은 정적 차원과 부적 차원으로 구분할 수 있으며, 소비자의 정적 감정 차원은 만족과 정(+)의 관계에 있으며, 부적 감정 차원은 만족과 부(-)의 관계, 또는 불만족과 정(+)의 관계에 있다는 결과를 제시하였다. 따라서 고객 만족은 제품 성과에 대한 인지적 평가뿐 아니라 제품을 사용하면서 생기게 되는 감정적 요소에도 영향을 받는다는 사실이 입증된 셈이다. 그렇지만 이들 연구에 대해 소비자 감정 반응의 개념을 규정하고 측정하는데 있어서 다음과 같은 문제점들이 제기되고 있다.

첫째는 소비자가 만족 형성 과정에서 경험하는 감정의 개념이 명확하지 않다는 것이다. 이들 연구에서 감정에 관련된 용어가 개념의 구분 없이 혼용되는 것만 봐도 알 수 있다. 어떤 경우에는 한 연구 내에서조차도 여러 개의 용어가 혼용되기도 한다(예: Mano & Oliver, 1993). 이러한 문제는 감정의 본질 그 자체가 연구하기 힘든 분야이기 때문에 감정을 연구하고 있는 심리학 분야에 있어서도 감정에 관련된 개념 및 용어에 대해 아직 합의에 이르지 못한 것에 그 원인이 있는 것으로 보인다. 그러나 많은 연구에서는 감정에 대한 공통적인 특징과 구분되는 감정의 유형을 제시하고 있다.

둘째는 소비자의 감정을 측정하는 문제이다. 선행 연구에서는 심리학 분야에서 인간에게 생기는 일반적인 감정을 연구하기 위해 개발한 척도를 그대로 사용하였다(예: Westbrook, 1987; Oliver, 1993). 그러나 소비자가 소비 상황에서 느끼는 감정은 일상생활에서 느끼는 감정에 비해 몇 가지 특수성을 지니고 있다(Richins, 1997). 따라서 소비자의 제품 소비 경험에서 생기는 감정을 측정하는 데 이들 감정 척도를 사용하는 것은 문제가 있을 수 있다.

1990년대 중반부터 소비자의 감정 반응과 소비자 만족의 관계에 부가해서 의문점이 제기되었다. 즉, 만족 형성 과정 동안 나타나는 소비자의 감정 반응에 영향을 주는 요인들은 무엇인가에 대한 것이다. 이러한 의문점을 해결하기 위해서는 인지와 감정의 관계가 구체적으로 밝혀져야 한다. 심리학 분야에서 인지와 감정의 관계에 대하여 인지가 정서를 유발하고 정서가 대응 행동에 영향을 미치는 과정으로 설명하는 정서의 인지적 평가 이론이 많은 연구자들의 지지를 받고 있다(예: Frijda, 1986; Lazarus, 1982, 1984, 1991; Oatley, 1992; Roseman, Spindel, & Jose, 1990). 최근 정서의 인지 평가 이론에 의해 소비자 행동이나 소비자 만족 형성 과정에 있어서 소비자 감정 반응의 역할을 밝히려는 연구가 나타나기 시작하였다(예: Kumar & Olshavsky, 1996; Nyer, 1997a, 1997b; Oliver, Rust, & Varki, 1997). 이들 연구에서는 기대, 불일치, 또는 다른 소비 상황의 요소가 소비자 감정 반응을 유발하는 인지적 평가로 작용할 수도 있다는 가능성을 제시하였다. 그러나 아직 기대, 성과, 불일치와 같은 제품에 대한 인지적 평가가 소비자의 감정 반응을 유발한다는 구체적인 증거를 제시하는 실증 연구는 그리 많지 않은 편이다.

비록 인지적 평가가 소비 정서를 유발한다는 구체적인 실증적 연구 결과가 많지 않은 실정이지만, 본 연구에서는 소비 정서와 고객 만족과의 관계 및 소비 정서의 차원성에 관련된 연구들을 토대로 지금까지 고객 만족 측정의 도구로 일반적으로 사용되어 왔던 인지적 평가 모형인 기대-불일치 모형에 소비 정서가 매개 역할을 하여 고객 만족과 불만족을 형성시킨다는 주장을 구체적으로 밝혀 보고자 하였다. 본 연구에서 다루고자 한 문제는 다음과 같다.

첫째, 고객 만족의 1차원 측정 모형보다 만족과 불만족의 2차원 모형이 부합도가 높을 것이다.

둘째, 고객 만족/불만족의 2차원 모형을 가정하고 만족과 불만족의 결정 요인에 인지적 평가 요인뿐 아니라 정서적 평가 요인도 포함되어 질 것이다.

따라서 기대-불일치는 정적 정서와 부적 정서에 직접 영향을 미칠 것이고, 정저 정서는 만족에 부적 정서는 불만족에 영향을 미칠 것이다. 또한 만족과 불만족을 동시에 경험하는 집단과 모두 낮은 집단이 존재하며, 이 집단들의 불일치 경험을 만족 또는 불만족만을 경험하는 집단과 비교하여 불일치 정도와 소비 정서 경험의 정도도 다르게 나타날 것이라는 문제를 설정하였다.

제3절 소비자 행동에서의 귀인에 관한 연구들

마케팅 연구자들이 귀인 이론에 관해 많은 관심을 갖는 이유는 소비자의 구매 관련 행동이 그들의 원인 귀인과 상당히 일치하여 행해진다고 믿기 때문이다. 따라서 소비자의 귀인과정을 이해한다면 시장에서의 소비자의 욕구나 행동을 더 잘 이해하고 예측할 수 있다. 최근에 귀인 이론은 소비자 불평행동에 대한 이론적 접근 방법으로서 많은 관심과 기대를 모으고 있다. 특히 귀인 요인들은 인구통계학적 변인들보다 더 강한 설명력을 가질 수 있으며, 인구 통계학적인 변인에 한정되어 설명하지 못했던 한계점들을 매우 다양한 관점에서 설명해줄 수 있으리라고 본다.

1. 귀인이론의 기본 가정 및 정서와의 관계

귀인 이론은 핵심 가정을 나누는 몇 가지 이론들이 있다. 첫째, Heider는 세상에 대한 개인의 솔직한 상식에 대한 설명을 이해하는 것이 가치 있다고 믿었다. 이 현상적 접근방식은 그 당시 인기 있는 행동주의자들과 대조되는 것이었다. 둘째, Heider는 원인과 유형이나 범주들 사이를 구분했다. 기본적인 구분은 개인적 원인에 기인하는 행위들 사이에서 이뤄졌고 그것들은 환경 또는 상황에 관련되어 있었다. 또 다른 핵심 개념은 이 추론 과정의 성질을 포함하고 있다. 문외한의 설명은 그들이 과학적으로 개념화, 분석, 검증되지 않았다는 면에서 보면 순수한 것이며, 사람들이 설명에 도달하는 절차는 아직 과학자들이 설명에 도달하는 방식-꽤 논리적이고 분석적인 방식과 유사하다는 것이다. Heider는 지각자의 환경에서 돌출된 부분의 영향을 과 추정하는 것과 같은 왜곡의 수많은 편파를 지적했다. 정확성에 상관없이 지각된 인과성은 지각자의 후속 행위에 영향을 미치게 된다.

원인 유형에 대한 Heider의 분석은 Weiner(1985a, 1986)에 의해 대부분 확장적으로 발전되었다. Heider는 원인들의 성질(개인적 대 상황적)을 밝혔으나 Weiner는 인과 차원 또는 기본적인 요인 구조를 정교화 시켰고 더욱 정확하게 밝혔다. 인과 차원뿐 아니라 구체적인 원인(예: 노력, 능력)들은 기대와 감정에 영향을 미친다. 비록 Weiner의 이론이 성취 행동에 근본적으로 기초를 두고 있었지만, Weiner는 더욱 일반적인 동기이론으로 그 모델을 확장했다. 이 이론적 발전은 70년대 초반에 소비자 연구자들의 주목을 끌었으며, 이 기간에 귀인적 접근을 이용한 소비자 연구는 태도와 설득 문헌에 일차적으로 기여한 Kelley 또는 Bem의 이론을 전형적으로 묘사했다. 연구들은 정보원 신뢰도(source credibility), 소비자 태도에 미치는 쿠폰 등과 같은 촉진을 통한 보상 효과, 광고자의 동기에 관한 아이들의 추론 등과 같은 다양한 주제를 검증했다.

Weiner는 인간을 사고하는 대로 느끼는 존재로 보고, 사고의 변화가 정서의 변화를 일으킨다고 하였다. 또한 그는 정서에 영향을 미치는 인지들 가운데 가장 중요한 것 중의 하나가 인과적 귀인, 즉 어떤 사건(결과)이 왜 일어났는지 혹은 왜 일어나지 않았는지에 대한 이유라고 믿었다. Weiner의 주장을 요약해 보면, 행동은 특수한 선동적 정서에 의해 크게 좌우되며, 그 정서는 특정한 상황에 대한 개인적 해석에 의해 유발된다는 것이다. 다시 말하면, 정서는 인과 관계를 예상하는 사고에 의해 유발되며, 정서는 미래를 통제하는 동시에 과거의 개요를 제공해 준다는 것이다.

귀인 이론의 주요 원리는 개인들이 어떤 사건이나 결과가 왜 일어났는지 그 이유를 찾고자 한다는 것이다(Heider, 1958; Kelley, 1967; Weiner, 1980). 인과적 탐색은 어떤 하나의 동기적 영역에 한정되는 것이 아니다. 즉, 개인들은 어떤 사건의 성공과 실패에 대한 이유를 알고 싶어 한다. 그에 대한 수많은 이유들이 한정된 몇 가지 형태로 이루어질 수 있다 하더라도 지각된 원인의 수는 무한정하다고 볼 수 있다. 예를 들어, 성취 장면에서 성공과 실패의 이유를 대체로 적성과 학습기능을 포함한 능력, 단기적/장기적 노력 투입과 주의 집중과 같은 동기 상태, 친구나 가족 등의 타인, 기분과 성숙 및 건강 상태와 같은 생리적 요인, 과제 난이도, 운(재수)의 탓으로 돌리는 경향이 있다(Weiner, 1980). 하나의 동기적 영역에서 있을 수 있는 원인들이 꽤 많이 있고, 또한 특정 원인들이 동기적 영역에 따라 다르기 때문에 원인의 분류 도식 혹은 분류표를 만드는 것이 매우 필요하다고 하겠다. 그리하여 귀인 이론가들은 여러 원인들을 위치 또는 소재(locus), 안정성(stability) 및 통제 가능성(controllability)의 세 가지 차원으로 분류하여 설명하고 있다. 귀인이론의 연구에서 핵심이 되는 것은 이러한 인과적 차원이라 할 수 있다.

원인의 위치 차원이란 원인을 개인 내부에서 찾느냐, 외부에서 찾느냐의 문제로 내적, 외적 차원으로 특징 지워진다(Heider, 1958; Rotter, 1966). 성취 영역 내에서 볼 때, 적성과 능력, 노력, 건강과 같은 원인들은 내적인 것으로 간주되는 반면, 과제 난이도, 타인의 도움, 운과 같은 원인들은 외적인 것에 속한다. 동일한 소재로 분류된 원인들이 본질적으로 다른 반응을 나타낼 수 있다. 성취 관련 상황에서 실패를 적성의 결여에 귀인 한 것으로 지각할 때에는 실패를 노력의 부족에 그 원인이 있다고 믿을 때보다 낮은 성공 기대의 결과를 가져온다(Weiner, Nierenberg, & Goldstein, 1976). 이러한 불일치는 적성과 노력은 모두가 개인의 속성으로 간주되지만 적성은 지속적인 것이고 노력은 일시적인 것으로 차이가 있다는 것을 보여준 것이다. 따라서 두 번째 인과성 차원이 가정되었는데, 이는 원인의 안정성 차원이라고 한다(Hedier, 1958; Weiner, 1979, 1989). 원인의 안정성 차원이란 찾아진 원인이 시간이 경과되거나 상황이 바뀌어도 항상성을 띠는 안정적인 것이냐 아니면 상황에 따라 수시로 변할 수 있는 불안정적인 것이냐의 문제로서 안정적-불안정적 차원으로 특징 지워진다. 즉 안정성 차원은 지속성에 근거하여 원인들을 분류한다. 적성은 노력보다 지속적인 것으로 지각될 수 있기 때문에 적성의 탓으로 돌린 과거의 결과가 노력의 탓으로 돌린 결과보다 더 미래의 결과를 잘 예측해 준다. 이것은 이러한 두 원인의 특성이 기대에 대한 차이를 초래한다는 것을 설명하는 것이다.

이와 유사한 방식으로 위치와 안정성 차원에서 동일한 것으로 분류된 원인들이 다른 반응을 일으키기도 한다. 예를 들어 노력과 건강은 모두 내적이고 불안정적인 원인으로 간주될 수 있지만 노력의 부족으로 귀인 된 실패는 건강 불량으로 귀인 된 실패보다 더 많은 처벌의 결과를 초래한다. 따라서 세 번째 인과적 차원이 제시되었는데(Rosenbaum, 1972; Weiner, 1979), 그것은 통제 가능성 차원이라고 한다. 원인의 통제 가능성 차원이란 찾아진 원인이 개인의 의지에 의해 통제 될 수 있느냐 아니면 통제 될 수 없느냐의 문제로서 통제 가능－통제 불가능 차원으로 특징 지워진다. 예를 들어 노력은 통제 가능 요인으로, 능력과 과제 난이도 및 운은 통제 불가능 요인으로 분류된다.

인과적 귀인이 정서적 반응에 어떤 영향을 미치는가를 살펴보면, 정서에 대한 연구들은 대개 공포와 불안과 같은 부적 감정 상태를 다루어왔지만, 귀인론적 접근에서는 정적인 감정 상태의 선결 요인을 포함하여 사고와 정서 간에 어떤 특정의 관계가 있음을 제안하고 있다. 특히 Weiner는 어떤 종류의 감정을 불러일으키는지에 대한 체계적인 도식적 설명을 제공하고 있는데, 성취 맥락에서의 귀인과 감정 간의 관계에 대한 그의 대표적인 연구(Weiner, Russell, & Lerman, 1978, 1979)의 결과를 토대로 인과적 귀인이 정서적 반응에 미치는 영향을 정리해 보면 다음과 같다(Paris, Olson, & Stevenson, 1983).

첫째, 결과에 대한 이유와 상관없이 성공과 실패에 대한 광범위한 정적/부적 반응들을 나타내는 일련의 결과－의존적, 귀인－독립적 정서들이 있다. 예를 들면, 성공했을 때는 근본적으로 다른 귀인 조건이라 하더라도 똑 같은 행복감을 경험하고, 실패했을 때는 어떤 귀인 조건이던 간에 좌절감이 표출된다.

둘째, 특정 귀인에 따라 다른 정서들이 표출된다. 4가지 지배적인 인과적 귀인(능력, 노력, 타인, 운)과 성공 또는 실패했을 때 발생한 특정 정서들은 다음과 같다. 성공했을 경우 능력－유능감, 자신감, 노력－긴장 이완감, 타인－감사, 운－놀라움과 같이 귀인과 정서가 연결된다. 그리고 실패했을 때는 능력－무능감, 노력－죄책감, 수치심, 타인 - 분노, 운 - 놀라움과 같이 연결이 된다. 그러므로 인과 귀인은 때로 성공과 실패에 대한 상반된 정서적 반응(대조적인 결과에 대해 각기 능력에 귀인 할 때는 유능감 대 무능감, 타인들에 귀인 할 때는 감사 대 분노)을 불러일으킨다.

셋째, 성공 혹은 실패했을 때의 감정의 세 번째 원천은 자기 관련 정서이다. 자부심과 유능감은 성공을 외적으로 귀인 할 때보다 내적으로 귀인 할 때 더 많이 경험되는 경향이 있으며, 결과가 자아와 관련이 있을 때는 자기 존중감과 관련된 정서들이 나타나게 된다.

원인의 안정성, 즉 지각된 원인의 지속성 또한 정서적 반응에 영향을 미친다. 우울, 냉담, 체념과 같은 정서들은 주로 실패를 내적이고 안정적인 차원으로 귀인 했을 때 표출된다. 절망감이 표출되기 위해서는 현재 상황이 나쁠 뿐 아니라 상황이 변화되지 않을 것이라고 지각되어야만 한다. 이러한 내용을 통해 알 수 있듯이 정서는 부분적으로 성취 관련 결과, 인과적 귀인 및 인과성의 차원에 대한 반응으로서, 인과적 사고와 정적/부적 감정들 간에는 명백한 관련성이 있다고 할 수 있다.

Weiner는 원인의 통제 가능성 차원에 초점을 맞춘 연구들을 통해 동정심, 분노, 죄책감의 정서가 원인 지각의 연합으로써 반복적으로 나타나고 있음을 알게 되었다. 분노는 개인적으로 관련 있는 부정적 결과나 부정적 사건을 다른 사람들이 통제 할 수 있는 요인들에 귀인 할 때 경험하게 된다. 죄책감은 부정적인 결과가 개인적으로 통제할 수 있는 원인으로 인해 발생했을 때 가지게 된다. 동정심은 정서 대상의 내부에 혹은 그의 환경 내부에 있는 통제 불가능한 원인과 관련이 있다. 따라서 통제 가능 원인 대 통제 불가능 원인 간의 구별은 상대방에 대해 분노를 경험하느냐 아니면 동정심을 경험하느냐를 결정하게 된다. 분노와 마찬가지로 죄책감은 통제

62

가능한 원인으로 인해 경험된다. 분노의 대상은 제3자이지만, 죄책
감은 자기에 대해 갖게 되는 정서이다. 즉, 분노와 책임감은 원인의
소재-제3자 대 자기 자신-에 의해 서로 차이가 있다. 그러므로
통제 가능한 원인에 의한 것일 때 상대 비난 대 자기 비난의 구별
이 분노를 경험하느냐 아니면 죄책감을 경험하느냐를 결정하게 된
다고 하겠다.

2. 소비자 행동 연구에서의 귀인

1970년대 초에 소비자 행동 문헌에 귀인 이론이 소개된 이후로
느슨하게 적용되어 왔으며 때로는 잘못 해석되기도 했다. 소비자
지향적 귀인 연구에서 가장 중요한 측면 중 하나는 귀인 초점의 선
택인데, 예를 들면, 대상, 사람 또는 자기-지각, 잘못된 구체화는
부적합한 이론적 패러다임을 이끌어 낼 것이다. 어떤 소비자 행동
상황에서, 귀인 처리의 대상은 분명하다. 예를 들면, 직접적인 제품
성과의 관찰(왜 그 제품의 성과가 그 방식으로 해서 나타났는지에
관한 인과적 신념이나 귀인을 이끌어 내는 것)은 대상-지각이다.
특별한 사람이 어떤 제품에 관해 왜 호의적으로 말하는지에 관한
귀인이 대인-지각(예: 검증, 양도, 판매 스피치)이 될 것이다. 두
예에서, 귀인이 이루어지는 것에 관한 실체가 비교적 직접적으로
이뤄졌고 사용되어질 적합한 초점을 인용했다.
많은 소비자 행동 상황은 분명치 않지만, 연구가 지각 대상 간의
상호작용을 조사할 때 특히 그렇다. 일련의 인과 신념 처리 과정이
있을 수 있는데, 예를 들면, 인과 사슬(Brickman, Ryan, & Wortman,
1975), 즉 하나의 귀인 초점이라기보다는 여러 귀인 대상을 포함하는

것이다. 예를 들면, 제품 정보를 제공하는 하나의 원천에 대한 귀인이 제품에 관한 지각(신념)에 어떻게 영향을 미치는가에 관한 연구들이 여러 방식으로 접근이 되었다. 원천 신뢰도에 관한 신념을 평가하기 위해 대인-지각의 원리를 첫 번째로 적용하고, 그리고 나서 인과 추론에 대한 타인들의 귀인 효과를 판단하기 위해 대상-지각을 적용한 후, 마지막으로 궁극적인 신념이 그 제품에 관해 형성되어질 것이다.

귀인 이론에서 나온 두 기본 원리가 소비자 심리학 속에서 할 수 있는 역할에 대해 검증되었는데, 첫 번째는 안정성 차원에 따른 인과 관계에 대한 지각이 제품 만족의 예기된 가능성에 영향을 미치고 있는 것이고, 두 번째는 통제 가능성 차원에 따른 인과 관계에 대한 지각은 책임과 보복 행위의 판단에 영향을 미친다는 것이다.

1) 제품 만족에 대한 주관적 확률

합리적 선택이론, 그리고 이 일반적 접근방식의 덜 합리적인 버전조차도, 제품 선택이 그 제품에 대한 예기된 만족으로 부분적으로 결정된다고 주장했다. 소비자들은 구매가 좋았는지, 나빴는지, 그 제품이 작동할 것인지 아닌지, 그 사람이 만족할 것인지, 불만족할 것인지의 여부를 의심스러워한다. 이 추론이 소비자 의사결정이 이루어진 모든 예에서 실제로 제품 선택의 결정 요인이 아니라는 것을 논쟁하는 것은 불필요한 일이 될 것이다. 그런 후에 많은 대안 선택 각각에 대한 개인 만족도의 주관적 확률 또는 성공 기대를 무엇이 결정하는지를 찾아 볼 수 있다. 최초 선택 이전에 기대된 만족의 선결 요인은 수 없이 많고 우선적으로 비 귀인적이다. 예를 들면, 나는 특별한 제품이 소비자 리포트 내의 목록에 첫 번째로 있기 때문에, 친구가 그것을 높이 평가했기 때문에, 내가 광고물에 의해 확신했기 때문에 등등의 이유로 그것을 살 수 있을 것이다. 이런 것들은 전부 비 귀인적인 것은 아닌데, 예를 들어, 내가 내 친구의 의견을 무시할 수도 있는 것은 그가 어떤 것을 좋아한다는 것을 알기 때문으로, 즉 나는 그 선호를 제품의 특징이라기보다는 그 친구의 기질로 귀인 하기 때문인 것이다.

귀인은 사후-최초 결과에 대한 의사결정에서 역할을 한다; 즉 귀인은 제품-관련 결과가 나타난 후와 그 다음의 선택에 대해 방해를 하기도 하고 영향을 발휘하기도 한다. 귀인은 한 사람이 최초의 제품 성과가 그 제품에 대한 기대 수준에 일치하는 정도를 평가할 때 발생하는데, 그리고 나서 그 사람은 그 결과에 대한 원인에 의문을 갖는다. 귀인적 탐색이 성공(만족)보다 차라리 실패(불만족)에 더욱 더 많이 수반된다는 것이 제한적으로 기록되어 왔다. 결국, 우리는 전형적으로 왜 시험을 잘 보았는지, 또는 왜 제출된 원고가 수용되었는지를 묻는 것이 아니라 왜 우리가 시험을 잘못 보았고 왜 우리의 원고가 거절되었는지를 묻는 것이다. 그리고 우리는 제품이 왜 작동하는지를 궁금해 하는 것이 아니라, 그것이 왜 기능을 못하는 지에 대해 궁금해 하는 것이다.

목표의 달성 또는 비 달성 후에 성공(만족)의 주관적 확률에 대한 문제를 언급하고 있는 매우 단순한 귀인 원리가 있다. 만일 결과가 부적이든 정적이든 시간에 따라 지속적인 안정적 이유에 귀인 된다면, 동일한 결과가 향후에도 예측되어 질 것이다. 한편 일시적인 불안정한 이유에 귀인 되는 것은 향후에 과거와 동일하지 않을 수도 있다는 것을 의미하는데, 따라서 직후의 결과가 불확실한 채로 남아 있거나 향후가 직전 과거와 다를 것이라는 예측을 할 수 있다.

2) 제품 실패에 대한 타인 비난

인과 안정성은 현상적 인과성의 3가지 잘 알려진 성질 중의 하나이다. 다른 두 특성은 원인 위치, 즉 원인이 행위자의 내부 또는 외부에 있는지의 여부이고, 원인의 통제 가능성, 즉 원인이 의지에 따라 달라지게 되고 그 결과가 다른 결과로 나올 수 있는 정도이다. 소비자에게 만일 불만족한 결과가 생겼다면, 그 원인이 자기-귀인 되어질 수 있거나(나는 단지 컴퓨터와 친하지 않다), 제품에 귀인 되어 질 수도 있다(이 컴퓨터는 사용자-위주가 아니다). 이 둘 사이에서 선택된 귀인이 이후의 컴퓨터 선택을 좌우할 것이라는 것은 직관적으로 분명히 알 수 있다. 원인의 위치는 또한 제품 성능에 대한 감정적 반응에 영향을 미친다. 한 소비자는 좋은 제품을 선택하면서 자부심을 느낄 수 있다(자신에 대한 성공 귀인). 한편 만일 나쁜 선택이 불충분한 귀인의 반영 때문에 이루어 졌다면, 그 구매자는 죄의식을 겪을 수 있는데, 만일 좋은 제품과 나쁜 제품을 구분하는 능력이 떨어져서 좋지 못한 선택을 했다면, 당황 또는 치욕이 생기게 될 것이다. 죄의식과 당황 또한 원인의 위치 차원에 연결되어 진다. 이 감정적 반응들은 이후 제품 결정에 영향을 미칠 가능성이 높아질 것이다.

이 맥락에서 더욱 핵심적인 것은 소비자 불행의 원인이 서비스나 제품을 제조한 회사에 의해 통제 불가능한(예: 날씨) 또는 통제 가능한(예: 품질 불량) 외부 원인에 귀인 되어 질 수 있을 것이다. 통제 가능성에 대한 지각은 분노, 동정 및 감사를 포함하는 개인적 책임감, 도덕 판단, 및 윤리 감정에 관한 추론에 연결되어 있기 때문에 특별한 관심 대상인데, 따라서 그것들은 사회적 행동의 매우 중요한 위치에 있다고 볼 수 있다.

만일 어떤 사람이 과자를 구입하고 나서 그 맛이 싫다면, 불만족,

불행, 그리고 아마도 좌절까지도 생기게 될 가능성이 높아질 것이다. 모든 부적인 감정 상태가 목표 획득의 부족으로 인해 일어날 것이다. 그 구매자는 또한 최소한 개인적 소비에 한해서 인과 안정성에 의해 매개되어 이 제품을 다시 구매할 가능성은 없지만, 그 사람은 그 회사에 화를 내지는 않는다. 해로움이 의도되지 않았거나 제품 생산 과정에서도 태만이나 부주의가 있지 않았기 때문이다. 그러나 그 과자의 맛이 좋지 않은 것 대신에, 구매자가 과자 박스 안에서 파리를 발견했다고 상상해 보자. 이 경우, 정서적 반응은 약한 불행의 형태는 아닐 것이다. 도덕적 모욕을 겪었다는 정서와 함께 분노를 겪게 될 것이다. 이 예에서 부적인 결과는 그 회사가 통제해 온 어떤 것에 귀인 되어 진다: 그들이 생산 과정에 부주의했다는 즉 수행 상의 도덕심이 파괴되어 진 것으로 볼 수 있는데, 물론 이러한 귀인은 맞을 수도 있고 그렇지 않을 수도 있고, 타인들의 평가와 일치할 수도 있고 일치하지 않을 수도 있다. 차례로 분노는 반사회적(반기업적) 반응의 폭 넓은 행동을 이끈다. 뿐만 아니라 소비자는 보상 받기를 원하고, 보복적 처벌에 관련된 부가적 요구도 할 수 있다.

그러나 소비자의 바램이 그 회사의 대표 또는 다른 어떤 이의 과자에 파리를 빠뜨리는 것이라고 가정하는 것은 상식적이지 않다. 차라리 불평이 시작되고 몇 가지 보상의 형태를 찾게 될 것이다. 또한 다른 제품에 일반화되어질 수 있으며, 따라서 그 사람은 이 과자를 다시 구매하지 않을 뿐 아니라 이 회사의 다른 생산 제품 모두를 구입하지 않을 것이다. 즉 반응 일반화는 폭 넓게 적용되어질 수 있는 것이다.

정서의 역할이 인과 안정성에 대한 논의에서 귀인 과정의 많은 측면들이 동일하더라도 보다 더 명백하다는 것을 알 수 있다. 만일 희망과 공포가 목표 획득 기대에 기초되어 있다면, 두 분석에 있어서 소비자 행동은 유사하게 묘사되어 질 것이다. 이 경로들은 사고 (thinking)로 시작되고(인과 안정성 기대 또는 인과 통제성, 개인적 책임) 감정으로 진전되고(희망과 공포; 분노) 그리고 나서 행동하게 된다(Weiner, 1995). 따라서 정서는 과거와 미래 사이를 연결해 준다. 동기적 처리 과정에 부가해서, 감정적 처리과정 또한 제시되어 있는데, 생각들이 필요하고 감정의 충분한 결정요인이 된다. 일반적인 감정 반응은 결과에 연결되고, 이 반응들은 처리과정 속으로 합쳐진 더욱 복잡한 귀인적 사고로 더 세분화되어 진다.

  이러한 이론적 분석은 많은 생각을 하게하며, 다음과 같은 풀리지 않는 문제를 이끌어 내고 있다. 첫째, 몇몇 제품들은 스스로 안정적(또는 불안정적) 인과 귀인을 하고, 다른 제품들은 스스로 통제 가능한 또는 불가능한 인과 신념을 갖게 한다. 즉 통제 가능한 외부 귀인은 더욱 많은 손상과 피해를 일으킬 수 있다. 둘째, 비난받은 회사 또는 종업원은 인상을 관리해야만 한다. 인상 관리에 대해서는 다양한 전략이 가능한데, 한 가지 근본적 전략은 잘못 된 것 또는 행위를 부정하는 것이다. 사과(해명) 또한 제공되어질 수 있을 것이다. 해명은 행위자에 의해 통제될 수 없는 이유를 제공한다. 이러한 해명은 진실일 수도 아닐 수도 있고, 진실하게 지각될 수도 아닐 수도 있을 것이다(예: 나쁜 날씨 때문에). 어떤 사람은 해명이 진짜 진실한지 아닌지, 그리고 진실로 지각되는 것을 이상하게 여길 수도 있다. 한 연구는 사람들이 거짓을 탐색하는데 매우 약하고 그 거짓말은 그 진술문이 정말 진짜이거나 그 반대 일 때 종종 추론되어 진다는 것을 나타내었다. 예를 들어, 항공사가 비행 지연이 나쁜 날씨 때문에 라고 하면, 또는 자동차 수리공이 부품을 구할 수가 없어서 라고 하면, 소비자들은 그 말들을 정말로 믿는지 그리고 그 사실을 몇 번이나 믿게 될지 의문이다. 만일 남편이 직장 동료의 부친상 때문에 외박을 할 수밖에 없었다고 한다면, 아내는 그 이유를 받아들여야만 하는 것인가에 대해서도 생각해 볼 문제이다. 즉 진실성에 관한 추론은 어떻게 이루어지게 되는 것인지가 의문으로 남아있다.

마지막으로, 관련된 회사 또는 사람이 고백할 수 있다; 즉, 배상과 함께 사과를 한다. 사회적 위반 행위 시 만일 고소인이 잘못된 행위를 지각한다면, 자백은 관계를 유지하는데 좋은 전략으로 안성맞춤일 것인데, 이는 자백이 갈등을 증가시키기보다는 감소시킬 것이기 때문이다. 또한 자백은 종종 좋은 사람이 나쁜 행위를 저질렀다는 추론을 증가시키며, 죄인이 죄에 비해 도덕적 비난을 더 적게 받을 뿐 아니라 그 행위를 다시 저지를 것이라는 믿음도 감소시킨다. 즉 그 이유가 안정적이라기보다는 불안정적이라서 그런 것이다. 따라서 레스토랑에서 서비스의 지연이 생기고 웨이터는 사과를 하고, 음식값을 적당히 적게 받는다면, 그 소비자는 책임감과 안정성 추론이 감소되기 때문에 다시 올 가능성이 높아질 것이다. 그러나 지금까지 이러한 문제에 대한 소비자 연구는 거의 보기 힘든 실정이다. 더 나아가 좋지 못한 제품이 있을 때, 그리고 비난받을 때, 누가 책임 있는 것으로 지각하는가를 다룬 연구는 거의 없다고 할 수 있다. 지금까지 부적 결과에 대한 귀인을 논의해 본 결과, 불만족한 제품이나 개인적 목표의 미획득은 정적 경험에서 보다 귀인 탐색을 할 가능성이 더 높다는 것을 알았다. 그렇지만, 정적 결과에 대한 개인적 책임감과 연관된 정적 감정도 있고, 그것들 또한 도덕 체계를 균형 잡는 행동들을 증가시킨다고 할 수 있다.

Weiner(2000)는 소비자 심리학이 귀인 이론으로 분명하게 설명되어질 수 있는 사례를 들기 위한 시도를 하면서, 다음과 같이 말하고

있다: "나는 심리학자이기 때문에, 내가 제공한 예들은 쇼킹하지도, 놀라움조차도 주지 못했다. 그것들은 상식적으로 문외한의 상식과 일치하며, 대부분의 소비자들은 과학자가 아니다. 그들은 왜 결과가 불만족스러웠는지에, 그것이 다시 일어나든지 혹은 말든지, 그리고 누군가가 비난받게 되는 지에 대해 단순하게 의문을 갖는다. 귀인 이론은 이런 것들 그리고 다른 상식적인 생각들, 전형적이지만 중요한 감정의 배열, 그리고 사고하는 것과 감정이 어떻게 행동에 함께 영향 미치는 가를 언급하고 있는 것이다." 즉 Weiner(2000)는 최근에 발표한 소비자 연구 분야에서의 귀인 이론의 역할을 언급하면서 귀인이 소비자들의 행동을 설명하는 것은 특별한 일도 아니고 매우 상식적인 수준에서 설명이 되어 질 수 있다는 것을 밝힌 것으로 볼 수 있으며, 앞으로 소비자 연구 분야에서의 귀인 이론의 적용 범위는 더욱 확장되어질 뿐만 아니라 실제 마케팅 분야에 적용할 수 있는 전략에도 많은 영향을 미치게 될 것으로 본다.

3. 소비자 행동으로 검증된 인과 귀인 현상

귀인 연구는 인과 추론의 모든 측면 즉 사람들이 인과 추론에 어떻게 도달하는지, 그들이 추론을 어떻게 분류하는지, 그리고 그들이 추론한 결과가 무엇인지에 관련되어 있다. Mizerski, Golden 및 Kernan (1979)는 1971년부터 1978년까지 관련 소비자 행동 연구를 검토 한 후, 귀인 이론의 개관을 제공했다. 그들은 대부분의 연구자들이 귀인 이론이 전망이 밝은 시각임에도 불구하고, 소비자 행동 분야에 미치는 영향은 거의 없었다는 것에 동의할 것이라고 하였다. 그리고 원인-효과 관계에 대한 소비자의 지각을 이해하는 것은 소비자 행동에 중심을 두고 있는 것처럼 보이며, 많은 제품과 서비스가 소비자들이 인과 관계를 추론하기 때문에 구매되어 진다고 하였다.

귀인 이론은 광범위한 소비자 행동 문제들에 관해 언급해온 풍부하고 잘 개발된 접근 방식이다. 예를 들면, 귀인 연구는 소비자들이 다른 소비자들에게 제품을 권유할 때, 그리고 그들이 문제들에 관해 불평할 때 나타난다. 그것은 원천 신뢰도와 양-방향 메시지로서의 설득에서 이러한 의문점들에 초점을 맞추고 있으며, 소비자들의 태도와 행동 간의 관계를 예시하고 있다. 소비자 행동에 있어서 인과 귀인을 밝히는데 귀인 이론이 유용하다는 구체적 증거를 가지고 몇 가지 문제를 고찰해 보기로 한다.

최근의 귀인 연구에서는 소비자 자신의 행동에 관한, 제품의 성공 또는 실패에 관한, 그리고 제품의 의사소통자의 보증 배서에 관한 추론과 같은 다양한 형태의 결과-추론에 대한 소비자의 인과 추론을 검증하고 있다. 보통 연구된 패러다임은 제품 구매나 선택에 대한 귀인; 왜 한 제품을 구매 또는 선택했는지를 소비자들은 추론한다. 한 연구에서 소비자가 누군가를 즐겁게 하기 위해 그것을 선택했다는 것처럼 소비자들의 신념을 조작하여 쿠폰이 현금화될 수 있기 때문에 제품에 대한 호감에 또는 상황적 제약이나 보상에 자신의 선택을 귀인 시킨다는 결과가 나타났다(예: Scott & Yalch, 1980; Tybout & Scott, 1983). 그리고 왜 제품이나 서비스가 실패했는지에 대한 자신과 타인의 귀인을 검증한 연구도 있었다(예: Curren & Folkes, 1987; Richins, 1983). 제품 실패에 대한 귀인은 제품 결함과 서비스 배달 지연에서 환경적 추론 및 소비자의 제품 오 사용에까지 걸쳐있다(Folkes, 1984b). Mazursky, LaBarbera, 및 Aiello(1987)는 식품 브랜드 교체에 대한 이유를 검증했는데, 이유의 75% 이상이 가격, 쿠폰 환불, 및 새 브랜드로 바꾸고자 하는 욕망과 관련되어 있었다.

소비자들은 또한 마케터에게 선호도와 사용에 관한 정보를 제공할 수 있다. 몇몇 연구들은 시장조사인 우편조사에 대한 반응(예: 내가 이 설문을 완성하기 위해 왜 시간을 내어야만 하나?)에 미치는 귀인의 효과를 검증했다. 제품 성능에 관련 없는 회사의 활동에 대한 소비자의 귀인은 그 분야에 관련은 있지만 탐색되어 진 수준이고, 뿐만 아니라 소비자 집단에 대한 귀인 등은 부분적으로 연구되어졌다. 예를 들면, 자기—지각 연구들은 Bem(1972)의 연구에서 나왔고 구매가 제품의 질에 의해 본질적으로 동기화된다는 소비자의 추론을 축적시키는 조건에 초점을 맞춘 반면, 제품 성능 연구들은 Weiner(1985)의 원인 유형으로부터 나왔고 귀인 결과에 초점을 맞추고 있다.

다음은 소비자 귀인의 선결 요인들에 관련된 연구들을 살펴보기로 한다. 대부분의 귀인 연구는 사람들이 어떻게 인과 추론을 형성하는 지에 관해 다루고 있다. 인과 추론에는 3가지 선결 요인이 있다: 동기, 정보 및 사전 신념(Kelley & Michela, 1980). 소비자들은 쾌락적 또는 자존감 욕구로부터 어떤 인과 추론을 할 때 동기화 될 수 있다. 반면, 행위에 관한 정보는, 얼마나 자주 발생하고 다른 행위들과 공변하는 것과 같은 많은 귀인에 대한 기초를 형성한다. 마지막으로, 사람들은 원인들 사이의 관계에 관한 이전 신념(대안적으로 가능한 원인들이 존재할 때 원인의 강도에 관한 신념과 같은, 확실한 인과적 추론을 이끌어 내는 신념)을 가질 수 있다. 세 가지 요인들—동기, 정보, 및 신념은 종종 단일 연구에서 나온 귀인의 종류에 영향을 미치는데, 대부분의 연구는 선결 요인 중 하나의 형태에 의해 문제를 풀어내고 있다.

어떤 이의 자존심을 보호하는 것은 대부분의 귀인 연구에서 동기적 편파에 대한 기초를 형성하고 있다. 많은 소비자 행동 연구들은

동기적 또는 존중-관련 편파를 반영하는, 귀인 패턴, 즉 좋은 결과
는 자신에게 내적 또는 성향 원인으로 귀인 시키고, 나쁜 결과는
외적 또는 상황적 원인으로 귀인 시키는 경향을 또한 발견했다. 예
를 들어, 소비자들은 제품에 대한 나쁜 경험에 대해 타인들을 비난
하는 것처럼 보였다. 네덜란드 주부들을 조사한 결과, 응답자의
90%가 의류와 가전기기에 대한 자신들의 불만족을 마케팅 기관에
적어도 어느 정도는 비난했다(Richins, 1985). 이러한 패턴을 발견한
것은 존중의 욕구가 소비자 귀인을 편파 시킨다는 것을 반드시 의
미하는 것은 아니다. 관찰자들이 자아 방어적으로 해석하는 개인들
이 자신의 의도와 기대에 도달하는 것이 관찰자들보다 더 완벽하게
도달하기 때문에 사실상 일어날 수 있다. 대부분의 소비자들은 희
망하는 제품을 사용하고 제품의 성공에 노력을 들인 제품을 사용한
다. 따라서 다른 것에 실패 귀인 하는 것은 자기-보호 이유라기보
다는 차라리 이성적인 것에 기인되어 질 수 있는 것이다 이와 일관
된 것으로, 제품 구매의 실패에 대한 귀인을 할 때, 구매자가 관찰
자의 역할에 있을 때조차 자아-방어 편파(self-serving bias)를 보
인다는 결과가 있다.

　귀인 편파에 대한 동기적 또는 인지적 설명의 우위성을 밝히고자
한 연구 시도는 별 효과가 없었고, 따라서 연구는 편파의 유형을
제거하는 상황을 밝히는데 노력해야 한다. 물론, 개인적으로 가진
신념에 관한 가기-표현적 목표나 공개적 성격의 커뮤니케이션에
관련되는 귀인 유형들에 대한 다른 이유들이 있을 수 있다. 소비자
들은 때때로 인과 추론의 원천과 성질을 평가하는 귀인 연구자와
같은 유사한 상태에 놓일 수 있다; 구매자들은 판매자들이 자기-
보호 방식으로 자신의 편파 된 행동에 대한 이유를 나타내는지의
여부를 평가할 수도 있다.

인과 추론의 선결 요인을 검증하는 연구들과 인과 추론의 결과를 검증하는 연구들 간에 기술되어온 한 가지 구별이 있는 반면, 많은 연구들이 둘 모두를 검증했다(Kelley & Michela, 1980). 예를 들면, 많은 연구들이 원인에 관한 신념을 조작하고 태도를 검증하는데, 귀인이 효과를 매개한다고 가정하면서, 귀인 결과에 초점을 맞춘 연구들 또한 선결 요인을 조작하는데, 연구가 특정 피험자에게 정보를 조작하고 인지에 직접적으로 영향을 줄 수 없거나 측정할 수 없다는 의미에서, 귀인 결과의 연구들은 인과 추론의 다양한 행동들, 의도들 그리고 감정들 사이에서의 구분을 강조하고 있다(Weiner, 1985a, 1986).

4. 소비자의 귀인에 따라서 초래되는 결과

전형적으로, 원인과 결과 사이의 연결은 내적 위치와 외적 위치 사이의 하나의 가장 일반적인 구분으로 원인들의 폭 넓은 범주에 의해 이루어진다(Weiner, 1985a, 1986). 예를 들면 한 병의 와인 맛이 상했다고 가정해 보자. 그 문제의 원인의 근원지가 소비자(예: 소비자가 뜨거운 곳에 와인 병을 저장) 또는 양조장 주인에게 있을 수 있다. 관습적으로, 전자의 이유는 소비자에게 내적으로 귀인 되어질 것인 반면, 후자는 소비자에게는 외적인 것이다. 중다 원인 대리인이 역할을 할 때(예: 구매자나 판매자), 내적 원인 이상의 가능한 혼란이 구매자 관련된 그리고 판매자 관련된 것과 같은 용어로 대치하도록 연구자를 때때로 이끌어 왔다(Folkes, 1984b). 단순한 구매자/판매자 구분은 소비자의 현상을 종종 잡아낼 수 있지만, 그 소비자 행동 전문가, 구매자-관련, 소매상-관련 및 도매상-관련된 것과 같이 둘 또는 그 이상의 원인들 사이를 구분할 때 더욱 전형적으로 배분 사슬 내에서 중단 원인 대리자를 지각한다. 이때 증가된 복잡성이 발생하게 되고, 따라서 그 연구자는 단순한 내적/외적 위치 범주와 더욱 복잡한 범주 중 어느 것을 사용할 지의 여부를 결정할 때 지각된 인과성을 잡아내는 것과 지나친 생략 사이에서 때때로 혼란스러워 진다.

위치 차원에 관련된 것은 제품을 구매하는 것에 대한 내적 동기화와 외적 동기화 간의 구분이다. 소비자는 구매가 어느 정도 외적 목표(예: 쿠폰을 사용하기 위한 것)를 달성하기 위해서 또는 선천적인 만족을 산출하기 때문에 제품을 구매할 것이다. 내적/외적 구분은 제품을 향한 태도와 절감 효과에 대한 연구에서 자주 발생한다. 초기에 기술된 자기-지각 연구들은 제품을 사용하는데 대한 외적 보상을 제공하는 것이 제품에 대한 호감을 감소시킨다고 제시했다. 그리고 두 가지 다른 인과 차원들 역시 소비자 연구에서 사용되어 왔다. 원인들은 의지 통제 하에서 있는 정도에 따라 분류되어 질 수 있다(Weiner, 1986). 소비자들은 그들 자신을 많은 소비의 측면을 통제하는 것으로 지각할 수 있으나, 어떤 사건들은 통제 불가능한 원인으로 기인될 수 있다(예: 날씨). 원인들은 또한 일시적인 안정성에서도 다르다. 사건의 원인이 일시적이고 변화할 수 있으며, 또한 영속적이고 안정적일 수도 있다. 위치, 통제 가능성, 및 안정성은 독립된 차원으로 지각되며(Weiner, 1986), 그것들은 실험 설계에서 종종 직교적으로 조작되었다.

1) 인과 소재에 연결된 결과

인과 소재는 문제를 해결해야만 하는 사람에 관한 신념에 영향을 미친다; 소비자들의 행위로부터 발생한 문제는 소비자에 의해 해결되어야만 하고, 반면에 회사의 행위로부터 발생한 문제들은 회사에 의해 해결되어야만 한다. 이러한 신념은 표상 발견법에 관련되어질 수 있을 것이다. 이는 행위 그 자체에 유사하거나 행위를 대표하는 이유들과 연결시키려는 경향성이다. Salt Lake City 가구조사에서, 에너지 위기를 일반 대중에 탓을 돌리는 것은 자발적 대화와 같은 행위로 그 문제에 대한 공공의 해결에 유리했던 반면, 에너지 위기를 석유회사 탓으로 돌리는 것은 석유회사에 대한 정부의 압력에 더욱 강하게 유리하게 작용했다(Belk, Painter, & Semenik, 1981). 또 다른 조사는 공기를 오염시키고 환경을 어지럽히는 것에 대해 개인들을 비난했던 응답자들이 개인들이 그 문제를 해결하는데 대한 책임이 있는 것으로 인정했음을 발견했다(Belk & Painter, 1983). 그 문제의 다른 원인이 밝혀졌을 때, 그것들이 보통 문제 해결에 책임이 있는 것으로 되어졌다. 유사하게, 원인의 위치는 소비자들이 어떤 회사가 제품 실패에 대해 사과를 하고 변상을 해야만 한다고 믿는지의 여부에 영향을 미친다(Folkes, 1984b). 제품 실패가 판매자와 관련되어 있을 때, 회사는 배상에 대한 요구는 받지 않는다.

2) 통제 가능성에 연결된 결과

원인들은 또한 통제 가능성에서도 차이가 있다; 어떤 행위에 있어서 한 소비자는 결과 이상으로 의욕적인 통제를 할 수 있고, 반면에 다른 때는 그 상황이 소비자로 하여금 어떤 행위의 과정을 따르도록 압력을 넣거나 제약을 할 수도 있다(Weiner, 1985a). 제품 위험에 대한 평가는 문제를 넘어서 소비자들의 통제에 관련되어 질 수도 있다. 사람들이 자발적으로 가정한 위험은 기업에 의해 부과된 것으로 지각된 것보다 더 수용 가능한 것으로 지각되어졌다(Ruthans & Albaum, 1980). 기업들은 또한 그들의 행위 이상으로 통제의 양을 변화시킴으로써 지각되어질 수 있다. 예를 들면, 승객들은 조종

사 선발 문제를 기계적 문제보다는 비행기 지연에 대한 회사의 통제 가능한 이유가 크게 작용하는 느린 수화물 운반 문제처럼 지각한다. 연구에서는 회사 통제에 대한 소비자들의 지각이(외적 원인) 소비자들의 평가에 영향을 미치는 가를 우선적으로 검증했다. 통제 가능성은 제품 성공에 대해 타인들과 기꺼이 의사소통 하려는 의도에 영향을 미친다. 소비자들이 제품 성공을 그 회사에 의해 통제되는 것으로 지각할 때, 그들은 타인들에게 상황적 제약이 그 회사의 활동을 지시할 때보다 더 많이 그 회사를 칭찬하려 할 것이다. 반대로, 그 회사의 통제로 인한 제품 실패는 그 회사의 통제에 의하지 않은 제품 실패보다 더 그 회사에 불평하려는 욕망을 증가시키고 타인들의 그 회사 제품 구매에 경고를 할 것이다.

통제 가능성은 또한 제품 실패에 대한 소비자의 분노에도 영향을 미친다(Folkes, 1984b). 소비자들은 그 회사가 문제를 통제할 수 없을 때보다(그 지역 전원 공급이 안 되어 수리를 못할 때) 의욕적 노력을 하지 않을 때(점포의 부주의로 수리가 안 되었을 때) 제품 실패에 더 큰 분노를 나타낸다고 한다. 귀인을 통제한 회사는 그 회사의 비즈니스를 손상시키려는 소비자의 욕구를 증가시킨다. 감정적 반응은 귀인과 소비자 반응의 관계를 매개하는 것으로 나타났는데, 예를 들면, 비행 지연이 항공사의 통제 불가능한 것 때문인 것으로 믿는 승객보다 통제 가능한 것 때문으로 믿는 승객들이 항공사에 더 큰 분노를 느낀다. 분노는 항공사에 대한 문제와 다시 그 항공사를 이용하려는 의도에 그리고 불평을 하려는 욕구에 영향을 미친다고 할 수 있다.

3) 안정성에 연결된 결과

소비자 행동 연구에서 조사된 또 다른 인과 차원이 안정성(안정적이고 영속적인 원인 대 불안정하고 일시적인 원인)이다. 안정성은 결과에 대한 안정적 원인들이 불안정한 결과를 재 발생시킬 때보다 동일한 결과가 재 발생될 확신을 더 많이 이끌어 낸다는 기대에 영향을 미친다(Weiner, 1986). 인과 위치, 통제 가능성 및 안정성을 조작한 연구에서, 불안정한 원인들이 소비자로 하여금 제품 실패에 대한 기대를 변화시켰다. 따라서 제품이 안정적 이유 때문에 실패했을 때, 예를 들어, 식기세척기가 제품 결함이 있어서 멈추거나 또는 소비자가 음식을 닦지 않고 식기세척기를 채웠기 때문이라면 그 소비자는 불안정한 이유 때문일 때보다, 예를 들어, 냉장고가 전원 공급 실패 때문에 멈추거나 그 소비자가 세척 후 플러그 꽂는 것을 잊었기 때문일 때보다 그 제품이 다시 실패할 것이라고 더 확신하게 된다(Folkes, 1984b).

안정성은 제품이 실패했을 때 선호되는 배상의 유형에도 영향을 미치게 된다; 불안정적 귀인에 비해, 안정적 귀인은 소비자들을 교환보다 환불을 더욱 강력히 원하게 한다. 그렇지만, 위치도 또한 배상에 영향을 미친다. 환불에 대한 선호는 소비자-관련 이유에 대비되는 회사-관련 이유 때문에 제품이 실패했을 때 증가한다.

요약하면, 서비스와 제품 성능에 대한 이유는 위치, 안정성 및 통제 가능성으로 분류될 수 있다. 때때로 귀인의 결과는 단일 인과 차원에 연결되는데, 예를 들면, 소비자들은 문제가 회사-관련 이유로 생기면 환불을 받는다고 믿지만, 소비자-관련 이유일 때는 그렇지 않다(Folkes, 1984b). 다른 결과에서, 더 많은 차원들이 관련되는 것으로 나타났는데, 예를 들면, 위치, 통제 가능성 및 안정성은 소비자들이 주변 사람들에게 그 제품을 권유하고 그 회사를 칭찬하려는 가장 큰 욕구를 이끌어 내는 회사의 통제 가능하고 안정적인 원인들을 가지고 성공적인 성능을 가진 제품에 관해 어떤 식으로 커뮤니케이션 하는 지에 영향을 미친다(Curren & Folkes, 1987). Mizerski 등(1979)이 고찰한 연구와 비교해 보면, 몇 가지 원인과 차원으로 분류한 연구는 제품에 대한 더욱 정적인 반응과는 반대되는 것으로, 독특한 반응 즉, 제품 성능에 대한 기대와 회사에 대한 분노를 밝혀냈다. 비록 제품 성능에 대한 귀인의 결과를 밝히는데 진전이 있어 왔다 하더라도, 이 관계는 더욱 정교화를 요한다. 즉, 동정, 놀람, 및 후회와 같은 다른 감정들도 귀인과 행동 반응 간의 관계에서 매개역할을 한다는 것이다(Weiner, 1986).

이러한 연구 결과들을 토대로 하여 본 연구에서는 다음과 같은 문제들을 밝혀 보고자 한다. 우선 만족과 불만족에 따라 나타나는 귀인의 유형이 어떻게 나타나며, 귀인 유형에 따라 어떤 정서들이 유발되는지를 확인해 보려고 한다. 또한 귀인 유형과 유발되는 정서를 가지고 만족과 불만족에 대한 귀인 유형이 다르게 형성되며, 만족의 경우와 불만족 각각에 대한 귀인 유형에 따라 유발되는 정서 또한 다르게 나타날 것이라는 가설을 검증해 보려고 한다. 이와 함께 불만족한 고객의 경우에는 귀인 유형에 따라 유발되는 정서의 종류에서 차이가 날 것이라는 것도 밝혀 보려고 한다.

제4절 불만족 귀인이 불평행동 및 재구매 의도에 미치는 효과에 관한 연구들

고객 만족 경영 및 고객 만족 전략은 기업 입장에서 보면 방어 전략이라 할 수 있다. 방어적 전략은 주어진 상황에서 고객의 이탈을 최소화하는데 목적이 있으며, 이러한 방어 전략은 경쟁이 치열하고 성숙한 시장에서 효과적인 전략인 것이다. 새로운 소비자의 고객화 비용이 기존 고객 유지비용의 몇 배가 소요될 뿐만 아니라 기존 고객의 지속적 관계 관리는 긍정적 구전 효과를 통한 기업의 수익성에 매우 큰 영향을 미친다는 것을 고려한다면 방어 전략의 중요성은 매우 크다고 할 수 있다. 이러한 방어 전략 중 중요한 전략이 고객 만족 제고 전략인데, 고객 만족이 가져다주는 효과는 산술적인 수치로 나타내기 어려울 정도로 크다고 볼 수 있다. 즉 만족한 고객은 자사에 대한 충성도가 형성되고 재구매 의도가 증가하여 지속적인 매출과 수익에 기여를 할 것이며, 불만족한 고객은 부정적 구전으로 신규 고객의 접근을 막을 뿐 아니라 불평행동을 통한 경제적, 시간적 손실을 발생시킬 것이며, 재구매 의도가 현저하게 낮아져 매출 감소 및 수익 저하를 초래할 것이다. 결국 고객 만족의 효과는 기업의 지속적인 성장과 수익성에 매우 중요하다고 볼 수 있다. 만족한 고객은 재구매를 하며 고정고객이 되고 만족한 고객이 전하는 구전효과는 신규고객을 만들기 때문이다. 반면 불만족은 고객 본인뿐만 아니라 주위의 잠재 고객도 잃게 만든다. 따라서 고객 만족/불만족의 영향을 체계적으로 이해하는 것이 필요하다(이유재, 1995).

최근 들어 소비자 만족/불만족 및 불평행동은 마케팅 활동의 중심적 개념으로 자리 잡고 있으며, 많은 기업들이 CRM(고객 관계 관리)을 통한 고객 만족 경영에 박차를 가하고 있는 실정이다. 특히 고객의 불평행동에 대한 대처방안으로 고객 콜 센터(call center) 또는 컨텍 센터(contact center) 구축에 많은 노력을 기울이고 있다. 이는 지금 까지 많은 기업들이 제품과 서비스를 제공하기까지는, 즉 소비자가 구매하는 데까지는 온갖 노력을 기울여 고객을 유인해 왔지만, 구매 후 고객의 평가에 따라 발생된 만족과 불만족에 대한 사후 대처에는 상대적으로 부족함이 있었다는 것이다. 물론 몇몇 가전제품과 같은 내구재 제조회사들은 A/S에 상당한 노력을 기울여 왔지만 대부분의 회사들은 그렇지 못했던 것이다. 그리고 A/S에 많은 관심을 기울여 왔던 기업들도 고객의 불만이나 불평에 소극적인 대처 방식인 고장 수리나 고객의 문의에 응답을 하는 수준에 그쳤던 것이 사실이다. 하지만 오늘날의 고객들은 제품에 관한 정보들을 많은 곳에서 습득할 수 있고, 다양한 비교 평가를 할 수 있는 환경에 둘러싸여 있다. 즉 고도의 정보화 사회에서 소비행위를 하고 있는 것이다. 고객들이 제품에 대해 만족이나 불만족이 발생한 것에서 그치는 것이 아니라 그것의 원인이 무엇이고 책임은 어디에 있는가를 따지기 시작했다는 것이다. 특히 불만족에 대해서는 현상이 더욱 강하게 나타나고 있다. 따라서 기업은 고객들이 제품이나 서비스를 구매하고 소비 한 후 만족하거나 불만족 한 것에만 관심을 기울여서는 안 될 것이며, 왜 만족하고 불만족 하는지 그리고 불만족한 고객이 그 원인이 무엇이며 어디에 있는가를 따져 보는 것에도 관심을 기울여야 할 것이다.

불만족한 고객의 불평행동을 무시하는 것은 소비자뿐만 아니라 기업에도 심각한 피해를 입힌다. 고객들의 불평행동 또한 단순한 형태에서 다양한 형태로 나타나고 있으며, 그 강도 또한 여러 수준으로 나타나고 있는 것이다. 또한 불평으로 인한 기업의 피해도 심각한 문제일 수 있지만 고객의 불평 그 자체가 정보로서의 가치가 있으므로 체계적으로 받아들여 분석하지 않으면 장기적인 손해를 초래할 수도 있다. 기업에 직접적인 불평행위를 하는 고객이 불평행동을 하지 않는 고객보다 더 많은 정보를 제공하여 주고 기업에 대한 상표 충성도 또한 불평행동을 하지 않는 고객보다 높기 때문이다. 그러므로 불만족한 고객이 자신의 불만족을 해당 기업이나 종업원에게 불평행동을 할 수 있도록 유도해야 할 것이다(조윤식, 1997).

그리고 불만족한 불평 고객보다 만족한 비불평 고객이 더 높은 재구매 의도를 가질지의 여부는 불평 해결 후의 고객 만족에 달려 있다. 즉 불평했지만 불평이 해결되어 만족한 고객은 만족한 비불평 고객보다 재구매 의도가 높다(Gilly & Gelb, 1982)는 연구 결과가 이를 뒷받침해주는 것이라 하겠다. 물론 고객들의 불만족을 낮추어 불평행동이 나타나지 않도록 하는 것이 가장 바람직스러운 일이겠지만, 고객 만족과 불만족은 고객의 주관적인 평가에 따라 발생하는 것이므로 불평행동이 나타나지 않게 한다는 것은 현실적으로 어려운 일이다. 따라서 고객들이 불평행동을 하더라도 그 강도를 적절하게 조절할 수 있는 있는 역할을 기업에서 할 수 있다면, 그 불평행동을 하는 고객을 오히려 충성도가 강한 고객으로 전환시킬 수 있을 것이다. 그러므로 이러한 고객 관리를 하기 위해서는 불평행동을 하는 고객들이 왜 불평행동을 하는지, 그리고 그 불평행동의 원인이 되는 불만족은 무엇 때문에 초래되었는지를 철저하게 분석하고 연구하는 것이 필수적인 일이 되어야 할 것이다.

1. 불평행동의 개념 및 유형

1) 불평행동의 개념

고객들의 불만족으로 인한 표출행위라고 할 수 있는 불평행동은 소비자 구매 반응의 과정이지만 소비자 불만족이 소비자의 미래 행동에 미치는 영향력과 이에 대한 마케팅 관리적 의미 때문에 독립된 연구 분야로 관심이 모아지고 있다. 불평행동에 대한 개념화가 두 가지로 제안되어 왔는데, 그 중 하나가 Bearden과 Teel(1983)이 개념화한 것으로, 소비자의 불평행동은 불만족이라는 감정 상태의 직접적인 결과로 생겨나는 행동이라고 제안하고 있다. 또한 불평행동의 강도는 불만족 강도에 직접적으로 비례한다고 가정하고 있는데, 이는 소비자 만족/불만족과 불평행동 사이에는 매개변인이 존재하지 않는다고 가정하고 있음을 시사하고 있는 것이다.

반면, Day(1984)는 불평행동을 논리적으로 불만족에 뒤이어 발생하지만 불만족의 강도와는 무관한 것으로 보이는 다양한 상황적 요인과 개인적 요인에 의해 영향을 받는 일련의 분명한 행동이라고 보았다. 이것은 만족/불만족은 하나의 감정 상태로서 어떤 상황에서 불평/비불평의 의사결정 과정을 하도록 하는 동기 부여 요인이며, 이 의사결정을 내린 결과가 구체적인 불평행동이라는 것을 의미한다. 다시 말하면, 불만족은 소비자가 불만족에 수반하는 의사결정 과정을 거치도록 동기를 유발시키지만 이 의사결정 과정은 불만족 감정의 강도에 그다지 의존하지 않으며, 오히려 불만족의 귀인, 결과에 대한 기대-가치, 관련 비용, 제품의 중요성 등에 대한 소비자의 지각에 의존한다는 것이다. Richins(1983)는 불평행동을 불만족에 대한 소비자의 반응으로 설명하였고, Jacoby와 Jaccard(1981)는 소비자 불평행동은 제품이나 서비스에 대한 부정적인 것을 제조업자, 판매업자 또는 제3의 기관에게 개인이 커뮤니케이션 하는 행동이라고 하였다.

2) 불평행동의 유형

많은 연구들이 만족 또는 불만족한 고객들이 나타내는 반응의 다양한 유형에 대한 예측 요인들을 발견하려는 시도를 하였고(예: Day & Ash, 1979; Gronhaug & Zaltman, 1981), 그 중에서도 불만족에 대한 반응으로써 고객의 불평행동에 대한 관심이 집중되어 왔다. 고객들은 불만족에 대해 여러 유형의 반응을 보인다. 대체로 기존 연구들 중에서 초기에 이루어졌던 연구들은 소비자 불평행동의 유무에 초점을 맞춘 것으로, 불평행동을 하는 집단과 하지 않는 집단 간의 인구통계학적인 변인들에서 차이가 있는 지를 고찰하는 연구들이었다. 이러한 연구의 결과를 보면, 성이나 연령보다는 교육정도, 소득수준에서 차이가 큰 것으로 나타났다(예: Granbois & Frazier, 1977; Liefeld & Wolfe, 1975; Pfaff & Blivice, 1977; Zaichkowsky & Liefeld, 1977).

그리고 Gronhaug와 Zaltman(1981)은 불평행동을 설명하기 위해 자원(resource), 학습(learning), 인성(personality)모델을 제시하고 각각의 모델에 관련 변인들을 설정하고 4,000명의 소비자를 대상으로 불평행동을 한 집단과 하지 않은 집단의 차이를 조사하였다. 자원모델은 불평을 표출하기 위해서는 어떤 자원의 사용이 필요하다는 가정에 기초해서 불평의 결정 변인으로 건강, 시간, 연령, 소득, 교육 변인을, 학습모델에서는 구매 경험을, 개성모델에서는 자기 신뢰(자신감)를 포함시켰다. 분석 결과를 보면, 두 집단 간에 소득, 교육, 연령, 구매경험이 유의한 차이를 보였으며, 이 변인 들 중 구매 경험이 불평행동의 가장 중요한 예측 변인으로 나타나 학습모델을 지지하고 있다. 이 연구는 인구통계학적인 변인과 인적 속성 변인으로 불평 고객과 비불평 고객을 구분할 필요성과 그 이유를 제시한 실증적인 연구라는 점에서 그 의의를 찾아볼 수 있다.

불평행동을 이해하기 위해서는 고객 불평행동의 분류와 불평고객 유형의 분류를 구별해서 생각할 필요가 있다. 고객 불평행동의 분류는 고객의 다양한 불평반응을 여러 군집으로 범주화 하는 것이다. 즉 한 집단 내에서의 반응들은 서로 유사하지만 다른 집단에서의 반응들과 차이가 있는 것이다. 따라서 고객 불평행동의 분류는 사람들을 분류하는 것이 아니라 변인을 분류하는 것이다. 반면 불평 고객 유형의 분류는 사람들을 분류하는 것이다. 즉 각 집단 내의 고객들은 불만족스러운 상황에 직면했을 때 유사하게 행동할 것으로 기대된다(이유재, 1995).

Day와 Landon(1977)은 불만족한 제품의 성격과 중요성에 의한 두 단계의 계층적 모형을 제시하였다. 첫 단계는 행동이 수반된 불평행동과 행동이 수반되지 않은 행위를 구분하고 있다. 두 번째 단계는 사적인 행동과 공적인 행동을 구분한 것이다. 공적인 행동은 보상을 받거나 소비자 단체에 고발하거나, 사법적 행동을 하는 것을 의미한다. 사적인 행동은 친구나 친지에게 부정적인 구전을 전하거나 구매 자체를 거부하는 것이다. Day와 Landon에 의하면 고객에게 중요한 제품이거나 그 가격이 비싼 경우 고객들은 공적 불평행동을 취할 가능성이 높아진다. 이는 공적/사적 행동의 이분법이 불만족과 관련된 제품의 성격이나 중요성에 근거를 두고 있다고 불 수 있다.

Day(1980)는 Day와 Landon이 제시하는 고객 불평행동 유형 모델의 두 번째 단계인 행동적 구분에 관한 기준을 제시하였다. 고객들은 어떤 목적을 달성하기 위해 불평을 하기 때문에 불평 목적에 따라 불평행동을 분류할 수 있다는 것으로써, 다음과 같은 3가지 범주가 제시되었다.

1. 보상 추구(배상 청구) : 직접 혹은 간접적으로 판매자, 제조업자들로부터 보상 혹은 배상을 받으려는 행위
2. 불평: 보상을 바라기보다는 미래의 행위에 영향을 주는 것을 목적으로 하거나 부정적 구전을 통하여 타인을 설득하는 것
3. 개인적 불매(보이콧) : 제품, 점포, 상표, 제조업자에 대해 재구매를 중지하는 것

Singh(1988)은 고객 불평행동의 개념과 성격을 이해하기 위해서 불평행동 의도와 실제 불평행동을 조사하여 요인분석을 통해 불평행동을 분류하였다. 요인 분석 결과 세 가지 차원의 불평행동 유형이 발견되었다. 첫 번째는 표현행동 혹은 항의(voice response)로, 판매자에게 배상 청구와 같은 직접적인 행동을 취하거나 아무런 행동을 하지 않는 것도 포함된다. 두 번째는 사적 행동(private response)으로, 친구나 주변사람들에게 불평을 토로하는 것이고, 세 번째는 제3자 행동(third party response)으로 직접 대응처럼 외적인 반응이지만 기업에 대한 직접적인 반응이 아니고 신문기고, 사법적 대응, 소비자 단체에 고발과 같은 반응이다. 확인적 요인분석을 통해 고객 불평행동이 단일 차원이 아니라 세 가지 차원으로 구성되어 있음을 보여주었다. 이러한 분류 유형은 불평행동이 직접적으로만 이루어지는 것이 아님을 보여준 것이고, 세 가지 유형은 불평에 수반되는 노력의 정도에 따라 진행되는 것이다.

Singh(1990)은 또한 불평고객의 유형을 분류하였는데, 고객들의 대응 유형을 2단계 접근방법을 통해 분석하였다. 첫 번째 단계는 반응 형태에 대한 집약적인 구조를 확인하고 요인분석을 통해 자료

들을 몇 개의 차원으로 나타낼 수 있는가를 조사하였다. 두 번째 단계는 군집분석을 통해 고객들을 군집화하여 각 군집내의 고객들을 반응 차원에서 동질적이며 다른 군집과는 이질적이 되도록 분류하였다. 그 결과 다음과 같은 4가지 유형을 발견하였다: 소극적인 유형(passives), 적극적인 직접 불평 유형(voicers), 화를 내는 유형 (irates), 적극적인 활동 유형(activists). 한편, Oliver (1981, 1992)는 모든 불만족 고객이 불평행동을 하는 것이 아닌 것처럼 불평 고객이 모두 불만족한 것은 아니라고 하였다. 즉 만족 고객도 불평행동을 할 수 있다는 것이다. Jacoby와 Jaccard(1981)는 불만족은 불평행동을 일으키는 필요조건이 아니며, Day (1984)는 불만족이 불평의 충분조건이 아니라고 주장하였다.

본 연구에서는 선행 연구 결과(예: Day & Landon, 1988; Singh, 1988)들을 기초로 하여 사전 조사를 통해 불평행동을 다음과 같이 분류하였다.

1. 대수롭지 않은 일이므로 아무 행동도 취하지 않는다.
2. 들이는 시간과 노력이 아까워서 아무 행동도 취하지 않는다.
3. 불평을 해봐야 소용이 없기 때문에 아무 행동도 취하지 않는다.
4. (핸드폰)교환해 달라고 한다(신용카드: 보상을 요구한다).
5. (핸드폰)환불해 달라고 한다(신용카드: 회원계약을 해지해 달라고 한다).
6. 해당회사에 전화를 걸어 항의한다.
7. 주위 사람들에게 이 제품(서비스)에 대해 불평을 늘어놓는다.
8. 신문이나 인터넷에 불평의 글을 올린다.
9. 주위 사람들에게 이 제품(서비스)을 사용하지 말라고 말린다.
10. 그 회사 제품(서비스)을 사용하지 말도록 운동을 전개한다.
11. 손해 배상 청구 등 법원에 소송을 제기한다.

12. 관련 소비자 단체에 고발한다.
13. 해당 정부기관(공정거래 위원회 등)에 고발한다.

2. 귀인이 불평행동에 미치는 효과에 관한 연구들

　불평행동에 대한 이론적 연구들을 보면, 불평행동의 강도는 불만의 정도에 비례한다고 가정된다(Bearden & Teel, 1983). 그러나 많은 실증 연구에서 불평행동이 불만족 강도만의 함수라기보다는 고객의 특성, 귀인 이유에 대한 소비자의 인식, 결과에 대한 기대, 관련된 비용, 제품 유형 등과 같은 여러 요인들의 함수로 보고 있다(예: Day, 1984; Singh & Howell, 1985). 즉 불평행동이 불만족하다는 사실만으로 발생되는 것이 아니라 불만족한 이후에 그 불만족한 고객이 제품 실패의 원인을 무엇으로 생각하는 지와 제조회사의 대응 방식에 대한 기대로 인해 불평행동을 하게 될지의 여부가 결정되며, 그 불평의 강도 또한 영향을 받게 된다는 것이다.

　귀인 이론의 체계 또한 불평행동을 설명하기 위해 사용할 수 있다. 귀인 이론에 의하면, 불만에 대한 고객의 반응을 결정하는 것은 단순히 제품이 실패했다는 판단만이 아니고, 고객은 왜 그 제품이 실패했는지를 알기 원한다는 것이다. 그리고 추론된 이유가 그들이 불만족스러운 경험에 어떻게 반응할 것인가에 영향을 미친다(예: Folkes, 1984; Krishnan & Valle, 1979; Landon, 1977; Richins, 1983b). Krishnan과 Valle(1979)는 구매 후 불만족의 책임 귀인과 소비자 불평행동에 대한 영향을 연구하였는데, 이들은 소비자의 귀인을 Weiner 등의 연구를 응용하여 통제 위치와 안정성이라는 두 차원으로 구분하여 2차원 도식을 다음과 같이 제시하였다.

표 2-1. 제품 불만족의 원인에 관한 귀인 차원의 예

	내부(소비자 귀인)	외부(회사 귀인/제3자)
안정적	소비자의 능력 부족	제조업자의 특성
불안정적	쇼핑에 충분한 시간을 투자하지 않음	불량품/운

즉 시장에서 구매를 잘 할 능력이 부족하기 때문에 나쁜 제품을 구매했다고 믿는 사람은 안정적, 내적 귀인을 하고, 쇼핑에 충분한 시간을 투자하지 않아서 불만족을 느끼고 있다고 생각하는 사람은 불안정적, 내적 귀인을 한다. 제조업자가 나쁜 제품을 만들고 있다고 생각하는 사람은 안정적, 외적 귀인을 하고 있으며, 제품이 불량품이라고 생각하는 사람은 불안정적, 외적 귀인을 하고 있는 것이다. 이 연구자들은 소비자의 불평행동의 유형을 사적 행동 유형, 법적 행동 유형, 보상추구 행동 유형, 비 불평행동 유형으로 구분하고 이러한 불평행동 유형과 귀인 요인 간 변량분석을 한 결과 사적 행동 유형, 법적 행동 유형, 보상추구 행동 유형의 경우 외적 귀인을 하는 소비자들이 그렇지 않은 소비자들보다 평균값이 높았으나, 비 불평행동 유형에서는 내적 귀인을 하는 응답자 집단의 평균이 그렇지 않은 집단보다 더 높게 나타났다. 이 연구의 결과는 불평행동의 설명에 불만족의 원인에 대한 귀인이 하나의 중요한 매개변인임을 보여준 것이다.

귀인 이론에 의하면, 제품 불만족의 원인에 대해 내적 귀인을 하는 소비자와 그 책임이 제조회사에 있다고 생각한 소비자와는 다른 반응을 보인다는 것이다. 이러한 가정 하에 소비자들이 불만족을 경험했을 때 어떤 방식으로 원인에 대한 책임소재를 밝히고 그에

따라 불평행동의 유형이 어떻게 달라지는 지에 대한 연구들이 수행
되었다. London(1977)은 귀인이론이 불평행동에 대한 어떤 시각을
제공할 수 있는 지에 대해 원인의 내/외 차원을 이용하여 실험연구
를 하였다. 원인을 내가 실수했다는 내적 귀인과 누군가 다른 사람
이 잘못했다는 외적 귀인으로 분류한 결과, 잘못이 소비자 자신으
로 귀인 될 때는 불평행동을 하지 않은 반면, 잘못이 타인으로 귀
인 될 때는 불평행동을 하였다.

Folkes(1984)는 Weiner(1980)의 인과 차원을 사용하여 안정성(안
정적 또는 불안정적), 책임 소재(소비자 또는 회사), 통제 가능성(통
제 가능 또는 불가능)의 차원에 따라 제품 실패의 원인에 대한 귀
인을 분류함으로써 소비자 행동 연구에 귀인 모델을 적용시켰다.
이 연구 결과 안정적 귀인을 했을 때 제품 교환보다 환불을 요구하
며, 불만족스러운 제품 성과가 회사와 관련이 될 때 소비자는 환불
과 사과를 받아야 한다고 느낀다. 그리고 제품 실패가 회사와 관련
이 되고 통제가 가능하면 소비자는 분노를 느끼고 보복하고자 한
다. 그리고 Folkes, Koletsky, 및 Graham(1987)은 귀인이 불평의도
에 직접적으로 영향을 미칠 뿐 아니라 기업에 대한 분노를 통해 간
접적인 영향도 함께 미친다는 것을 발견했다.

3. 귀인이 재구매 의도에 미치는 효과에 관한 연구들

어떤 제품에 대해 불만족한 고객들이 그 제품을 반복 구매할 가
능성, 즉 재구매 의도가 매우 낮다는 것은 많은 연구들을 통해 밝
혀져 왔다. 예를 들면, Newman과 Werbel(1973)은 불만족한 고객이
만족한 고객에 비해 재구매 가능성이 떨어진다고 주장했다. 고객

만족/불만족은 소비자의 태도에 영향을 미치며, 이 태도는 재구매 의도에 영향을 미치고 있다. 재구매 의도는 고객 만족 이외에도 구매 후 태도의 영향도 받는다(예: Bearden & Teel, 1983; Lababera & Mazursky, 1983; Oliver & Linda, 1981; Oliver & Swan, 1989). 따라서 만족한 고객은 재구매 의도에 영향을 미치며 상표 전환을 감소시킨다고 할 수 있다.

한편, 불평행동을 한 불만족 고객이 불평행동을 하지 않는 고객보다 불평행동이 만족스럽게 처리되지 않은 경우에도 재구매 비율이 더 높다는 것이 밝혀졌다(Technical Assistance Research Program [TARP], 1979). 이것은 기업이 불만족 고객으로 하여금 상표를 전환하기보다는 불평행동을 하도록 유도할 필요가 있다는 것을 시사하고 있는 것이다. 고객에게 불평행동을 할 수 있는 기회를 주는 것은 비록 그 불평행동이 적절하게 처리되지 않더라도 기업의 이미지와 매출을 제고하는데 중요한 것이다(Bearden & Oliver, 1985). 즉 공적인 불평행동이 기업에 대한 부담을 증가시켜서 기업에게 보상할 기회를 주기 때문에 높은 재구매 의도를 나타낸다는 것이다. 또한 Gilly (1987)는 비 불평 고객은 불평고객보다 재구매 의도가 높지만, 만약 불평이 해결되어 만족하게 된다면 불평 고객이 만족한 비 불평 고객보다 더 높은 재구매 의도를 나타낼 것이라고 하였다.

최근에 이루어지고 있는 고객 만족과 재구매 의도와의 관계에 대한 연구들은 이들 사이의 관계에 영향을 미칠 수 있는 매개 변인들에 대해 중점적으로 다루고 있다. Rust와 Zahorik(1993)의 연구에서는 애호의 기간(length of patronage)이 길어질수록, 고객 만족이 재구매 의도에 미치는 영향이 감소하는 것으로 나타났다. 또한 Lele과 Sheth(1991)는 가격민감도가 높아질수록 고객 만족이 재구매 의도에 미치는 영향이 감소함을 보여주었다. Geva와 Goldman(1990)의 연구에서는 고객 만족과 재구매 의도와의 상관관계가 낮아질 수 있음을 인지부조화 이론을 이용하여 보여주었다. 즉 고객이 제품 성과에 대해 불만족하더라도 자신의 행동을 정당화하기 위해 만족도를 높게 표시하지만, 실제 구매는 이와 상반된 경우가 발생할 수 있다는 것이다. 안광호와 윤면상(1990)은 소비자의 만족/불만족에 대한 귀인 차이를 규명하였으며 관여수준에 따라 귀인 내용이 재구매 의도에 연결되는 것을 입증하였다. 구순이(1996)는 의료서비스에 기대ー불일치 패러다임을 도입하여 전반적 만족도가 재구매 의도에 직접적인 영향을 미치는 또 다른 변인으로 귀인의 통제성 차원을 발견하였다. 이것은 소비자들이 의료서비스의 성공적인 치료의 원인들을 추론하면서 병원 측에서 그러한 원인들에 대한 통제가 가능하다고 느낄 때, 재방문 의도가 높아진다는 것을 보여주는 결과이다.

이상으로 불만족 귀인이 불평행동, 구전 효과 및 재구매 의도에 미치는 효과에 관한 연구들을 살펴보았다. 앞 절에서 제기한 문제들과 연관된 것으로 볼 수 있는 문제가 있다. 즉 불만족에 대한 귀인 차원에 따라 유발되는 감정이 달라지고 유발된 감정의 강도에서도 차이가 난다는 것이다. 이는 여러 가지 유형의 불평행동과 재구매 의도가 귀인으로 유발된 감정에 따라 달라진다는 것을 알 수 있는 것이다. 따라서 본 연구에서는 불만족에 따른 귀인 유형에 따라 나타나는 불평행동의 강도가 달라질 것이며, 재구매 의도도 다르게 나타날 것이라는 문제를 밝혀 보고자 한다.

제3장 연구 가설

제1절 고객 만족/불만족 차원성 검증

마케팅에서 고객 만족이 중요한 영역으로 자리를 잡은 후 30여 년 동안 많은 연구들이 수행되어 왔지만, 고객 만족/불만족의 차원성에 대해 의문이 제기된 바 있고, 이에 대한 논쟁은 아직까지 지속되고 있다. 근본적 문제는 만족이 단일차원 구성체인지, 아니면 "만족의 수준"과 "불만족의 수준"이 별개로 존재하는 두 개의 분리된 구성개념인지의 여부이다. 이 문제는 중요한 이론적 및 실무적 시사점을 포함하고 있다.

1. 고객 만족/불만족 2차원 가설

만족과 불만족이 별개의 2차원이라는 주장은 Herzberg(1965)의 동기이론에서 비롯되었다. 이 이론을 바탕으로 계속적인 연구가 진행되었으나, 명확한 결과를 제시하지 못하는 실정이었다. Swan과 Combs(1976)는 두 가지 지지점을 도출하였는데, 첫째는 소비자들이 동시에 만족과 불만족을 나타낼 수 있고, 따라서 두 구성체가 최소한 어느 정도는 독립적임에 틀림없다는 것이고, 둘째는 만족한 경험과 불만족한 경험 모두를 회상하도록 요청 받은 소비자들 중에서 만족한 소비자들은 일반화된 심리적인 "인상적인" 이유를 회상한

반면, 불만족한 소비자들은 더욱 구체적이고, "유용한" 이유를 회상
했다는 것이다. 그런데 2-요인에 대한 지지점을 발견한 이들의 연
구를 여러 산업 군에서 추출된 더 큰 표본의 고객들을 대상으로 하
여 Maddox(1981)가 반복을 하였지만, 2-요인 개념화에 대한 지지
를 거의 발견치 못했고, 이러한 개념화가 상식 수준과는 다른 의미
를 가진 것이라는 정도로 결론지었다.

그렇지만, Gardial 등(1994)은 만족 경험과 불만족 경험 사이에서
의 어느 정도 흥미 있는 차이를 발견했다. 그들의 결과는 "불만족
사고"가 "만족 사고"보다 내적 비교 기준을 덜 고려할 가능성이 있
다는 것을 보여주었다. 더 나아가 불만족 사고는 불만족한 소비자
들이 그들의 불만족한 상태에 대한 "유용한" 이유에 더 초점을 맞
출 가능성이 높았다는 Swan과 Combs(1976)의 가설을 지지하는 결
과와 연결되는 것이었고, 따라서 Gardial 등(1994)의 결과는 만족과
불만족이 극단적인 반대가 되지 않을 수 있다는 것을 암시하는 결
과라 할 수 있다.

2-요인 개념화에 대한 지지는 "중대 사건 기법"을 통해 많이 발
견되었는데, 이 방법을 통해 나온 결과에 대한 대안적 설명이 가능
하다. 즉 만족 구성체가 단일 차원이라는 것이 가능하지만, 만족한
소비자와 불만족한 소비자들이 만족과 불만족으로 서로 다르게 처
리할 수 있다는 것이 가정된다면, 소비자들은 만족의 최종 수준에
서 서로 다른 종류의 요인들을 기억하게 된다는 것이다. Droge와
Halstead(1991)가 제안했듯이, 불만족한 소비자는 소비 경험 후에
대한 반응을 계속 길게 처리하며, 만족한 소비자들은 확장해서 처
리할 필요가 없고 단순하게 생각한다는 것이다. 만일 이러한 전제
가 사실이라면, 불만족한 소비자들이 그들의 만족/불만족 경험의 더
욱 상세한 것을 기억하고 그들의 불만족을 상세한 것에 귀인 한다

는 것은 오히려 당연한 결과일 수 있다.

Babin, Griffin과 Darden(1994)은 만족이 불만족과 다른 차원인지의 여부에 대한 의문을 다른 접근 방법을 사용해서 언급했다. 그들은 1-요인과 2-요인 만족 척도의 조합을 사용해서 데이터를 수집하여 확인적 요인분석을 수행했고, 그들은 적어도 어떤 환경 아래에서는 불만족과 만족이 구분된다고 결론을 내렸다. 그렇지만, 그들이 분석한 요인들은 감정 항목들과 만족 판단 항목 모두를 포함한 것이었고, 따라서 그들의 결과가 감정이 구분되는 것은 수용된 반면, 만족과 불만족이 구분된다는 것은 풀리지 않았다. 그들은 만족이 평가 그 자체라기보다는 평가에 의한 감정 반응이라 결론짓는 것처럼 보였고, 만족 판단의 차원성의 문제를 직접적으로 언급하지는 않았다. 즉, 중대 사건 기법과 Babin, Griffin 및 Darden(1994)의 조작화에는 한계가 있으며, 만족의 2-요인 개념화에 대한 증거는 비록 약하지만, 이러한 의문에 대한 부가적인 검증을 정당화하기 위한 증거는 충분히 남아 있다고 할 수 있다.

또한 최근에 서용원과 손영화(2003)는 이동전화 서비스를 이용하고 있는 고객들을 대상으로 고객 만족이 단일 차원 구성체가 아니라 만족과 불만족이 2차원의 구성체라는 주장을 검증하기 위해 고객 만족이 기대-불일치 모형의 인지적인 평가와 정서의 2-요인 입장을 취한 감정적 평가가 모두 포함된 모형을 구성하였다. 검증을 위해 만족과 불만족의 교차분석, 제품에 대한 중대사건기법을 이용한 내용 분석 및 회귀분석을 하였고, 1차원 고객만족 모형과 2차원 고객만족 모형 간의 차이를 밝히기 위한 모형 간 차이검증을 하였다. 분석 결과, 만족과 불만족의 교차분석을 통해 만족이 높다고 불만족이 낮고 만족이 낮다고 불만족이 높은 상호 배타적인 속성이 아님이 밝혀졌고, 중대사건 기법과 회귀분석을 통해 만족과 불만족을 각각 측정한 결과에서 만족에 영향 미치는 요인과 불만족에 영향 미치는 요인이 다르다는 유용한 정보를 발견하였다. 모형 간 차이검증을 통해서는 정서적 평가가 포함된 단일 차원의 모형보다 만족과 불만족을 분리하여 측정한 2차원 모형이 부합도가 높았으며, 단일 차원 모형이 설명하지 못하는 부분까지도 설명할 수 있는 결과가 나왔다.

이러한 결과는 만족과 불만족이 불평행동이나 충성도에 각각 어떻게 영향을 미치고 있는지를 보여줌과 동시에 효과적인 마케팅 전략을 수립하고 전개하는데 유용한 정보를 제공할 수 있음을 보여 준 것이라 할 수 있다. 이러한 유용한 결과가 나왔지만 몇 가지 제한점으로 인해 연구 결과를 일반화하기에는 충분하지 못했다. 제한점들을 살펴보면 다음과 같다. 우선, 2차원 모형에 소비 정서가 매개되고 있는 것을 밝히기 위해 Izard(1977)의 DES(Differential Emotions Scale) 항목을 사용했지만 다양한 소비 정서들을 측정할 수 없는 제한된 수의 항목만 사용했다는 점이다. 그리고 검증을 위해 사용된 다양한 구성개념 및 측정치들에 비해 표본 크기가 충분히 크지 않았다는 것과 이동전화 서비스만을 대상으로 연구한 결과이므로 다른 산업 제품군까지 일반화하기 어렵다는 것을 들 수 있다. 따라서 본 연구에서는 이러한 제한점을 해소하고 보완하여 고객 만족/불만족의 2차원성에 대해 검증해 보고자 하였다.

따라서 본 연구에서는 Mackoy와 Spreng(1995), Babin, Griffin, 및 Darden(1994)의 연구 결과와 모형화에 따라 불일치된 기대와 소비자가 소비 경험에 대해 사전적으로 가지고 있던 감정이 복합적으로 결합하여 발생된 종합적 상태, 즉 기대-불일치의 인지적 평가와 정적, 부적 정서에 의한 감정적 경험으로 발생된 종합적 상태로 고객 만족을 개념적으로 정의하고, 서용원과 손영화(2003)의 실증적인 연구 결과를 토대로 만족과 불만족은 동시에 경험할 수 있으며, 분리된 두 개의 구성개념이라는 입장을 취하며, 다음과 같은 가설을 설정하였다.

가설 1. 고객 만족의 1차원 측정 모형보다 만족 요인과 불만족 요인의 2차원 측정 모형의 부합도가 더 높을 것이다.

2. 소비 정서의 매개 효과 가설

고객 만족 분야에서 Westbrook(1980)의 연구에 의해 감정적 반응에 관심이 모아진 이후, 쾌락적 소비에 관한 연구들을 통해 감정적 과정이 인지적 과정보다 더 중요할 뿐만 아니라 선행 변인으로 작용할 수 있다는 것이 밝혀졌으며(Zajonc, 1980), Westbrook(1987)도 소비 후 감정이 소비자의 구매 의도를 형성하는데 중요하며, 특히 부정적 감정은 불평행동에 유의한 영향을 미친다는 것을 밝혀 소비 감정이 만족에 의해 영향을 받는 소비 후 행동에도 유의한 영향을 준다는 것을 발견했다.

많은 연구들이 정적 소비 정서는 만족에 정적으로, 부적 소비 정서는 만족에 부적으로 영향을 미친다는 사실을 제시하고 있는데, 이는 소비자 만족이라는 것이 기대와 성과의 불일치라는 인지적 판단 외에 그 제품 사용 경험에 의한 정적/부적 측면의 소비 정서에 의해 결정된다고 보는 것이다. Westbrook과 Oliver(1991)는 자동차와 케이블 TV 서비스를 이용하여 소비 정서와 소비자 만족의 인과 관계를 연구하였다. 그는 Arnold(1960)와 Lazarus(1982)의 연구 결과를 이용하여 소비 정서가 소비자 만족의 선행 요인임을 설명한 후 이들 간의 인과 관계를 실증적으로 분석하였다. 그 결과 정적 소비 정서는 만족에 정적 영향을, 부적 소비 정서는 만족에 부적 영향을 미친다는 사실을 제시하였다.

정서의 차원성에 대해서는 1차원 주장과 2차원 주장이 있다. 1차원 주장은 감정 경험이 유쾌－불쾌와 같이 1차원적 연속선상에서 양극단(bipolar dimension)의 감정으로 나타낼 수 있다는 것이다(예: Havlena & Holbrook, 1986; Plutchik, 1980; Russell, 1978). 반면에 2차원 주장은 정서 경험을 2개의 독립적인 단극형(unipolar dimen-sion)척도로 측정할 수 있다는 것이다(예: Bagozzi & Moore, 1994; Babin & Darden, 1996; Mano & Oliver, 1993). 대부분의 감정 관련 연구에서는 감정 경험의 복잡성에 비추어 2차원 주장을 지지하고 있다. 소비 정서의 척도를 구성하기 위한 차원성에 대해서 대부분의 소비자 행동 연구에서는 소비 정서도 일반 정서와 마찬가지로 정적 정서와 부적 정서의 독립적인 2개 차원으로 구성된다는 2차원 주장에 동의하고 있다. 즉, 소비자가 특정 소비 경험에 대해 좋은 느낌(정적 정서)과 나쁜 느낌(부적 정서)을 독립적으로 가질 수 있다는 것이다.

Watson과 Tellegen(1985)도 감정의 구조는 긍정적인 감정과 부정적인 감정, 두 개의 독립적인 차원으로 구성되어 있다고 주장한다. 이들에 따르면 긍정적인 감정은 삶에 대해 느끼는 흥미로움의 표출이며 부정적인 감정은 언짢거나 혼란스러움에 대한 표현으로 나타난다고 한다. 결국 감정의 구조에 대한 두 주장이 개념적으로 유사한 점을 보이고 있지만, Watson과 Tellegen의 주장은 긍정적인 감정과 부정적인 감정이 병존할 수 있음을 시사하고 있다는 점에서 그 차이를 주목할 필요가 있다. 두 가지 주장과 관련하여 소비자 만족/불만족에 대한 연구에서는 긍정적인 감정과 부정적인 감정의 2차원적 감정구조가 더 선호되고 있는 것으로 보이는데, 소비자는 제품 사용과 관련한 여러 속성으로부터 긍정적인 경험과 부정적인 경험을 통해 두 개의 독립된 감정 형태, 즉 긍정적 감정과 부정적 감정을 함께 경험하고 있다는 것이 기존 연구들에서 밝혀졌다(예: Mano & Oliver, 1993; Oliver 1991; 1993; Westbrook, 1987).

Westbrook(1987)은 소비 정서의 2차원 주장을 검증하기 위해 1요인 모형과 2요인 모형을 이용하여 확인적 요인분석을 실시한 결과 자동차, 케이블 TV 서비스 두 제품 모두 2요인 모형이 적합도가 좋은 것으로 나타났다. 정적, 부적 두 소비 정서 차원의 독립성에 대해서는 케이블 TV 서비스의 경우에는 검증되었지만, 자동차의 경우 비교적 강한 부적 상관관계가 나타났고, 또한 그는 정적 소비 정서 차원을 강도에 따라 기쁨과 관심의 두 차원으로 분리하였다. 즉, 관심은 강도가 약하기는 하지만 각성 혹은 활성 상태를 유도하는 반면 기쁨은 즐거움의 다소 강한 형태라는 것이다.

Izard의 유형 분류에는 독자적인 감정의 범주로 관심이 포함되어 있지만, 그렇게 보지 않는 연구자도 있다(Plutchik, 1980). Westbrook과 Oliver(1991)는 소비 정서의 차원을 탐색하고, 정서 차원과 소비자 만족의 관계에 대하여 연구하였다. 그들은 신차 구매자를 대상으로 Izard(1977)의 DES-II를 이용하여 정서를 측정하였다. 그리고 군집분석과 판별분석을 실시하여 적대감(hostility), 유쾌한 놀라움(pleasant surprise), 흥미(interest)라는 세 개의 독립적인 소비 정서 차원을 추출해 내었다. 즉, 기존의 정적 소비 정서에서 관심이라는 새로운 차원을 추가한 것이다. Mano와 Oliver(1993)도 탐색적 요인 분석을 이용하여 정서 항목의 차원성을 추출하였다. 그 결과 2요인 모형에서 긍정적이고 높은 각성 차원과 부정적 차원이 추출되었지만, 두 차원 간의 높은 상관관계가 확인되었다.

대부분의 소비 정서에 관한 선행 연구(예: Westbrook, 1987; Westbrook & Oliver, 1991)에서는 소비자가 동일한 제품에 대해 어떻게 정적 정서와 부적 정서를 동시에 유지하는가를 설명하지 못하였다. 즉, 소비자가 어떻게 특정 소비 경험에 대해 좋은 느낌과 나쁜 느낌을 동시에 가지게 되는가를 설명하지 못한 것이다. 그럼에도 불구하고 이들 연구에 있어서 정적 정서와 부적 정서가 만족에 동시적 효과를 지니고 있는 것으로 모형화 하고 있다. Oliver(1993)는 소비 정서의 차원에 대해서 Bradburn(1969)의 견해를 근거로 정적 소비 정서와 부적 소비 정서가 동시에 발현될 수 있는 가능성을 제시하였다. 그리고 부적 정서에 대해 귀인의 소재에 따라 외부(anger, disgust, contempt), 내부(shame, guilt), 상황(fear, sadness)의 하위 차원을 제시하였으며, 정적 정서는 관심과 기쁨의 두 하위 차원으로 구분될 수 있다고 보았다. 대부분의 소비 정서 연구에서는 소비 정서가 정적 차원과 부적 차원으로 구분된다는 2차원 주장에 동의하고 있으나, 이들 차원 간의 독립성은 확보되지 않았다.

그럼에도 불구하고, 소비자는 제품 사용과 관련한 여러 속성으로부터 긍정적인 경험과 부정적인 경험을 통해 두 개의 독립된 감정 형태, 즉 긍정적 감정과 부정적 감정을 함께 경험하고 있다는 것이 기존 연구들에서 밝혀졌고(예: Mano & Oliver, 1993; Oliver 1991; 1993; Westbrook 1987), 또한 Mano와 Oliver(1993), Bagozzi와 Moore(1994), Babin과 Darden(1996) 등의 연구에서도 정서의 2차원성에 대한 설득력 있는 결과들이 나타났다.

그리고 Mackoy와 Spreng(1995)은 전반적 만족을 단일요인과 2차원의 만족과 불만족으로 측정하여 확인적 요인분석을 한 결과, 2차원 모형의 부합도가 가장 좋게 나타났다. 국내에서 이와 관련된 연구들을 보면, 전무진(1995)은 소비과정에서 느끼게 되는 긍정적 감정과 부정적 감정은 속성수준에서의 긍정적 경험과 부정적 경험을 통해 발생한다는 결과를 보여주었고, 전선규(1996)는 상품사용 후 소비자는 인지적 평가뿐 아니라 감정적 평가로 인해, 만족과 불만족을 동시에 느끼는 소비자, 만족과 불만족을 동시에 느끼지 않는 소비자가 존재함을 언급하고, 이 소비자들과 감정과의 관계를 확인하였다.

따라서 본 연구에서는 소비자가 제품을 소비하는 동안 경험하는 감정은 정적 차원과 부적 차원으로 구분할 수 있으며, 소비자의 정적 감정 차원은 만족과 정(+)의 관계에 있으며, 부적 감정 차원은 만족과 부(−)의 관계, 또는 불만족과 정(+)의 관계에 있다는 결과를 제시하였던 Westbrook(1987), Oliver(1989), Westbrook과 Oliver(1991), Mano와 Oliver(1993), Oliver(1993) 등의 연구와 정서를 매개로 하여 만족과 불만족의 2차원성을 실증적으로 검증한 서용원과 손영화(2003)의 연구 결과를 토대로 하여 다음과 같은 소비 정서의 매개 효과 가설을 설정하였다.

가설 2-1. 불일치 경험은 정적 정서를 통해 만족에 영향을 미칠 것이다.

즉, 불일치 경험은 정적 정서에 영향을 미치고 정적 정서는 만족에 정적으로 영향을 미칠 것이다.

가설 2-2. 불일치 경험은 부적 정서를 통해 불만족에 영향을 미칠 것이다.

즉, 불일치 경험은 부적 정서에 영향을 미치고 부적 정서는 불만족에 정적으로 영향을 미칠 것이다.

가설 3. 고객 만족의 결정요인에는 인지적 평가 요인(기대, 지각된 성과 및 기대 불일치)뿐만 아니라 정서적 평가 요인

(정적 정서와 부적 정서)도 포함된다. 즉 정서가 포함된 2차원 모형이 정서가 제외된 모형보다 부합도가 더 높을 것이다.

이러한 가설 1, 2-1, 2-2 및 가설 3의 설정에 따라 다음과 같은 모형을 제안하고자 한다.

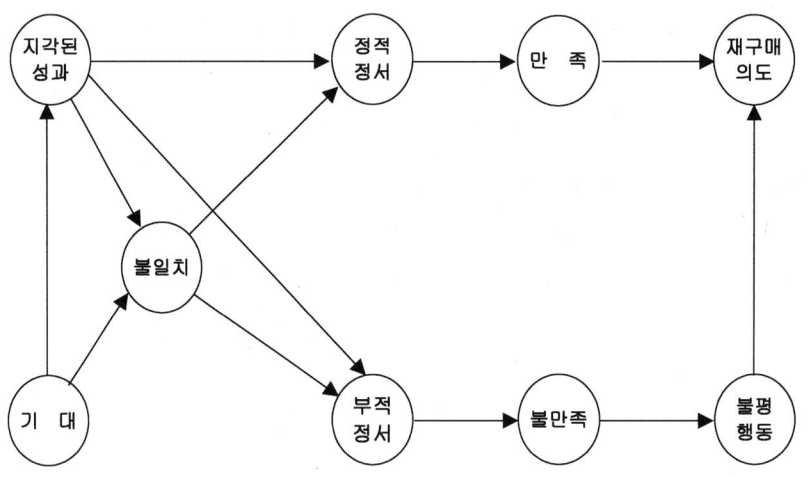

그림 3-1. 고객 만족/불만족 2차원 측정 모형

3. 고객 만족/불만족 2차원성 효과에 관한 가설

고객 만족의 인지적 평가 부분으로 가장 기본적이고 가장 많이 사용되고 있는 기대-불일치 모형은 만족과 불만족이 소비자의 기대수준과 실제 지각된 수준의 불일치에서 기인된다고 주장하고 있으며, 만족과 불만족의 선행 변인들 중 가장 중요한 변인으로 제시되고 있는 변인이 바로 불일치이다. 많은 연구들이 불일치가 고객 만족에 미치는 영향력에 대해 유의한 결과들을 밝혀냈다(예: Churchil & Suprenant, 1982; Oliver & DeSarbo, 1988; Olshvsky & Miller, 1972; Swan, 1988; Tse & Wilton, 1988).

또한 무관심 영역(zone of indifference)이 불일치와 만족/불만족 사이의 관계에 매개 역할을 할 수 있는 것으로 제안하는 연구자들도 있다(Woodruff et al., 1993). 이들은 소비자들이 일치, 불일치에 대한 정확한 판단을 하기에는 인지능력의 한계가 있기 때문에 실제 수준이 기대 수준에서 크게 벗어나지 않는 범위에서는 둘 사이에 다소간의 긍정적이거나 부정적인 불일치가 있더라도 일치하는 것으로 받아들이게 되는 무관심 영역이 존재한다고 제안하고 있다. 이를 설명하는 이론으로 동화 이론(assimilation theory)과 대비 이론(contrast theory)을 들 수 있는데, 동화 이론은 제품의 수준이 처음 기대 수준에서 벗어나면 소비자에게 인지부조화가 생기게 되고, 그 부조화를 해소하기 위해 제품 수준이 처음의 기대 수준과 비슷한 것처럼 인식하게 된다는 것이다. 그렇지만, 대비 이론은 소비자가 제품 수준과 기대 수준의 차이를 인지부조화로 받아들이지 않고 오히려 불일치의 정도를 확대시켜 인식할 수 있다는 것이다. Anderson(1973)은 동화 −대비 이론을 주장하였는데, 즉 불일치의 정도가 크지 않으면 동화 이론이 적용되고 불일치의 정도가 수용 범위를 넘어설 경우에는 대비 이론이 적용된다는 것이다. 유사한 맥락에서 Woodruff 등(1983) 도 제품의 수준이 무관심 영역 안에 걸쳐있게 되면 소비자들의 주의를 끌지 못해 제품 사용에 대한 평가 과정으로 이어지지 않게 되고, 무관심 영역 밖에서는 만족과 불만족에 대한 의식적인 평가가 이루어지게 될 것이라고 제안하고 있다.

무관심 영역이 만족과 불만족 사이에서 어떻게 매개변인의 역할을 하는지에 대한 충분한 실증적 연구들이 이루어지지 않았지만,

104

앞서 언급한 연구들은 무관심 영역의 내부와 외부에서 불일치와 만
족/불만족이 서로 다른 관계를 보일 것이라는 점을 제시하고 있으
며, 만족과 불만족을 동시에 경험한 고객은 만족하는 고객에 비해
불일치를 적게 경험한다는 것도 밝혀졌다(예: 전선규, 1996). 이러한
연구 결과를 바탕으로 불일치 정도와 만족/불만족의 관계를 2차원
구조 내에서 검증하기 위해 다음과 같은 가설을 설정하였다.

가설 4-1. 만족과 불만족을 동시에 경험하는 집단은 만족만을 높
게 경험하는 집단보다 불일치를 적게 경험할 것이다.

가설 4-2. 만족과 불만족을 동시에 경험하는 집단은 불만족만을
높게 경험하는 집단보다 불일치를 적게 경험할 것이다.

가설 5-1. 만족과 불만족이 모두 낮은 집단은 만족만을 높게 경
험하는 집단보다 불일치를 적게 경험할 것이다.

가설 5-2. 만족과 불만족이 모두 낮은 집단은 불만족만을 높게
경험하는 집단보다 불일치를 적게 경험할 것이다.

그리고 긍정적인 감정과 부정적인 감정의 상호 병존적인 상태는
곧 만족과 불만족의 병존 가능성을 열어놓고 있다고 할 수 있는데,
비슷한 맥락에서 Oliver(1989) 역시 Watson과 Tellegen(1985)의 감
정구조는 소비자가 감성적으로 환기되어 있는 상태에서 만족과 불
만족이 함께 존재할 수 있음을 밝힌 바 있으나, 이러한 선행 연구
들이 소비 정서와 고객 만족과의 인과 관계를 밝히고 소비 정서의
2차원성에 대한 주장을 입증하였다고 하더라도, 만족과 불만족을 2
차원 구성체가 아닌 만족과 불만족을 단일 차원의 양 극단에 놓여
있는 것으로 보고 전반적인 만족의 선행 요인임을 설명하면서 이들
간의 인과 관계와 정서의 2차원성을 밝혔다는 것은 만족과 불만족
의 2차원성을 입증하기에는 다소 제한적인 결과라고 할 수 있기 때

문에 본 연구에서는 이와 달리 만족과 불만족을 2차원 구조로 놓고 소비 정서와의 인과 관계를 검증해 보고자 하였다.

만족과 불만족의 2요인 입장을 취하고 이들 선행 연구들의 만족/ 불만족의 2차원성에 대해 입증한 즉, 만족과 불만족을 모두 경험하지 않은 소비자는 불만족 하는 소비자에 비해 감성적인 경험의 정도가 낮은 경향을 보였고, 만족과 불만족을 동시에 경험하는 소비자는 만족하는 소비자에 비해 정적, 부적 감정을 전체적으로 더 많이 경험하고 또한 두 감정이 서로 비슷할 정도로 함께 작용하는 것을 밝혔던 전선규(1996)의 연구 결과를 토대로 다음과 같은 가설들을 설정하였다

가설 6-1. 만족과 불만족이 모두 낮은 집단은 만족만이 낮은 집단에 비해 정서 경험의 정도가 적을 것이다.

가설 6-2. 만족과 불만족을 모두 낮은 집단은 불만족만이 낮은 집단에 비해 정서 경험의 정도가 적을 것이다.

가설 7-1. 만족과 불만족이 모두 높은 집단은 만족만이 높은 집단에 비해 정서 경험의 정도가 클 것이다.

가설 7-2. 만족과 불만족이 모두 높은 집단은 불만족만이 높은 집단보다 정서 경험의 정도가 클 것이다.

가설 8-1. 만족과 불만족이 모두 높은 집단은 만족만이 높은 집단에 비해 정적 정서와 부적 정서 경험의 차이가 적을 것이다.

가설 8-2. 만족과 불만족이 모두 높은 집단은 불만족만이 높은 집단에 비해 정적 정서와 부적 정서 경험의 차이가 적을 것이다.

또한 Westbrook(1987)의 연구에서 일부 나타난 결과와 서용원과

손영화(2003)의 연구에서 나타난 바와 같이 소비 경험 후 유발된 정적 정서와 부적 정서는 소비 후 재구매 의도 및 불평행동에 영향을 미칠 것이므로, 2차원의 만족과 불만족이 각각 불평행동 및 재구매 의도에 영향을 미칠 것이라는 다음과 같은 가설을 설정하였다.

　가설 9. 만족은 재구매 의도에 정적으로 영향을 미칠 것이다.
　가설 10. 불만족은 불평행동에 정적으로 영향을 미칠 것이다.

제2절 고객 만족/불만족 귀인의 효과

1. 고객 만족/불만족 귀인이 귀인 의존 정서에 미치는 효과

Mizerski 등(1979)은 4가지 주된 귀인 이론 즉, Heider(1958), Kelley(1967, 1973), Bem(1972), 및 Jones & Davis(1965)의 귀인 이론을 강조했다. Heider는 인과 추론에 관한 이론들에 대한 매우 영향력 있는 발전 가능한 개념을 제공했으며 더욱 최근에 출판된 저서에서 또한 그의 통찰력의 풍부함을 보여주었다(Benesh & Weiner, 1982). Kelley의 이론들은 경험적 연구의 더욱 많은 것들에 대해 출발점을 제공했으며, 특히 Kelley의 공변이론과 절감원리는 Mizerski 등이 고찰한 연구를 자극시켰을 뿐 아니라 마케팅에서의 최근 연구에도 자극제가 되었다. 70년대에, Bem의 자기 지각이론에서 나온 예언들이 인지부조화 이론의 예측과 반대되어 종종 논쟁이 되었지만,

이 논쟁에서의 관심거리는 어느 쪽 이론의 지지로도 분명하게 해결
되어짐 없이 크게 쇠퇴해 왔다. 하지만 연구자들은 소비자 행동에 분
명하게 관련 있는 몇 가지 편파를 밝히는데 대한 관심은 남아 있다.

귀인 이론이 인지 과정에 초점을 맞추고 있지만, 인과 추론에 대
한 관심은 항상 존재하였으며, 제품 문제에 대한 소비자의 반응에
미치는 귀인의 효과를 밝히는데서 나타나기 시작했다(Richins, 1983).
Mizerski 등(1979)의 검토 이래로 초기 귀인 연구에 기초를 두고 나
타난 추세는 결과에 대한 추론이 그 결과에 대한 감정적 반응의 유
형에 영향을 어떻게 미치고 있는 가에 대한 연구이다(Weiner, 1986).
이 접근은 소비자 행동에서 비교적 적은 주목을 받아 왔는데, 제품
실패에 대한 귀인과 소비자들의 분노에 대한 몇몇 연구를 빼고는
거의 주목을 받지 못했다(예: Folkes, 1984b; Folkes et al., 1987).

정서는 소비 행동에서 중요한 역할을 하고 있다고 볼 수 있는데,
예를 들면, 선물을 받는 것은 갚아야 한다는 것에 구속되기도 하지
만 감사의 느낌 또한 증가될 것이다(Weiner, 1986). 이러한 느낌은
후속 행위들을 동기화 시킬 것이고, 선물을 준 자와 받은 자 사이
의 관계의 성질을 향상 또는 변화시킬 것이다. 낭만적 매력에 꽃
선물을 귀인 시키는 한 여자는 만일 그녀가 그 선물을 병환에 대한
동정 행동으로 믿는다면 준 사람과 다른 관계를 형성하게 될 것이
다. 소비 상황에서 자부심과 당혹스러움의 감정을 살펴보면, 한 소
비자가 능숙한 협상으로 가격을 지불한 것으로 귀인 시킬 때 구매
한 것에 큰 자부심을 느끼는 반면, 또 다른 소비자는 동일한 가격
을 부당하게 협상한 것으로 귀인 시킬 수 있으며, 그 때는 당혹감
을 느낄 수 있을 것이다(Weiner, 1986). 차례로 이 감정들은 후속
행동에 영향을 미칠 것이다. 가격은 구매에 대해 자랑을 이끌어 낼
수 있는 반면 당혹감은 구매를 다시 생각하게 하는 조심스러움을

생기게 할 수도 있을 것이다. 따라서 귀인은 미치는 귀인의 효과를 통해 제품 정보의 확산에 영향을 미칠 것이다.

대부분의 귀인 연구는 인과 추론의 선행 요인과 결과를 검증하고 있는데 비해 다른 기초적 문제들은 덜 주목받고 있다는 점도 관심을 가질 필요가 있는 부분이다. 지난 10년간 소비자 불평행동에 대한 관심이 증가되어 왔으며, 주된 목적은 소비자들이 제품 실패에 어떻게 반응할 것인지를 예측하는 것이다. 많은 연구들이 제품 불만족에 대한 반응을 설명했으나(예: Day & Ash, 1979; Day & Bodur, 1978) 특정한 소비자 불평행동을 예측해 줄 수 있는 이론적 모델은 거의 발전되지 못했으며 소비자가 불평을 결정할 때 고려하는 일반적인 요소만 확인되었다.

Day와 Landon(1977)은 획득된 보상의 가치, 직접적인 보상의 유용성의 요소를 확인했고, 획득된 보상의 용이성과 편리성이 '어떻게 제품 실패에 반응하는 가'의 소비자 결정에 영향을 미친다고 하였다. Landon(1977)은 불평행동은 불만족, 중요성, 불평의 이익, 소비자의 성격의 결과라고 가설화하였고, 이 요소들을 확인한 후 소비자의 반응 과정을 결정하는 인지 요소를 세분했다. 그러나 이론적 모델은 제품 실패에 관한 특정 사고와 불평행동 사이의 관계를 정밀하게 나타내지는 못하였다.

귀인이론은 Day와 Landon(1977)모델에서 빠져있던 부분으로, Landon(1977)은 귀인을 성격 기질의 부분으로써만 포함했다. 그러나 귀인이 제품 실패에 대한 반응을 결정하는 중요한 역할을 한다는 믿음이 있었으며 이는 충분한 근거가 있었다. 소비자 불평에 대한 귀인의 영향을 검증한 몇몇 연구(예: Krishnan & Valle, 1979; Richins, 1983; Valle & Wallendorf, 1977)가 있었으며 연구를 통해 제품 실패의 원인을 외적 귀인 하는 것은 판매자, 제3자에게 불평하거나 동료나 친구에게 불만족에 대한 구전 등의 활동과 관련이 있음이 밝혀졌다. 이렇게 귀인과 이후 반응과의 관계가 연구를 통해 밝혀졌지만, 이 이론의 적용은 제한적이었다. 그럼에도 불구하고 많은 연구들이 귀인 이론이 불평행동에 대한 예측을 제공한다고 제안하고 있다.

제품의 실패를 경험한 후에 나타나는 귀인 유형을 Weiner(1980a)가 제시한 귀인 행동의 3가지 차원 즉 내외 차원, 원인의 통제 가능성, 안정성 차원으로 설명할 수 있다. 예를 들어 자동차가 잘 수리되지 않았을 때, 종업원이 일시적으로 나태했다면 원인은 일시적인 것이 되고, 종업원이 워낙 나태해서 이런 일이 지속된다면 종업원은 지속적으로 나태한 직원으로 제품실패의 원인은 즉, 영속적인 것이 된다. 내외 귀인이라는 것은 제품 실패의 원인을 소비자 자신에게 돌리는지, 아니면 판매자나 제조업자에 돌리는지, 상황적 요인에 돌리는지 하는 것이다. 통제 가능성이란 제품의 실패 원인이 의지에 따라 통제될 수 있었는지 혹은 그럴 수 없었는지 하는 것이다. 예를 들어 소비자가 다이어트 식품을 구매하여 사용했으나 효과가 없었다. 소비자가 식품을 먹기 위한 노력을 하지 않았다면 통제 가능한 원인이고, 소비자가 식품에 알레르기가 있다면 통제 밖의 원인일 것이다.

이러한 안정성, 위치, 통제 가능성 차원은 행동적 결과와 연결된다. 선행 연구에 따르면 3가지 귀인차원은 소비자 반응에 대해 (1) 기대 반응(expectancy reactions), (2) 시장 공정성 반응(marketplace equity reactions), (3) 분노 반응(anger reactions) 등으로 가설을 세울 수 있다.

안정성 귀인은 기대 반응에 영향을 미친다. 안정적 귀인은 제품 실패에 대한 확신과 교환보다는 환불을 선호하게 한다. 일시적인

110

귀인은 미래 제품 수행에 대한 불확신과 환불보다는 교환을 더욱 선호하게 한다. 일시적 원인으로 귀인 하면 미래 결과물에 대해 불확신하게 되는 반면 영속적 귀인은 미래에 지금과 같은 결과물을 기대하게 된다(Weiner, 1980a). 즉 제품 실패의 원인이 안정적일 때 소비자들은 만약 미래에 그 제품을 다시 구매한다면 똑같이 제품의 실패를 기대하게 되는 것이고, 반대로 제품의 실패가 일시적 원인으로 귀인 되면 소비자들은 미래에 제품의 실패에 대해 덜 확신하게 된다는 것이다.

내외 귀인은 시장 공정성 반응(market equity reactions)에 영향을 미친다. 제품 실패가 회사와 관련되었을 때 소비자는 환불이나 사과를 바라며, 제품 실패가 소비자와 관련되었을 때 소비자는 환불이나 사과를 둘 다 바라지 않는다. 내외 귀인은 제품 실패의 원인이 소비자에게 있느냐 기업에게 있느냐를 말하며 시장 교환(marketplace exchange)의 공정성과 관련된 소비자 반응에 영향을 미친다. 특히 제품 실패 원인이 소비자일 때보다 기업일 때가 환불을 원하지만, 소비자에게 원인이 있다면 환불을 바라지 않는다. 선행연구에서도 이 관점이 지지되었다(Krishnan & Valle, 1979). 사과 또한 시장 교환의 공정성과 관련 있으며 내외 귀인에 의해 영향을 받는다. 제품실패 원인이 기업과 관련 있을 때 교환의 불평등은 판매자와 구매자 간의 관계를 훼손한다. 게다가 환불을 할 때 상호작용 관계가 손상되면 반드시 회복해야 한다. 사과는 제품의 실패가 기업과 관련될 때 이루어져야 한다고 지각되지만, 소비자와 관련되어 있다면 사과를 받아야겠다는 지각은 생기지 않을 것이다.

통제 가능성과 귀인 위치는 둘 다 분노 반응(anger reactions)에 영향을 미친다. 소비자는 제품의 실패 원인이 기업의 통제가 가능한 요인 때문이라고 귀인 하면, 화가 나게 되고 기업의 훼손을 원

하게 된다. 즉 좋지 않은 결과물이 다른 사람의 통제에 의해 일어
날 때 소비자들은 분노를 느낀다(Weiner, 1980b). 하지만 실패가 기
업에 의해 통제되지 않을 때와 소비자의 통제아래 있을 때 분노는
감소한다. 보복은 분노와 밀접한 관련이 있으며 실패 원인을 타인
에게 귀인 한 결과이다(Weiner, Russell, & Lerman, 1979). 소비자
는 제품의 실패 원인이 회사의 통제아래 있을 때 더욱 기업의 훼손
을 바라며, 기업의 통제에 의한 원인이 아닐 때는 훼손에 대한 욕
구가 줄어든다.

Folkes(1984)는 귀인 차원(내외, 안정성, 통제 가능성)과 소비자 불
평행동 사이의 관계를 두 가지 연구를 통해 검증하였다. 첫 번째 연구
에서는 중대 사건 기법을 사용하여 학생들에게 제품 실패의 특정 유형
에 대한 가장 최근의 사건을 회상해보라고 요구하였고, Richins(1982)
와 유사한 절차로 제품 실패 원인을 분류하고 차원 점수를 소비자
반응에 관련시켰다. 이런 방식으로 발생한 귀인과 회상된 반응 사이
의 관계를 검증할 수 있었다. 연구 결과를 보면, 안정성은 미래를 위
한 기대와 선호하는 보상의 유형과 관련이 있는 것으로 나타났다.
즉 안정적인 귀인을 할수록 교환보다는 환불을 더 선호한다는 것이
다. 또한 귀인의 위치는 환불을 바라던지 사과를 원하든지 간에 소
비자 귀인과 강한 상관이 있었고, 위치와 통제 가능성은 소비자의
분노와 식당에 훼손을 주기 원하는 욕구와 상관이 있었다. 즉 맛없
는 음식이 식당에 의해 통제 가능한 원인일 경우 더욱 화가 나고 보
복을 하려 한다는 것이다. 두 번째 연구에서도 역시 위치 귀인은 환
불이나 사과의 기대에 영향을 주는 것으로 나타났고, 제품실패가 제
품-가게 관련일 때보다 소비자 관련일 때 사과나 환불을 덜 바라는
것으로 나타났고, 위치와 통제 가능성 또한 분노와 보복 행동에 유
의한 영향을 미치는 것으로 나타났다.

그러나 귀인 차원으로 식당유형, 제품의 가치, 타인의 존재, 음식의 친숙성 등 많은 다른 요인들이 존재한다는 점과 검증한 귀인 차원들이 상호 독립적이 않다는 것과 같은 제한점이 있다는 것은 향후 연구에서 고려해볼 만한 요소이다. 또한 Folkes(1984)의 두 번째 연구에서 시나리오를 사용하여 기존의 귀인 차원에 따른 유발된 정서를 연결 지어 측정했다는 점도 제한적인 결과를 얻을 수밖에 없었던 이유로 판단이 된다. 즉 실제 소비 상황에서 발생된 만족 또는 불만족에 따른 귀인에 의해 경험하게 되는 정서는 다양하게 나타날 수 있는데도 불구하고, Weiner의 귀인 차원에 따른 유발 정서를 그대로 적용하였다는 점이다. 그렇지만 제품 실패와 같은 불만족에 따른 귀인의 효과를 Weiner의 3가지 귀인 차원으로 실증적 연구를 했다는 점에서 이후부터 최근에 이르기까지 제품 실패와 불만족에 따른 귀인 연구를 하는데 있어서 촉진제 역할을 한 것은 의미 있는 일로 생각이 된다.

소비 행동에서의 귀인 연구를 함에 있어서, 대인 지각을 다루는 대인 관계 상황이나 성취 상황을 다루는 교육장면과 같은 다른 영역에서의 귀인 연구와 달리 실험 상황에 맞는 조작(manipulation)을 하는데 한계가 있다는 것이 소비자 행동 영역에서의 귀인 연구를 활성화시키는데 제약으로 작용하고 있다고 본다. 즉 다양한 소비 상황을 특히 제품이나 서비스의 실패로 인한 불만족 상태와 연관된 귀인의 유형에 따른 정서 반응이나 행동 반응을 검증하기가 현실적으로 어렵다는 것이다. 이러한 한계에도 불구하고 80년대 이후 최근에 이르기까지 불평행동과 재구매 의도에 미치는 불만족 귀인의 효과에 관한 연구는 계속 이어지고 있다(예: Folkes, 1984; Folkes, Koletsky, & Graham, 1987; Krishnan & Valle, 1979; Landon, 1977; Richins, 1997).

소비자 행동에서의 귀인연구는 제품 구매나 선택에 대한 귀인, 즉 왜 그 제품을 구매 또는 선택했는지를 소비자는 추론한다는 것이다. 그 동안 귀인연구들은 소비자 자신의 행동에 관한, 제품 성공 또는 실패에 관한, 그리고 제품 관련 의사소통자의 구전에 관한 추론과 같은 다양한 형태의 결과-추론에 대한 소비자의 인과 추론을 검증해왔다(예: Zaltman & Wallendorf, 1983). 많은 연구들이 제품 성공에 대해서 검증해 왔지만, 왜 제품이나 서비스가 실패했는지에 대한 자신과 타인의 귀인을 검증한 연구도 있다(예: Curren & Folkes, 1987; Richins, 1983).

Weiner(1985)는 인과성의 통제 가능성 차원에 초점을 맞춘 연구를 통해 동정심, 분노, 죄책감의 정서가 원인 지각의 연합으로써 반복적으로 나타나고 있음을 밝혔다. 분노는 개인적으로 관련 있는 부정적 결과나 부정적 사건을 다른 사람들이 통제 할 수 있는 요인들에 귀인 할 때 경험하게 된다. 죄책감은 부정적인 결과가 개인적으로 통제할 수 있는 원인으로 인해 발생했을 때 가지게 된다. 동정심은 정서 대상의 내부에 혹은 그의 환경 내부에 있는 통제 불가능한 원인과 관련이 있다. 따라서 통제 가능 원인 대 통제 불가능 원인 간의 구별은 상대방에 대해 분노를 경험하느냐 아니면 동정심을 경험하느냐를 결정하게 된다. 분노와 마찬가지로 죄책감은 자신의 통제 가능한 원인으로 인해 경험된다. 즉, 분노와 책임감은 원인의 소재-제3자 대 자기 자신-에 의해 서로 차이가 있다. 그러므로 통제 가능한 원인에 의한 것일 때 상대 비난 대 자기 비난의 구별이 분노를 경험하느냐 아니면 죄책감을 경험하느냐를 결정하게 된다고 하겠다.

이러한 연구 결과들을 검토한 결과, 본 연구에서는 Weiner(1980)의 귀인 차원에 따라 감정 유발과 불평행동이 달라진다는 것을 보

여준 Folkes(1984), 그리고 귀인의 위치와 통제 가능성에 따라 나타
나는 유발 감정의 유형이 다르다는 것을 제안한 Weiner(1985)의 연
구 결과 등을 기초로 하여 만족한 고객과 불만족한 고객의 귀인 유
형이 다르며, 또한 귀인 유형에 따르는 유발된 감정도 달라진다는
것을 밝히고자 한다. 다만 Folkes나 Weiner가 선행 연구들에서 보
여준 귀인 차원과 유발 정서의 기존 틀에 의한 결과와는 달리 본
연구에서는 실제 소비 상황에서 발생하는 만족과 불만족에 대한 귀
인 차원과 요인, 그리고 그로 인해 유발되는 구체적인 정서를 기존
의 틀에 제한을 두지 않고 밝혀보고자 한다. 이 점이 기존의 선행
연구들과의 차이점이라 할 수 있으며, 이를 위해 사전 조사들을 실
시하였다. 소비자 심리학을 수강하는 학생들을 대상으로 자신들이
구매하고 사용한 후에 만족과 불만족한 경험을 적게 한 후, 그 원
인을 스스로 판단하게 하였고 그 당시 어떤 감정이 들었는지를 기
술하게 하였다. 여러 제품들을 대상으로 기술된 만족과 불만족에
대한 원인을 내용 분석한 결과를 귀인 유형에 따라 분류한 후 그것
들에 의해 유발되는 구체적인 정서들을 일차적으로 정리해 본 결
과, 표 3-1과 표 3-2와 같은 결과를 얻었다.

표 3-1. 제품 사용 후 불만족 귀인 차원별 요인들

	안 정		불안정	
	통제 가능	통제 불가능	통제 가능	통제 불가능
내적	실수 충동성	구매 능력 부족 안목 부재	의무 불이행(제품 설명서 무시)/무지(제품 지식부족)	조작 능력 부족 (운동/지각능력 부족)
외적	거짓말 눈가림	제3자/상황요인 불가피한 외부요인	근무태만으로 인한 불량/ 업무 착오/직원 실수	노조 파업으로 인한 업무차질/상황 요인

표 3-2. 만족/불만족 귀인 유형별 유발 정서들

	귀인 차원	귀인 요인	유발 정서(감정)
만 족	내적/안정적/통제 불가능	구매 능력/판단력/ 문제해결 능력 뛰어남	자부심/자신감
	외적/불안정적/통제 불가능	운	즐거움/신이남
	외적/안정적	판매원의 성실성	고마움
	외적/안정적	제조회사의 기술력	믿음직스러움/신뢰감
불 만 족	내적/안정적/통제 가능	실수/성급함/충동구매	창피함/부끄러움/후회/격 정스러움
	내적/안정적/통제 불가능	구매 능력 부족/안목 부재	창피함/자신 없음/자책감
	내적/불안정적/통제 가능	의무불이행(제품설명서 무시) 노력 부족	후회/창피함
	내적/불안정적/통제 불가능	조작 곤란/조작 능력 부족	자신 없음/ 창피함/짜증
	외적/안정적/통제 가능	제조회사의 거짓말/눈가림 판매원의 거짓말/눈가림	분노/불신감/적대감
	외적/안정적/통제 불가능	제3자 요인/상황 요인	약간 화남/씁쓸함/ 답답함/찜찜함
	외적/불안정적/통제 가능	제조회사 직원의 근무 태만으로 인한 불량(노력부족)	화남/불신감/얄미움
	외적/불안정적/통제 불가능	회사 노조원들의 일시적 파업으로 인한 불량	화남/찜찜함/답답함

이러한 결과들을 바탕으로 하여 다음과 같은 가설을 설정하였다.

가설 11-1. 제품 사용 후 만족에 대해서 자기 탓으로 귀인을 하면 자신에 대해서 자부심/자신감과 같은 정서를 느낄 것이다.

가설 11-2. 만족에 대해 회사 탓으로 귀인을 하면 회사에 대해서 고마움/신뢰감과 같은 정서를 느끼게 될 것이다.

가설 12-1. 불만족에 대해 내적 귀인을 할 때보다 외적 귀인을 할 때 분노가 더 크게 나타날 것이다.

가설 12-2. 불만족에 대해 외적/불안정적 귀인을 할 때보다 외적/안정적 귀인을 할 때 더 큰 분노를 느낄 것이다.

가설 12-3. 불만족에 대해 외적/통제 불가능한 귀인을 할 때보다 외적/통제 가능한 귀인을 할 때 더 큰 분노를 느낄 것이다.

가설 12-4. 불만족에 대해 외적/안정적/통제 가능한 귀인을 할 때 분노를 가장 크게 느낄 것이다.

2. 만족/불만족 귀인이 불평행동 및 재구매 의도에 미치는 효과

소비자 불평행동의 상황에서 귀인이론은 소비자의 제품 실패에 대한 지각된 이유에 대해서 예측해주며, 지각된 이유는 소비자의 반응에 영향을 미친다(Bettman, 1979). 새로 나온 세탁 세제로 예를 들어보자. 만약 소비자가 새로 나온 세탁 세제를 사용하여 세탁했을 때 깨끗하지 않다는 것을 발견했다고 하자. 귀인이론에 따르면 소비자는 왜 이런 일이 발생했는가에 대해 탐색하게 된다. 소비자는 원인에 대해서 '세제가 효과가 없다, 스스로 세제의 양을 잘못 조절했다, 세탁기가 고장 났다' 등으로 생각할 수 있을 것이다. 이런 제품 실패에 대한 귀인과 설명이 주어졌을 때, 소비자는 어떤 행동을 취하는가? 귀인 접근은 제품실패에 대해 추론한 원인은 어떻게 소비자가 반응할 것인가에 영향을 미친다고 본다. 이 연구의 접근은 이런 관계에 접근하고 귀인의 어떤 종류가 소비자의 반응을 이끄는가에 대해 예측하고자 하였다.

귀인 유형에 따른 유발 정서가 불평행동 및 재구매 의도에 미치는 효과에 대해서도 실증적 연구 결과가 있기는 하지만 아직은 미미한 상태에 머무르고 있다. 귀인 이론에 의하면, 불만에 대한 고객의 반응을 결정하는 것은 단순히 제품이 실패했다는 판단만이 아니고, 고객은 왜 그 제품이 실패했는지를 알기 원한다는 것이다. 그리고 추론된 이유가 그들이 불만족스러운 경험에 어떻게 반응할 것인가에 영향을 미친다(예: Folkes, 1984; Krishnan & Valle, 1979; Landon, 1977; Richins, 1983b). Krishnan과 Valle(1979)는 구매 후 불만족의 책임 귀인과 소비자 불평행동에 대한 영향을 연구하였는데, 이들은 소비자의 귀인을 Weiner 등의 연구를 응용하여 통제 위치와 안정성이라는 두 차원으로 구분하여 2차원 도식으로 제시하였다. 즉 제품 불만족 원인이 내적, 안정적인 경우는 능력 부족, 내적, 불안정적인 경우는 구매에 시간을 투자하지 않음, 그리고 제품 불만족 원인이 외적, 안정적인 경우는 제조업자의 특성, 외적, 불안정적인 경우는 운이나 불량품과 같은 요인이라는 것이다. 즉 시장에서 구매를 잘 할 능력이 부족하기 때문에 나쁜 제품을 구매했다고 믿는 사람은 안정적, 내적 귀인을 하고, 쇼핑에 충분한 시간을 투자하지 않아서 불만족을 느끼고 있다고 생각하는 사람은 불안정적,

118

내적 귀인을 한다. 제조업자가 나쁜 제품을 만들고 있다고 생각하는 사람은 안정적, 외적 귀인을 하고 있으며, 제품이 불량품이라고 생각하는 사람은 불안정적, 외적 귀인을 하고 있는 것이다.

이 연구에서 소비자의 불평행동의 유형을 사적 행동 유형, 법적 행동 유형, 보상추구 행동 유형, 비 불평행동 유형으로 구분하고 이러한 불평행동 유형과 귀인 요인 간 변량분석을 한 결과 사적 행동 유형, 법적 행동 유형, 보상추구 행동 유형의 경우 외적 귀인을 하는 소비자들이 그렇지 않은 소비자들보다 평균값이 높았으나, 비 불평행동 유형에서는 내적 귀인을 하는 응답자 집단의 평균이 그렇지 않은 집단보다 더 높게 나타났다. 이 연구의 결과는 불평행동을 설명함에 있어 불만족의 원인에 대한 귀인이 하나의 중요한 매개 변인임을 보여준 것이다.

따라서 Folkes(1984)와 Krishnan 등(1979)의 선행 연구들에서 밝혀진 결과와 본 연구의 수행을 위하여 사전 조사를 통해 나타난 내용들을 바탕으로 하여 불만족에 따른 귀인 유형과 유발 감정이 불평행동과 재구매 의도에 영향을 미치고 있다는 것을 밝히기 위해 다음과 같은 가설을 설정하였다.

가설 13. 만족에 대해 내적/안정적 귀인을 할 때가 외적/안정적 귀인을 할 때 및 외적/불안정적 귀인을 할 때보다 재구매 의도가 낮을 것이다.

가설 14-1. 불만족에 대해 내적 귀인을 할 때보다 외적 귀인을 할 때 강한 불평행동을 보일 것이다.

가설 14-2. 불만족에 대해 내적 귀인을 할 때보다 외적 귀인을 할 때 재구매 의도는 낮게 나타날 것이다.

가설 15-1. 불만족에 대해 외적/불안정적 귀인을 할 때보다 외적/

　　　　　　　　안정적 귀인을 할 때 더 강한 불평행동을 할 것이다.

가설 15-2. 불만족에 대해 외적/불안정적 귀인을 할 때보다 외적/
　　　　　안정적 귀인을 할 때 재구매 의도는 낮아질 것이다.

가설 16-1. 불만족에 대해 외적/통제 불가능한 귀인을 할 때보다
　　　　　외적/통제 가능한 귀인을 할 때 더 강한 불평행동을
　　　　　할 것이다.

가설 16-2. 불만족에 대해 외적/통제 불가능한 귀인을 할 때보다
　　　　　외적/통제 가능한 귀인을 할 때 재구매 의도는 더 낮
　　　　　아질 것이다.

가설 17-1. 불만족에 대해 외적/안정적/통제 가능한 귀인을 할
　　　　　때 가장 강한 불평행동을 할 것이다.

가설 17-2. 불만족에 대해 외적/안정적/통제 가능한 귀인을 할
　　　　　때 재구매 의도가 가장 낮을 것이다.

　이러한 가설들을 검증하기 위해, 본 연구를 다음과 같이 구성하
여 수행하였다. 연구 1에서는 소비 정서를 제품과 서비스에 따라
정적 정서와 부적 정서의 항목을 개발하며, 연구 2에서는 고객 만
족/불만족의 차원성을 검증하고 기대−불일치와 정서, 불평행동과
재구매 의도에 미치는 만족/불만족의 2차원성의 효과를 검증하였다.
마지막으로 연구 3에서는 만족과 불만족 형성 이후 그 원인에 대한
귀인 차원별로 유발되는 귀인 의존 정서에 미치는 귀인의 효과를
검증하고 불평행동 및 재구매 의도에 미치는 귀인의 효과를 검증하
였다. 이것을 전체적인 연구 모형으로 나타낸 것이 그림 3-2이다.

120

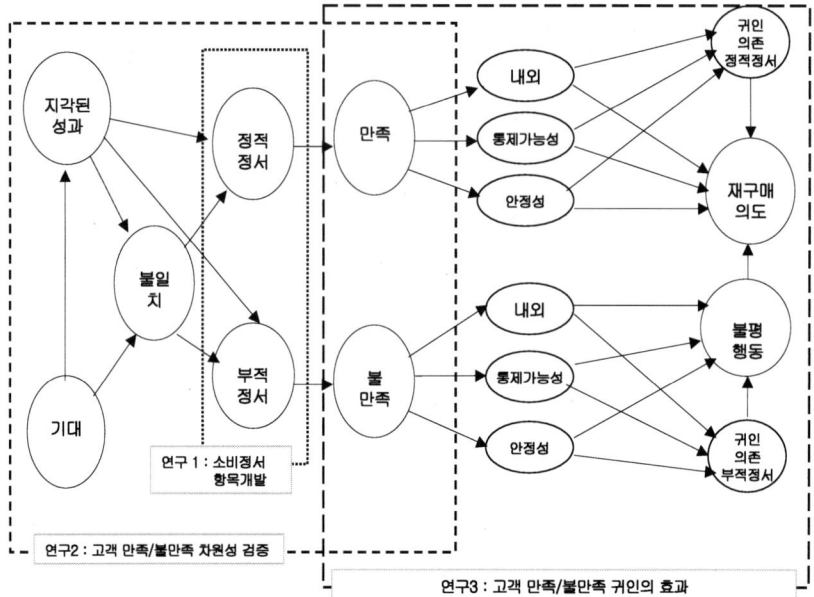

그림 3-2. 전체적인 연구 모형

제4장 연구 1: 소비 정서 항목 개발

제1절 연구 목적

대부분의 고객 만족 연구들은 기대−불일치를 이용한 인지적 변인들을 고려하는데 집중되어 있었지만, 최근에는 정서(감정)나 느낌을 고객 만족 과정 연구에 도입하는 사례가 늘고 있다(예: 김광수 & 곽원일, 1998; 박명호 & 조형지, 2000; Bagozzi, Gopinath & Nyer, 1999; Oliver, 1993; Prakash, 1985; Westbrook, 1980a). 그런데 고객 만족을 형성하는데 감정이나 느낌의 매개 역할을 확인하는 연구들에서 다음과 같은 문제들이 제기되어 왔다. 첫 번째는 소비자가 만족 형성과정에서 경험하는 정서 또는 감정의 개념이 명확하지 않다는 것이다. 이들 연구에서 감정에 관련된 용어가 개념 구분 없이 혼용되는 것만 봐도 알 수 있다. 어떤 경우에는 한 연구 내에서조차도 여러 개의 용어가 혼용되기도 한다(예: Mano & Oliver, 1993). 이러한 문제는 감정의 본질 그 자체가 연구하기 힘든 분야이기 때문에 정서를 연구하고 있는 심리학 분야에 있어서도 정서에 관련된 개념 및 용어에 대해 아직 합의에 이르지 못한 데 그 원인이 있는 것으로 보인다. 그러나 많은 연구에서는 정서에 대한 공통적인 특징과 구분되는 정서의 유형을 제시하고 있다.

둘째는 소비자의 정서를 측정하는 문제이다. 선행 연구들에서는 심리학 분야에서 대인관계 상황에서 적용되는 일반적인 정서를 연구하기 위해 개발한 척도를 그대로 사용하였다(예: Westbrook, 1987;

Oliver, 1993). 그러나 소비자가 소비 상황에서 느끼는 감정은 일상생활에서 느끼는 감정에 비해 몇 가지 특수성을 지니고 있다(Richins, 1997). 따라서 소비자의 제품 소비 경험에서 생기는 정서를 측정하는데 이들 정서 척도를 사용하는 것은 문제가 있을 수 있다. 이유재 (2000)도 고객 만족에 감정적 측면을 고려하기 위해서는 우선 감정 반응의 차원을 명확히 구분하는 작업이 선행된 후에 인지적 평가 모형인 불일치 패러다임에 이를 추가하여 그 효과를 분석하는데 사용하여야할 것이라고 하였다.

감정은 연구자들의 이론이나 시각에 따라 다양한 차원으로 구성된다. 소비 감정 연구에서도 일반적으로 이러한 감정 분류가 도입되어 사용되었으므로 소비 감정의 차원에 대해서도 여러 견해가 있다. Westbrook(1987)은 만족과 관계된 감정은 독립된 정적 감정과 부적 감정 차원으로 구성되어 있다는 것을 증명했고, 일반적인 만족 모형과 다른 구조로 Oliver(1993)는 만족과 소비 감정의 관계를 밝혔는데, 그의 연구 모형에 의하면 제품 속성에 대한 만족과 불만족에 의해 소비 감정이 발생하고 이 소비 감정은 전반적 만족과 불만족을 형성한다고 하였다. 이 연구에서도 소비 감정을 독립적인 정적 소비 감정과 부적 소비 감정의 두 차원으로 구성하였다. 이와 비슷한 결과로 Richins(1997)는 CES(Consumption Emotion Set)를 이용하여 소비자들의 제품 사용 시 유발되는 감정은 정적 감정과 부적 감정이라고 볼 수 있는 이차원적 구조를 가지고 있다는 것을 발견했다. 제품과 관련된 많은 연구들이 감정의 차원을 정적, 부적으로 구분하고 있는데, 이는 복잡한 감정의 구조를 단순화 시켜 볼 때 감정과 다른 변인들과의 관계에 대한 이해가 쉽고 실질적인 마케팅 전략에 적용하기가 쉽다는 장점에서 비롯된 것일 수 있다.

소비자들이 경험하는 감정적 반응에 대한 연구는 크게 Izard의

DES(Differential Emotions Scale), Plutchik의 EPI(Emotions Profile Index), Russell의 Circumplex, Mehrabian과 Russell의 PAD(Pleasure- Arousal-Dominance), Richins의 CES 등을 사용하여 소비자 감정을 측정해 왔다. 이러한 척도들에 대하여 연구자들에 따라 다른 견해를 지니기도 하지만 일반적으로 다음과 같은 비판이 있다.

우선 DES를 보면, Izard의 DES는 소비에서 발생된 감정의 구조를 실험하는 연구에 많이 쓰였으나 10개의 기본 감정들이 2개의 정적 감정과 1개의 중립적 감정, 7개의 부적 감정으로 구성되어 있기 때문에 부정적 측면을 너무 지나치게 부각시키는 경향이 있다. Mano와 Oliver(1993)도 제품에서 파생된 감정을 연구할 때 지난 연구들이 부적 감정을 너무 부각시키고, 다차원적인 감정을 더욱 상세하게 묘사하지 않은 사실은 소비 경험에 대한 감정의 영향을 매개로 하는 인지적이고 감정적인 과정에 대한 이해를 방해한다고 하였다. 또한 EPI와 PAD 두 척도를 비교 분석한 연구(Havlena & Holbrook, 1996)에 의하면 각각의 신뢰도와 타당도를 검증한 결과, PAD가 EPI보다 소비자들의 감정적 반응에 대하여 더 많은 정보를 제공해주는 것으로 보고하였으며, 여러 연구에서 많이 쓰여 왔다. 그러나 PAD는 환경과 관계된 감정을 측정하기 위하여 개발되었고 소비 감정 척도로 사용되기보다는 매장 환경과 관련된 연구에 적합하다는 주장이 있으며 주로 그런 연구(예: Donova & Rossiter, 1982)에 쓰이고 있다.

앞서 제시한 감정 척도들은 심리학 영역에서 개발된 척도들로 일반적인 소비상황에서 발생되는 감정을 측정하는 데에도 많이 쓰이고 있다. 이에 대해 Richins(1997)는 이러한 척도들은 소비자 생활 내에서 볼 수 있는 몇 몇 감정을 포함하지 않고 소비자들에게 친숙하지 않은 용어를 사용하고 있으므로 소비 상황의 특수성을 반영하

지 못하고 있다고 하면서 여러 소비 상황에 맞도록 새로운 감정 척
도를 개발하였다. CES라고 명명된 이 척도는 가장 최근에 개발된
것으로 15개의 범주에 59개의 감정 항목들로 이루어져 있다. 이 척
도를 개발한 Richins(1997)는 PAD, DES를 비롯하여 다른 감정 연
구자들에 의해 사용된 척도들과 CES를 비교한 결과, 이 중 CES가
소비감정의 척도로 가장 적합하다는 것을 증명하였다. CES에 대한
연구는 최근에 이루어져서 이를 뒷받침하는 연구들이 많지 않지만,
다른 척도와는 달리 기본적으로 소비상황에 적합하도록 개발되었다
는 점에서 장점을 지니고 있다고 볼 수 있다.

지금까지 여러 가지 소비 정서 항목들이 개발되어 사용되어 왔지
만, 본 연구는 다음과 같은 목적을 가지고 소비 정서 항목을 새롭
게 개발하는 연구를 수행하였다.

첫째, 지금까지의 많은 연구들에서 사용된 정서 항목들에는 국내
소비자들에게 친숙하지 않은 정서 용어들이 대다수 포함되어 있으
며, 오히려 국내 소비자들에게 친숙하고 자주 발생되고 있는 정서
용어들은 빠져 있는 상태로 소비 정서를 측정해 왔기 때문에 본 연
구를 통해 국내 소비자들에게 친숙하고 빈번하게 발생하고 있는 소
비 정서를 개발하고자 했다.

둘째, 대부분의 소비 정서 항목들이 정적 정서와 부적 정서를 분
리하지 않은 채 차원을 구분하고 혼합된 상태로 군집을 나누는 형
태로 분석되어 정서 용어들을 추출해 왔으나, 본 연구는 소비 상황
에서 고객들이 만족과 불만족을 2차원 구조 내에서 형성시키고 있
다는 것을 기본 가정으로 삼고 있으며, 이는 만족과 불만족에 정적
정서와 부적 정서가 각각 영향을 미치고 있다는 주장을 수용하고
있기 때문에 정적 정서와 부적 정서를 처음부터 분리하여 추출하고
자 하였다.

셋째, 소비 상황은 크게 제품과 서비스로 나누어 발생된다고 볼수 있다. 지금까지의 소비 정서 항목 개발 연구는 물론 소비 정서와 관련된 연구들에서는 품목을 몇 가지로 선정하여 다루었던 적은 있지만, 제품과 서비스를 구분하여 다룬 적은 없었다. 하지만 고객 만족에 관한 연구에서는 제품과 서비스에서의 차이를 다룬 연구들을 통해 제품과 서비스의 만족 및 불만족 형성과정이 다르다는 결과들도 내놓고 있다. 따라서 본 연구는 소비 정서도 제품과 서비스를 구분하여 정서 항목을 개발하는 것이 필요하다는 판단아래서 수행되었다. 물론 제품과 서비스 내에서도 다양한 제품과 서비스가 존재하지만, 적어도 그 다양성을 포함하여 각각을 대표할 수 있는 소비 정서 항목들이 개발되어 관련 연구들에 사용되어져야 하기 때문에 제품과 서비스를 처음부터 구분하여 수행하고자 했다.

따라서 이러한 연구 목적을 배경으로 고객 만족을 형성하는데 인지적 평가와 정서적 평가가 모두 영향을 미친다는 연구 문제를 검증하는데 필요한 소비 정서 항목을 개발하였다. 기존 선행 연구들에서 사용해 온 정서 항목들뿐 아니라 국내 소비자들로부터 소비 상황에서 만족과 불만족이 발생했을 때 유발되는 정서 항목들을 사전 조사를 통해 찾아내어 새롭게 구성하고, 제품과 서비스 각각에 대한 정적 정서와 부적 정서를 분리하여 한국적 소비 상황에서 소비자들이 느끼는 정서들을 추출하고자 하였다.

제2절 연구 방법

1. 조사 대상

성균관대학교 심리학과 전공과목을 수강하는 학생들 110명을 대상으로 소비 후 느낀 정서를 직접 기술하게 하기 위한 1차 사전 조사와 소비 후 느끼는 정서로 부적합한 정서 형용사를 제외시키기 위한 2차 사전 조사를 실시하였고, 본 조사는 성균관대학교 심리학과에 개설된 전공과목을 수강하는 학생들 250명과 광운대학교 산업심리학과에 개설된 교양 강좌인 인간 심리의 이해를 수강하는 학생들 100명과 일반 소비자들 500명을 대상으로 하여 실시하였다. 제품과 서비스를 분리하여 정적 정서와 부적 정서를 각각 측정하였으며, 제품 정적 정서에 455명, 서비스 정적 정서에 384 명, 제품 부적 정서에 382명, 서비스 부적 정서에 385명의 자료가 최종적으로 분석에 사용되었다. 각 측정 대상별 응답자의 성별, 연령별 분포는 아래의 표 4-1과 4-2와 같다.

표 4-1. 정적 정서 조사 대상자의 성별, 연령별 표본 수 (%)

제품	남 자	여 자	전 체	서비스	남 자	여 자	전 체
20대	104(22.9)	150(33.0)	254(55.8)	20대	92(24.0)	76(19.8)	168(43.8)
30대	108(23.7)	56(12.3)	164(36.0)	30대	93(24.2)	63(16.4)	156(40.6)
40대	25(5.5)	12(2.6)	37(8.1)	40대	22(5.7)	38(9.9)	60(15.6)
전체	237(52.1)	218(47.9)	455(100.0)	전 체	207(53.9)	177(46.1)	384(100.0)

표 4-2. 부적 정서 조사 대상자의 성별, 연령별 표본 수 (%)

제품	남 자	여 자	전 체	서비스	남 자	여 자	전 체
20대	75(19.6)	88(23.0)	163(42.7)	20대	137(35.6)	108(28.1)	245(63.6)
30대	98(25.7)	73(18.8)	170(44.5)	30대	56(14.5)	44(11.4)	100(26.0)
40대	24(6.3)	25(6.5)	49(12.8)	40대	20(5.2)	20(5.2)	40(10.4)
전체	197(51.6)	185(48.4)	382(100.0)	전 체	213(55.3)	172(44.7)	385(100.0)

2. 조사 및 측정 방법

소비 정서 항목을 추출해 내기 위하여 우선 110명의 소비자들에게 제품과 서비스를 분리하여 각각의 만족과 불만족 상황에서 어떤 정서를 느끼는지에 대해 자발적으로 직접 기술하게 하는 1차 사전 조사를 실시하여 70개로 정서 항목들을 정리한 후 연구자가 소비 정서와는 동떨어진 항목들을 빼고 50개를 추출하였다. 2차로 그 항목들을 제시한 후 조사 대상자들로 하여금 소비 상황에서 느낄 수 없거나 매우 느끼기 어려운 항목들을 5개씩 선택하도록 하여 가장 높은 빈도순으로 정리하여 빈도가 낮은 항목들을 제외시켰다. 이러한 과정은 연구자의 주관에 의한 항목선정을 피하기 위해 실시하였다. 또한 기존 선행 연구들에서 가장 빈번하게 사용된 Izard(1977)의 DES-II와 Richins(1997)의 CES를 모두 포함하여 공통되거나 거의 같은 의미의 정서 형용사는 제외시키는 작업을 하였다. 소비 정서를 직접적으로 기술하게 하여 추출한 사전 조사 작업과는 별도로 한국어 정서 용어들의 적절성과 경험빈도에 대한 기초 자료를 수집한 한덕웅과 강혜자(2000)의 연구 결과에서 나타난 834개의 정서 용어들 중에서 소비 정서에 적합하다고 판단되는 정적 정서 130개와 부적 정서 190개를 1차 선정하였다. 이 항목들 중에서 사전 조사 결과 소비 정서로 부적합하거나 빈도가 낮은 정서용어들을 제외시킨 후 정적 정서 118개와 부적 정서 173개를 소비 정서 측정에 최종적으로 사용하였다. 850명의 총 조사 대상자들에게 제품과 서비스를 분리하고 제품에서 정적과 부적을 서비스에 정적과 부적을 각각 설문지로 구성하여 4가지의 설문지로 최종 측정을 하였다.

3. 설문지 구성

1차 사전 조사에서는 제품과 서비스를 구분하여 만족과 불만족 상황에서 느끼는 정서, 감정, 느낌들을 모두 기입하게 한다. 제품이나 서비스의 선정은 가장 최근에 경험한 제품과 서비스 중에서 기억에 남는 것으로 기술하도록 하였다. 이는 소비 상황 자체가 거의 매일 일어나는 매우 일상적인 사건이고 특별한 만족이나 불만족 사건이 아니면 그 당시 정서나 감정들을 기억하기 힘들기 때문에 그런 식으로 질문을 하였다. 2차 사전 조사에서는 추출된 정서 항목들을 제시한 후 제품과 서비스 각각에 대한 만족과 불만족 상황에서 느끼기 어려운 항목들을 5개씩 선택하도록 하여 제외시켰다. 최종적으로 선정된 정적 정서 118개 항목과 부적 정서 173개 항목들을 대상으로 제품과 서비스를 각각 분리하여 적절성과 경험빈도를 7점 척도로 평정시켰다.

4. 분석 방법

소비 정서의 적절성과 경험빈도를 7점 척도로 측정 한 값의 평균치를 산출하여 제품과 서비스 각각에 대해 정적 및 부적 정서의 적절성 평균이 4.0 이상인 정서 용어들을 기준으로 선정하여 각 정서의 경험빈도에 대해 탐색적 요인분석을 실시하였으며, 분석에 사용한 통계 패키지는 SPSS 10.0이었다. 요인 분석은 주축 분해법(PAF)과 직교회전(Varimax)을 사용하였고 요인 수를 지정하는 방법을 통해 최적의 요인구조를 산출하였다. 최종 선정된 용어들의 각 요인별 신뢰도는 Cronbach α 계수를 산출하여 확인하였다.

제3절 결   과

1. 정적 소비 정서에 대한 결과

정적 소비 정서에 대한 결과 분석은 제품과 서비스를 분리하여 실시하였다. 개별 정서 용어에 대한 평균값을 산출한 결과 제품과 서비스에서 국내 소비자들이 가장 일반적으로 느끼는 소비정서는 적절성과 경험빈도 모두에서 가장 높게 평가된 '기분 좋다'였다. 이 외의 개별 정서 용어들에 대한 분석 결과는 제품과 서비스 범주별 결과분석에서 다루도록 하겠다. 정적 소비 정서에 대한 요인구조를 알아내기 위해 요인분석을 실시하였다. 우선 정적 소비 정서의 적절성 평균이 4.0 이상인 용어들을 제품과 서비스 각각에서 1차로 선정한 후 요인분석은 경험빈도 측정치를 사용하여 수행하였다.

1) 제품에 대한 정적 소비 정서

제품에 대한 정적 소비 정서 문항들 중 적절성이 4.0 이상인 용어들을 1차로 선정한 결과 50개의 항목들이 추출되었고, 그 항목들에 해당되는 경험빈도 자료로 1차 요인분석을 한 후 요인 부하량이 낮고 여러 요인에 높게 나타나는 용어들과 유사한 의미의 용어들을 제거하고 34개의 최종 항목을 선정하였다. 최종 선정한 용어들의 성별 연령별 평균은 표 4-3에 제시된 바와 같다.

20대에서 40대까지의 성인 남녀들이 제품 소비 후 가장 자주 경험하는 정적 소비 정서는 '기분 좋다'와 '좋다'로 나타났고, '기분 좋다'는 여자와 20대에서 상대적으로 높은 빈도를 보이고 있다. 전반적으로 보면, 제품에 대한 정적 소비 정서는 여자와 20대들이 상대적으로 높은 빈도 평균을 보이고 있는 것으로 나타났다.

최종적으로 선정된 34개의 경험빈도 자료를 요인 분석한 결과, 9개의 요인으로 분리되었다. 분리된 9개의 요인을 산뜻함, 자신감, 매력적임, 기쁨, 친숙함, 편안함, 쾌감, 즐거움, 참신함과 같은 정서 용어로 명명하였다. 각 요인별 정서 용어들에 대한 요인 적재치(factor loading)는 표 4-4에 제시된 바와 같다. 각 요인별 신뢰도 계수인 Cronbach α를 산출한 결과, 산뜻함은 .89, 자신감은 .84, 매력적임은 .84, 기쁨은 .75, 친숙함은 .84, 편안함은 .79, 쾌감은 .72, 즐거움은 .79로 나타나 모든 요인들의 내적 일치도가 높다고 할 수 있다.

표 4-3. 제품 정적 경험빈도 34개 정서 항목의 성별/연령별 평균

	전 체	남 자	여 자	20대	30대	40대
개운하다	4.05	4.05	4.06	4.04	4.05	4.08
기분 좋다	4.91	4.79	5.03	5.22	4.58	4.19
기쁘다	4.42	4.29	4.56	4.62	4.23	3.84
깨끗하다	4.32	4.34	4.30	4.39	4.27	4.11
따뜻하다	3.88	3.83	3.93	3.85	3.93	3.86
마음 끌리다	4.48	4.52	4.44	4.63	4.39	3.86
매력을 느끼다	4.14	4.08	4.21	4.31	3.94	3.89
매혹되다	3.85	3.79	3.92	3.79	3.95	3.86
반하다	3.91	3.85	3.97	4.10	3.67	3.59
부드럽다	4.16	4.08	4.23	4.06	4.34	4.00
산뜻하다	4.15	4.07	4.24	4.11	4.28	3.86
상쾌하다	3.93	3.93	3.92	3.90	4.02	3.70
상큼하다	3.95	3.92	3.98	3.86	4.10	3.84
시원하다	4.53	4.55	4.50	4.55	4.54	4.30
신나다	4.24	4.16	4.32	4.46	3.99	3.84
신뢰감	4.07	4.05	4.09	4.17	3.96	3.86
자랑스럽다	3.71	3.67	3.76	3.86	3.57	3.32
자부심	3.66	3.73	3.60	3.69	3.70	3.32
자신감	3.69	3.73	3.65	3.74	3.70	3.30
재미있다	4.19	4.17	4.21	4.38	3.96	3.89
좋다	4.75	4.70	4.80	4.94	4.51	4.46
즐겁다	4.42	4.34	4.50	4.61	4.23	3.92
짜릿하다	3.85	3.81	3.91	3.92	3.76	3.81
참신하다	4.24	4.23	4.26	4.29	4.16	4.30
친근감	3.94	3.87	4.02	4.05	3.78	3.92
친밀감	3.80	3.81	3.79	3.80	3.82	3.76
친숙하다	4.00	3.99	4.02	4.05	3.95	3.92
쾌감	3.69	3.63	3.76	3.71	3.68	3.57
편안하다	4.13	4.15	4.11	4.14	4.13	4.08
편하다	4.18	4.24	4.11	4.22	4.13	4.03
행복하다	4.31	4.20	4.42	4.44	4.26	3.62
환상적이다	3.78	3.76	3.81	3.80	3.79	3.62
흐뭇하다	4.01	3.97	4.05	4.18	3.92	3.24
흡족하다	4.27	4.21	4.34	4.48	4.03	3.86

표 4-4. 정적 정서의 요인분석: 제품

문 항	1요인	2요인	3요인	4요인	5요인	6요인	7요인	8요인	9요인
상큼하다	.773								
상쾌하다	.724								
부드럽다	.705								
산뜻하다	.672								
시원하다	.644								
따뜻하다	.599								
깨끗하다	.537								
개운하다	.528								
자부심		.778							
자신감		.749							
자랑스럽다		.711							
신뢰감		.409							
매력을 느끼다			.750						
매혹되다			.659						
마음 끌리다			.630						
반하다			.629						
기분 좋다				.739					
기쁘다				.676					
행복하다				.432					
친밀감					.788				
친근감					.663				
친숙하다					.607				
편하다						.636			
편안하다						.523			
흡족하다						.453			
흐뭇하다						.404			
쾌감							.633		
짜릿하다							.511		
환상적이다							.427		
신나다								.572	
즐겁다								.523	
좋다								.473	
재미있다								.435	
참신하다									.547
고유치	4.427	2.787	2.626	2.277	2.258	1.599	1.545	1.510	0.931
설명 분산 비율	13.02%	8.19%	7.72%	6.70%	6.64%	4.70%	4.54%	4.44%	2.74%

2) 서비스에 대한 정적 소비 정서

서비스에 대한 정적 소비 정서 문항들 중 적절성이 4.0 이상인 용어들을 1차로 선정한 결과 50개의 항목들이 추출되었고, 그 항목들에 해당되는 경험빈도 자료로 1차 요인 분석을 한 후 요인 부하량이 낮고 여러 요인에 높게 나타나는 용어들과 유사한 의미의 용어들을 제거하고 25개의 최종 항목을 선정하였다. 최종 선정된 용어들의 성별 연령별 평균은 표 4-5에 제시된 바와 같다.

20대에서 40대까지의 성인 남녀들이 서비스를 이용하면서 가장 자주 경험하는 정적 소비 정서는 제품에서와 마찬가지로 '기분 좋다'와 '좋다'로 나타났으며, '기분 좋다'는 남자와 여자가 차이가 없었으나 20대에서 상대적으로 높은 빈도를 보이고 있다. 전반적으로 보면, 제품과는 달리 서비스에 대해서는 남자들이 상대적으로 높은 경험빈도를 보이는 것으로 나타났으며, 연령별로는 20대와 40대가 상대적으로 높은 빈도를 보이고 있는 것으로 나타났다.

최종적으로 선정된 25개의 경험빈도 자료를 요인 분석한 결과, 10개의 요인으로 분리되었다. 분리된 10개의 요인을 흡족함, 생동감, 고마움, 즐거움, 새로움, 친숙함, 반가움, 편안함, 자신감, 기쁨과 같은 정서 용어로 명명하였다. 각 요인별 정서 용어들에 대한 요인 적재치는 표 4-6에 제시된 바와 같다. 각 요인별 신뢰도 계수인 Cronbach's α를 산출한 결과, 흡족함은 .86, 생동감은 .88, 고마움은 .83, 즐거움은 .88, 새로움은 .86, 친숙함은 .84, 반가움은 .81, 편안함은 .87, 자신감은 .77, 기쁨은 .87로 나타나 서비스 정적 요인들 또한 내적인 일관성이 높다고 할 수 있다.

표 4-5. 서비스 정적 경험빈도 25개 정서 항목의 성별/연령별 평균

	전 체	남 자	여 자	20대	30대	40대
감사하다	4.14	4.16	4.11	4.48	3.77	4.15
고맙다	4.13	4.09	4.18	4.54	3.73	4.02
기분 좋다	4.41	4.41	4.40	4.83	4.01	4.25
기쁘다	4.22	4.21	4.24	4.40	4.04	4.20
믿다	3.97	3.98	3.97	4.07	3.78	4.20
반갑다	3.83	3.80	3.87	3.82	3.73	4.15
산뜻하다	3.75	3.95	3.52	3.60	3.87	3.87
생기 있다.	3.71	3.74	3.66	3.68	3.69	3.80
새롭다	3.98	3.94	4.02	4.05	3.81	4.20
생동감	3.67	3.67	3.67	3.50	3.74	3.95
신나다	3.83	3.92	3.73	3.98	3.77	3.60
신선하다	3.89	4.08	3.66	3.88	3.92	3.83
여유 있다	3.73	3.67	3.81	3.67	3.73	3.90
자신감	3.63	3.61	3.64	3.54	3.59	3.97
좋다	4.37	4.43	4.30	4.79	4.04	4.02
즐겁다	4.14	4.18	4.10	4.36	4.03	3.83
친근감	4.05	4.12	3.98	4.14	3.88	4.27
친숙하다	3.99	4.06	3.90	4.07	3.88	4.03
편안하다	4.13	4.18	4.07	4.29	3.97	4.10
편하다	4.13	4.24	4.01	4.38	3.90	4.05
포근하다	3.64	3.78	3.49	3.38	3.75	4.10
행복하다	4.01	4.05	3.95	4.16	3.82	4.05
흐뭇하다	3.93	3.98	3.89	3.99	3.87	3.95
흡족하다	4.14	4.25	4.02	4.26	3.97	4.25
흥미롭다	3.79	3.86	3.72	3.86	3.69	3.85

표 4-6. 정적 정서의 요인분석: 서비스

문 항	1요인	2요인	3요인	4요인	5요인	6요인	7요인	8요인	9요인	10요인
흐뭇하다	.724									
흡족하다	.715									
흥미롭다	.602									
행복하다	.473									
생기 있다		.864								
생동감		.732								
고맙다			.772							
감사하다			.682							
즐겁다				.752						
좋다				.690						
신선하다					.570					
산뜻하다					.558					
신나다					.553					
새롭다					.535					
친숙하다						.575				
친근감						.572				
포근하다						.570				
반갑다							.746			
믿다							.592			
편안하다								.749		
편하다								.516		
여유 있다									.590	
자신감									.548	
기쁘다										.733
기분 좋다										.543
고유치	2.762	2.298	2.135	2.099	1.922	1.743	1.459	1.436	1.248	1.246
설명 분산 비율	11.05%	9.19%	8.54%	8.40%	7.69%	6.97%	5.84%	5.74%	4.99%	4.98%

2. 부적 소비 정서에 대한 결과

부적 소비 정서에 대한 결과 분석도 정적 정서와 마찬가지로 제품과 서비스를 분리하여 실시하였다. 개별 정서 용어에 대한 평균값을 산출한 결과 국내 소비자들이 가장 일반적으로 느끼는 부적 소비정서는 제품에서는 '실망스럽다'와 서비스에서는 '기분 나쁘다'였다. 이것은 정적 소비 정서와는 다른 결과를 보여준 것이다. 이 부분은 범주별 분석에서 다시 다루도록 하겠다. 부적 소비 정서에 대한 요인구조를 알아내기 위해 요인분석을 실시하였다. 우선 부적 소비 정서의 적절성 평균이 4.0 이상인 용어들을 제품과 서비스 각각에서 1차로 선정한 후 요인분석은 경험빈도 측정치를 사용하여 수행하였다. 제품과 서비스 각각에 대해 분석한 결과는 다음과 같다.

1) 제품에 대한 부적 소비 정서

제품에 대한 부적 소비 정서 문항들 중 적절성이 4.0 이상인 용어들을 1차로 선정한 결과 22개의 항목들이 추출되었고, 그 항목들에 해당되는 경험빈도 자료로 1차 요인분석을 한 후 요인 부하량이 낮고 여러 요인에 높게 나타나는 용어들과 유사한 의미의 용어들을 제거하고 20개의 최종 항목을 선정하였다. 최종 선정된 용어들의 성별 연령별 평균은 표 4-7에 제시된 바와 같다.

20대에서 40대까지의 성인 남녀들이 제품 소비 후 가장 자주 경험하는 부적 소비 정서는 '실망스럽다'와 '신경질 나다'로 나타났으며, '실망스럽다'와 '신경질 나다' 모두 남자와 20대에서 상대적으로 높은 경험 빈도를 보였으며, 전반적으로도 남자들과 20대가 제품 소비 후 부적 정서를 경험하는 빈도가 높게 나타나고 있다. 이는 제품에 대한 정적 소비 정서에서 여자들이 상대적으로 높은 빈도를

보인 것과는 대조적인 결과이며, 연령별로 볼 때는 정적 소비 정서
와 마찬가지로 20대가 상대적으로 높은 빈도를 보이고 있다. 즉 여
자보다는 남자가, 그리고 연령이 젊을수록 제품을 소비하면서 부적
정서를 더욱 빈번하게 느끼고 있다고 할 수 있다.

표 4-7. 제품 부적 경험빈도 20개 정서 문항의 성별/연령별 평균

	전 체	남 자	여 자	20대	30대	40대
화나다	4.07	4.23	3.90	4.30	3.87	4.02
황당하다	4.14	3.25	4.03	4.45	3.93	3.86
후회스럽다	4.10	4.20	3.99	4.48	3.89	3.53
짜증나다	3.94	4.02	3.86	4.36	3.75	3.20
불신하다	3.76	3.92	3.58	4.10	3.54	3.35
불쾌하다	3.97	4.02	3.92	4.29	3.86	3.27
못마땅하다	3.67	3.77	3.56	3.91	3.62	3.02
신경질 나다	4.25	4.32	4.18	4.57	4.12	3.65
실망스럽다	4.33	4.41	4.25	4.58	4.30	3.63
시원찮다	3.87	4.04	3.70	3.98	3.85	3.61
속상하다	4.01	3.96	4.06	4.24	3.89	3.65
싫다	3.90	3.96	3.83	4.18	3.87	3.08
어처구니없다	3.97	4.14	3.80	4.24	3.81	3.65
어이없다	3.95	4.06	3.84	4.20	3.81	3.63
아깝다	4.05	4.12	3.99	4.32	3.96	3.49
아쉽다	3.77	3.97	3.55	3.91	3.86	3.00
거부감	3.83	3.85	3.81	4.12	3.65	3.47
미흡하다	4.03	4.08	3.98	4.13	4.14	3.31
기가 막히다	3.69	3.90	3.46	4.14	3.38	3.27
기분 나쁘다	4.07	4.20	3.94	4.53	3.84	3.39

최종 선정된 20개의 경험빈도 문항을 요인 분석한 결과, 8개의
요인으로 분리되었다. 분리된 8개의 요인을 화남, 불신, 신경질 남,

138

당혹감, 아까움, 거부감, 부족함, 기분 나쁨과 같은 정서 용어로 명명하였다. 각 요인별 정서 용어들과 요인별 적재치는 표 4-8에 제시된 바와 같다. 각 요인별 신뢰도 계수인 Cronbach's α를 산출한 결과, 화남은 .85, 불신감은 .83, 신경질 남은 .88, 당혹감은 .90, 아까움은 .73, 기분 나쁨은 .70으로 나타나 제품에 대한 부적 소비 정서의 모든 요인들이 내적 일관성이 높게 나타났음을 알 수 있다.

표 4-8. 부적 정서의 요인분석: 제품

문 항	1요인	2요인	3요인	4요인	5요인	6요인	7요인	8요인
화나다	.810							
황당하다	.726							
후회스럽다	.545							
짜증나다	.444							
불신하다		.752						
불쾌하다		.662						
못마땅하다		.493						
신경질 나다			.645					
실망스럽다			.533					
시원찮다			.506					
속상하다			.408					
싫다			.396					
어처구니없다				.794				
어이없다				.654				
아깝다					.808			
아쉽다					.452			
거부감						.735		
미흡하다							.632	
기가 막히다								.617
기분 나쁘다								.379
고유치	2.661	2.144	2.055	1.763	1.587	1.157	1.037	0.938
설명 분산 비율	13.31%	10.72%	10.278%	8.82%	7.94%	5.79%	5.18%	4.70%

2) 서비스에 대한 부적 소비 정서

서비스에 대한 부적 소비 정서 문항들 중 적절성이 4.0 이상인 용어들을 1차로 선정한 결과 23개의 항목들이 추출되었고, 그 항목에 해당되는 경험빈도 자료로 1차 요인분석을 한 후 요인 부하량이 낮고 여러 요인에 높게 나타나는 용어들과 유사한 의미의 용어들을 제거하고 17개의 최종 항목을 선정하였다. 최종 선정된 용어들의 성별 연령별 평균은 표 4-9에 제시된 바와 같다.

표 4-9. 서비스 부적 경험빈도 17개 정서 문항의 성별/연령별 평균

	전 체	남 자	여 자	20대	30대	40대
기분 나쁘다	4.14	4.15	4.11	4.40	3.84	3.25
기분 잡치다	3.98	4.09	3.85	4.09	3.98	3.35
기가 막히다	3.87	4.01	3.69	4.06	3.66	3.20
괘씸하다	3.95	4.08	3.78	4.17	3.60	3.50
화나다	3.98	4.04	3.90	4.15	3.90	3.15
짜증나다	4.06	4.18	3.91	4.24	3.88	3.40
황당하다	3.98	4.13	3.80	4.29	3.70	2.75
달갑지 않다	3.64	3.81	3.42	3.68	3.56	3.60
의심스럽다	3.58	3.79	3.33	3.61	3.58	3.40
불신하다	3.72	3.89	3.51	3.85	3.56	3.30
미흡하다	3.76	3.92	3.57	3.78	3.84	3.50
어처구니없다	3.86	4.11	3.56	4.09	3.78	2.70
어이없다	3.94	4.20	3.62	4.13	3.80	3.10
불쾌하다	3.97	4.03	3.90	4.16	3.70	3.50
불편하다	3.87	3.98	3.74	3.89	3.96	3.50
실망스럽다	3.99	4.11	3.84	4.03	3.92	3.90
신경질 나다	3.91	3.96	3.85	4.11	3.84	2.90

140

20대에서 40대까지의 성인 남녀들이 서비스를 이용하면서 가장 자주 경험하는 부적 소비 정서는 '기분 나쁘다'와 '짜증나다'로 나타나 제품 소비 후 빈번하게 경험하는 '실망스럽다'와 '신경질 나다'와는 다른 것을 알 수 있다. 이것은 정적 소비 정서에서 제품과 서비스 모두 빈번하게 경험하는 정서가 같았던 것과는 다른 결과이다. '기분 나쁘다'와 '짜증나다' 모두 남자와 20대에서 상대적으로 높은 경험 빈도를 보였으며, 전반적으로 볼 때도 남자들과 20대가 서비스 이용 후 부적 정서를 경험하는 빈도가 높게 나타나고 있다. 연령별로 볼 때 한 가지 특징적인 점은 40대가 제품에 대한 부적 소비 정서에서는 상대적으로 높은 빈도를 보인 것과는 대조적으로 서비스에 대해서는 부적 정서 경험이 20대와 30대에 비해 상대적으로 낮게 나타나고 있다는 것이다.

최종 선정된 17개의 경험빈도 문항을 요인 분석한 결과, 7개의 요인으로 분리되었다. 분리된 7개의 요인을 기분 나쁨, 화남, 불신, 당혹감, 불쾌, 실망스러움, 신경질 남과 같은 정서 용어들로 명명하였다. 각 요인별 정서 용어들과 요인별 적재치는 표 4-10에 제시된 바와 같다. 각 요인별 신뢰도 계수인 Cronbach's α를 산출한 결과, 기분 나쁨은 .88, 화남은 .86, 불신감은 .81, 당혹감은 .91, 불쾌감은 .80으로 나타나 서비스에 대한 부적 소비 정서 요인들도 내적 일관성이 높게 나타났다. 하지만 서비스 부적 정서의 요인분석 결과에는 다음과 같은 제한점이 있다. 요인분석 결과에서 eigenvalue 1.0 이상을 기준으로 요인 수를 정하는 것이 원칙이므로 요인 수를 5개로 추출해야 하는데 7개로 추출한 것이다. 이는 5개 요인보다 7개 요인으로 추출하는 것이 해석 가능성이 높기 때문에 전적으로 탐색적 관점에서 eigenvalue 1.0 이하의 두 요인을 포함시키게 되었다.

표 4-10. 부적 정서의 요인분석: 서비스

문 항	1요인	2요인	3요인	4요인	5요인	6요인	7요인
기분 나쁘다	.815						
기분 잡치다	.691						
기가 막히다	.641						
괘씸하다	.601						
화나다		.718					
짜증나다		.634					
황당하다		.634					
달갑지 않다			.641				
의심스럽다			.589				
불신하다			.569				
미흡하다			.405				
어처구니없다				.774			
어이없다				.766			
불쾌하다					.694		
불편하다					.499		
실망스럽다						.478	
신경질 나다							.489
고유치	3.017	2.371	2.074	2.037	1.569	0.448	0.437
설명 분산 비율	17.75%	13.95%	12.20%	11.98%	9.23%	2.63%	2.57%

제4절 논 의

소비자들이 경험하는 감정적 반응에 대한 연구들은 크게 Izard의
DES, Plutchik의 EPI, Russell의 Circumplex, Mehrabian과 Russell
의 PAD 등을 사용하여 소비자 감정을 측정해 왔다. 하지만 Richins

(1997)는 이러한 척도들이 소비 상황에서 나타날 수 있는 몇 가지 감정들을 포함하지 않고 있으며, 소비자들에게 친숙하지 않은 용어를 사용하고 있기 때문에 소비 상황의 특수성을 반영하지 못하고 있다는 이유로 CES를 개발하였다. 하지만 이 척도를 국내에서 직접 사용하기에는 국내의 소비자들이 소비 상황에서 느끼는 소비 정서와는 차이가 있는 항목들이 포함되어 있으며, 제품과 서비스에 구분하여 사용할 수 없다는 점 때문에 본 연구를 수행하게 되었다.

본 연구는 국내 소비자들이 소비 후 경험하는 정서들을 추출해내기 위해 소비 상황에서 경험하는 느낌이나 감정을 소비자들로부터 자유롭게 기술하게 하고, 한덕웅과 강혜자(2000)의 한국인의 정서목록에서 소비와 관련된 정서를 추출하고, Izard(1977)의 DES-Ⅱ와 Richins(1997)의 CES를 모두 포함하는 포괄적인 소비 정서 항목들을 가지고 탐색적 요인 분석을 실시하였다. 그 결과 제품과 서비스 각각에서 정적 소비 정서와 부적 소비 정서를 추출하였는데, 정적 소비 정서는 제품에서 9개, 서비스에서 10개였으며, 부적 소비 정서는 제품에서 8개, 서비스에서 7개였다. 이러한 결과는 Richins (1997)의 연구에서 추출한 정서들과는 차이가 있는 것으로 나타났는데, 이는 연구의 기본적인 가정에서의 차이와 추출 방법에서의 차이로 인한 결과라고 볼 수 있다. 즉 본 연구는 출발점을 정서의 2차원 구조를 가정하고 정적 차원과 부적 차원을 분리하고 제품과 서비스를 구분하여 소비자 자신의 경험을 바탕으로 하여 소비 정서를 추출하였으며, 소비 정서의 적절성과 경험빈도 자료를 가지고 탐색적 요인분석을 통해 소비 정서의 요인을 추출한 반면, Richins 는 몇 가지 제품을 정하여 거기서 나온 정서들을 기초로 하여 군집분석과 판별 분석을 이용한 차원구조 결정과 요인별 정서 항목들을 추출하는 연구를 수행하였던 것이다.

본 연구에서 나타난 결과들을 통해 몇 가지 특징적인 점과 의의를 살펴보면 다음과 같다. 첫째는 소비 후 정서들을 추출하기 위해 구성된 정서 항목들이 매우 광범위하게 포괄적으로 수집되었다는 것이다. 먼저 기존의 선행 연구들에서 개발되어 사용되어 오던 정서 항목들을 포함시켰고 사전 조사를 통해 소비자들로부터 직접 얻어낸 정서 항목들, 그리고 한국인의 정서 목록에서 소비 관련 정서들을 선정하여 포함시켰기 때문에 매우 포괄적인 항목들을 구성할 수 있었다.

둘째는 정적 정서와 부적 정서를 사전에 구분하여 측정했다는 점이다. 대부분의 기존연구들은 정적 정서와 부적 정서를 함께 측정하고 분석을 한 것과는 달리 정적 정서와 부적 정서를 분리 측정하여 두 차원의 정서가 서로 다르게 소비 상황에서 나타나고 있음을 알 수 있다는 것이다. 즉 추출된 소비 정서들 중에 '기분 좋다'와 '기분 나쁘다'의 경우는 단일 차원의 양 극단에 위치할 수 있는 반대의 개념으로 볼 수 있지만, '거부감'이나 '신경질 남', '속상하다', '짜증나다' 등과 같은 부적 정서들과 '산뜻하다', '친숙하다', '생동감', '자신감' 등과 같은 정적 정서들은 반대의 의미로 양극단에 위치시켜서 측정할 수 없는 성질의 정서들이라고 볼 수 있다. 따라서 소비 후 유발 정서는 정적 정서와 부적 정서가 서로 다른 차원에서 발생되는 독립적인 정서들임을 발견할 수 있었다. 이는 곧 소비 후 유발 정서를 측정할 때의 척도를 어떻게 구성할 것인가, 즉 양극단의 정서 척도를 사용해서는 정확한 소비 정서를 파악할 수 없다는 시사점을 제공해주는 결과라고 할 수 있다.

셋째는 제품과 서비스를 구분하여 소비 후 정서 항목을 개발했다는 점이다. 본 연구 결과에서 나타난 바와 같이 제품을 소비하면서 느끼는 정서와 서비스를 이용하면서 느끼는 정서가 서로 다르게 구성되어 있다는 것이다. 물론 제품과 서비스에서 공통적으로 나타나는 정서들 즉 부적 정서의 '화남'이나 '기분 나쁨', '불신감', '당혹감', 및 '신경질 남'과 같은 정서들 그리고 '기쁨', '편안함', '즐거움' 및 '친숙함' 등은 구성된 개별 정서 항목들은 다르지만 유사한 요인들로 나왔다고 할 수 있지만, 제품과 서비스에서 독특하게 서로 차별적으로 나타나는 정서들도 있다는 것이 발견되었다. 예를 들면, 부적 정서에서는 제품에서 '아까움', '거부감', 및 '부족감'과 같은 정서들과 서비스에서 '불편함'이나 '실망스러움'과 같은 정서들은 차별적으로 나타났으며, 정적 정서에서는 제품에서 '매력적임'이나 '쾌감'과 같은 정서들과 서비스에서 '생동감'이나 '고마움' 등과 같은 정서들은 완전히 다른 요인들로 나타난 것들이다. 따라서 소비 후 정서를 측정할 때 제품과 서비스를 구분하여 정서 항목들을 사용해야 한다는 것을 시사해주고 있다.

본 연구가 소비 정서 연구에 새로운 시사점을 제공해주는 결과를 얻었음에도 불구하고 본 연구의 결과에 대한 몇 가지 제한점을 들 수 있다. 우선 포괄적인 다양한 소비 관련 정서 항목들을 구성하여 측정을 하였지만, 조사 대상이 20대에서 40대까지의 성인 남녀만으로 구성되어 있다는 점을 들 수 있다. 최근 많은 소비재 기업들이 구매력이 높은 집단으로 10대들을 타겟으로 선정하는 경우가 많기 때문에, 특히 식음료나 의류 분야에서 더욱 그런 현상이 두드러지고 있기 때문에 10대들을 조사 대상에 포함시켜 측정을 해야 하지 않았나 하는 점이다. 하지만 자료 수집의 어려움으로 인해 본 연구에서 10대들을 포함시킬 수 없었다는 아쉬움이 남아 있다.

둘째는 본 연구에서 소비 정서를 추출하기 위한 척도 문항으로 소비 정서의 적절성과 경험빈도를 사용했는데, 적절성이라는 개념이 응답자들에게 정확하게 전달되지 않고 혼동을 일으킬 수 있다는 점이다. 조사 대상자들에게 설문을 통해 응답을 받는 동안 연구자가 적절성에 대한 의미를 설명해 달라는 질문을 받았던 경우도 있었으며, 경험빈도라는 것은 쉽게 응답할 수 있는 척도인 반면 적절성에 대해서는 쉽게 응답하지 못하는 현상을 발견할 수 있었다. 이는 한덕웅과 강혜자(2000)의 연구 결과에서 나타난 적절성과 경험빈도 간의 상관이 유의하지 않게 나와 서로 독립적이라는 가정을 충족시켜주었지만, 본 연구에서는 제품과 서비스 모두에서 .6 이상의 유의한 상관을 나타내고 있다는 것이 발견되었다. 또한 본 연구에서 요인 분석의 자료로 적절성보다는 경험빈도를 사용한 것도 적절성 자료들이 경험빈도에 비해 명확하게 요인을 구분할 수 없었던 이유와도 관련이 있다고 할 수 있다. 따라서 향후 연구에서는 소비 정서에 대한 문항 수집 단계에서 각 용어의 적절성보다는 중요성의 정도를 물어보는 것이 필요할 것으로 생각된다.

제5장 연구 2: 고객 만족/불만족
차원성 검증

제1절 연구 목적

본 연구에서는 고객 만족의 개념을 불일치된 기대와 소비자가 소비 경험에 대해 사전적으로 가지고 있던 감정이 복합적으로 결합하여 발생된 종합적 상태, 즉 기대－불일치의 인지적 평가와 정적, 부적 정서에 의한 감정적 경험으로 발생된 종합적 상태로 정의하고자 한다. 이러한 개념적 정의 하에 만족과 불만족은 동시에 경험할 수 있으며, 분리된 두 개의 구성개념이라는 입장을 취하고 있다.

고객 만족과 불만족을 형성하는데 있어서 정서의 매개 역할도 함께 다루고자 하는데, 이는 정서의 2요인 이론적 입장과 맥을 함께 하고 있으며, 감정 구조가 소비자의 감성적 환기 상태에서 만족과 불만족이 함께 존재할 수 있음이 선행 연구들에서도 밝혀진 바 있으며, 전선규(1996), 서용원과 손영화(2003) 또한 만족과 불만족의 2요인 입장을 취하고 이들 선행 연구들의 결과를 입증하였다. 따라서 본 연구에서도 만족과 불만족의 2차원적 입장을 취하면서 고객 만족과 불만족에 미치는 정서의 영향력을 검증하고, 2차원으로 형성된 고객 만족과 불만족이 불평행동 및 재구매 의도에 어떻게 영향을 미치고 있는지도 함께 검증하여 고객 만족과 불만족이 2차원이라는 것을 밝히고자 하였다.

　따라서 본 장에서는 연구 1에서 찾아낸 소비 정서 항목을 가지고 고객 만족/불만족의 차원성을 검증하기 위해 앞에서 제안한 가설들을 다시 정리해 보면 다음과 같다.

　고객 만족과 불만족의 2차원성과 만족과 불만족에 미치는 정서의 영향력을 밝히기 위해 전체적인 모형 간 차이검증을 통해 검증하고자 하는 다음과 같은 가설들을 설정하였다.

　가설 1. 고객 만족의 1차원 측정 모형보다 만족 요인과 불만족 요인의 2차원 측정 모형의 부합도가 더 높을 것이다.

　가설 2-1. 불일치 경험은 정적 정서를 통해 만족에 영향을 미칠 것이다.

　즉, 불일치 경험은 정적 정서에 영향을 미치고, 정적 정서는 만족에 정적으로 영향을 미칠 것이다.

　가설 2-2. 불일치 경험은 부적 정서를 통해 불만족에 영향을 미칠 것이다.

　즉, 불일치 경험은 부적 정서에 영향을 미치고 부적 정서는 불만족에 정적으로 영향을 미칠 것이다.

　가설 3. 고객 만족의 구성요인에는 인지적 평가 요인(기대, 지각된 성과 및 기대 불일치)뿐만 아니라 정서적 평가 요인(정적 정서와 부적 정서)도 포함된다. 즉 정서가 포함된 2차원 모형이 정서가 제외된 모형보다 부합도가 높을 것이다.

　만족/불만족이 불일치 정도와 정서와의 관계에 미치는 효과, 불일치 정도와 2차원의 만족/불만족과의 관계, 그리고 만족/불만족이 불평행동 및 재구매 의도에 미치는 효과를 2차원 구조 내에서 검증하기 위해 다음과 같은 가설들을 설정하였다.

가설 4-1. 만족과 불만족을 동시에 경험하는 집단은 만족만을 높게 경험하는 집단보다 불일치를 적게 경험할 것이다.

가설 4-2. 만족과 불만족을 동시에 경험하는 집단은 불만족만을 높게 경험하는 집단보다 불일치를 적게 경험할 것이다.

가설 5-1. 만족과 불만족이 모두 낮은 집단은 만족만을 높게 경험하는 집단보다 불일치를 적게 경험할 것이다.

가설 5-2. 만족과 불만족이 모두 낮은 집단은 불만족만을 높게 경험하는 집단보다 불일치를 적게 경험할 것이다.

가설 6-1. 만족과 불만족이 모두 낮은 집단은 만족만이 낮은 집단에 비해 정서 경험의 정도가 적을 것이다.

가설 6-2. 만족과 불만족을 모두 낮은 집단은 불만족만이 낮은 집단에 비해 정서 경험의 정도가 적을 것이다.

가설 7-1. 만족과 불만족이 모두 높은 집단은 만족만이 높은 집단에 비해 정서 경험의 정도가 클 것이다.

가설 7-2. 만족과 불만족이 모두 높은 집단은 불만족만이 높은 집단보다 정서 경험의 정도가 클 것이다.

가설 8-1. 만족과 불만족이 모두 높은 집단은 만족만이 높은 집단에 비해 정적 정서와 부적 정서 경험의 차이가 적을 것이다.

가설 8-2. 만족과 불만족이 모두 높은 집단은 불만족만이 높은 집단에 비해 정적 정서와 부적 정서 경험의 차이가 적을 것이다.

가설 9. 만족은 재구매 의도에 정적으로 영향을 미칠 것이다.

가설 10. 불만족은 불평행동에 정적으로 영향을 미칠 것이다.

제2절 연구 방법

1. 조사 대상

연구 2에서는 고객 만족과 불만족의 2차원성을 검증하기 위해 고객 만족도를 측정하는 산업군을 크게 구분하여 제품과 서비스 각각에 대해 측정을 하기로 하였다. 이는 제품과 서비스에 대한 소비자들의 소비 행태가 다를 뿐 아니라 연구 1에서 나타난 결과에서 보았듯이 소비 후 유발되는 정서도 다르기 때문에 고객 만족과 불만족의 2차원성의 검증 결과가 제품과 서비스의 차이로 인한 결과라는 부분을 최소화하기 위한 것이다. 따라서 연구 2에서는 고객 만족의 2차원성 검증뿐 아니라 이와 관련된 모든 가설 검증도 제품과 서비스 각각에 대해 기술하고자 한다. 조사 대상 품목은 접점 만족이 아닌 지속적 거래 만족의 관점에서 고객만족을 비교하기 위해 제품은 핸드폰, 서비스는 신용카드로 선정하였는데, 핸드폰과 신용카드가 소비자들에게 빈번하게 사용되고 있다는 점도 고려하여 선정하였다.

조사 대상자 또한 제품과 서비스를 각각 분리하여 설문에 참여시켰으며 핸드폰과 신용카드 이용자만을 조사 대상으로 제한하였다. 설문에 참여한 조사 대상자는 성균관대학교와 광운대학교에서 심리학 강의를 수강하는 학생들과 인터넷 조사전문 기관의 조사패널들이었다. 핸드폰과 신용카드 서비스 각각에 대해 550명을 설문 조사하였으나 불성실 응답자를 제외하고 나서 최종 분석에 사용된 표본은 핸드폰이 460명이었고 신용카드가 440명이었다. 핸드폰과 신용카드 설문에 참여한 응답자의 성별 연령별 표본 수가 표 5-1에 제시되어 있다.

표 5-1. 신용카드/핸드폰 조사대상자 성별/연령별 표본 수 (%)

신용카드	20대	30대	40대	전 체	핸드폰	20대	30대	40대	전 체
남 자	23	108	88	219	남 자	36	103	81	220
	(5.2)	(24.5)	(20.0)	(49.8)		(7.8)	(22.4)	(17.6)	(47.8)
여 자	32	98	91	221	여 자	53	97	90	240
	(7.3)	(22.3)	(20.7)	(50.2)		(11.5)	(21.1)	(19.6)	(52.2)
전 체	55	206	179	440	전 체	89	200	171	460
	(12.5)	(46.8)	(40.7)	(100.0)		(19.3)	(43.5)	(37.2)	(100.0)

2. 조사 방법

본 연구에서는 설문 조사를 통해 연구를 수행하였으며, 설문 조사는 조사 패널을 확보하고 있는 온라인 전문 조사기관에서 인터넷을 통한 설문 조사와 대학생들을 대상으로 한 집단 면접 방식으로 실시하였다.

3. 설문 구성 및 측정 척도

본 연구에서 사용한 설문지는 먼저 연령, 성별, 교육수준, 직업과 같은 인구통계적 특성에 대해 질문하고 핸드폰과 신용카드의 이용 빈도 및 주 이용 상표를 도입부 질문으로 사용하였다. 본 설문에서는 핸드폰과 신용카드의 개별 속성에 대해서 중요도를 측정하고 속성에 대한 평가를 시킨 후 전반적인 1차원 만족도를 측정한 후, 기대와 지각된 품질 및 기대−불일치를 측정하기 위한 질문을 각 2문항씩 구성하였다. 여기서 속성 평가에 대한 측정을 도입부에서 먼저 하게 한 것은 핸드폰이라는 제품의 특성상 응답자들이 핸드폰 제품에 대한 반응을 묻는 것인지 아니면 이동전화 서비스에 대한 반응을 묻는 것인지 혼동할 수 있기 때문이었다.

다음으로 핸드폰과 신용카드를 사용하면서 만족스러웠던 사건들을 자유롭게 기술하게 하고, 만족스러운 사건을 경험하면서 느꼈던 느낌이나 감정을 측정하였다. 소비 후 정서 문항은 연구 1에서 개발한 제품과 서비스 각각에 대한 정서 용어를 사용하였다. 핸드폰에 대해서는 9개, 신용카드에 대해서는 8개의 정적 정서 문항을 측정하였다. 그리고 뒤이어 2차원 만족 척도를 평정시켰다. 같은 방식으로 불만족스러운 사건에 대한 기술과 감정을 측정하였다. 부적 정서 문항도 연구 1에서 개발한 제품 및 서비스에 대한 부적 정서 용어를 사용하였는데, 핸드폰은 8 문항, 신용카드는 10 문항으로 구성되어 있다. 그리고 바로 2차원 불만족 척도를 평정시키고, 불평행동과 재구매 의도 각 2 문항을 측정하였다. 불평행동의 경우는 신용카드와 핸드폰이 2개 문항에서 다르고 11개는 동일한 문항으로 구성되어 있다. 신용카드와 핸드폰 각각의 측정 문항들의 신뢰도 계수와 평균 및 표준편차가 표 5-2와 표 5-3에 제시되어 있다.

표 5-2. 신용카드와 핸드폰 측정 문항들의 신뢰도 계수
(Cronbach's Alpha)

측정 문항	신용 카드(문항 수)	핸드폰(문항 수)
기 대	.8066 (2)	.8723 (2)
지각된 품질	.8719 (2)	.8830 (2)
기대 불일치	.9080 (2)	.9133 (2)
정적 정서	.9584 (10)	.9527 (9)
부적 정서	.9758 (7)	.9588 (8)
불평행동	.7414 (2)	.7858 (2)
재구매 의도	.6783 (2)	.8230 (2)

표 5-3. 신용카드와 핸드폰 측정치 평균 및 표준편차

측정 항목	핸드폰(n=460)		신용카드(n=440)	
정서 - 핸드폰(신용카드)	M	S D	M	S D
기대1 - 전반적 기대	7.54	1.68	7.08	1.78
기대2 - 부문별 기대	7.75	1.65	7.07	1.69
지각된 품질1 - 전반적 품질	6.91	1.66	6.38	1.69
지각된 품질2 - 부문별품질	6.96	1.72	6.19	1.79
기대불일치1 - 전반적불일치	6.29	1.72	5.84	1.75
기대불일치2 - 부문별불일치	6.33	1.79	5.85	1.80
정적정서1 - 산뜻함 (흡족함)	6.46	1.95	6.77	1.90
정적정서2 - 자신감 (생동감)	6.56	1.99	5.84	1.87
정적정서3 - 매력적임(고마움)	6.47	1.98	6.27	2.06
정적정서4 - 기쁨 (즐거움)	6.91	2.03	6.33	1.97
정적정서5 - 친숙함 (새로움)	6.97	1.97	5.71	1.92
정적정서6 - 편안함 (친근감)	7.19	1.93	6.20	2.04
정적정서7 - 쾌감 (반가움)	6.43	2.01	6.10	2.04
정적정서8 - 즐거움 (편안함)	6.83	1.95	6.54	2.01
정적정서9 - 참신함 (자신감)	6.20	2.07	6.20	2.04
정적정서10 - (기쁨)			6.48	2.09
전반적인 1차원만족도	6.87	1.62	6.49	1.61
2차원 만족도	6.86	1.72	6.44	1.70
2차원 불만족도	5.52	2.23	5.54	2.21
부적정서1 - 화남 (기분 나쁨)	6.52	2.54	6.59	2.56
부적정서2 - 불신감 (화남)	6.07	2.46	6.42	2.58
부적정서3 - 신경질 남(불신감)	6.65	2.60	6.02	2.58
부적정서4 - 당혹감 (당혹감)	6.11	2.59	6.15	2.61
부적정서5 - 아까움 (불쾌감)	5.96	2.54	6.43	2.67
부적정서6 - 거부감 (실망스러움)	5.74	2.36	6.38	2.64
부적정서7 - 부족감 (신경질 남)	6.16	2.43	6.39	2.75
부적정서8 - 기분 나쁨	6.44	2.72		
불평행동 강도1 - 빈도	4.23	2.12	4.19	2.00
불평행동 강도2 - 강한 정도	4.46	2.18	4.61	2.18
재구매 의도1 - 권유의향	5.22	2.15	4.82	2.08
재구매 의도2 - 지속이용의향	6.30	2.16	6.31	1.98

모든 척도는 10점 척도를 사용하였다. 전반적인 1차원 만족 척도
는 양방향 척도로 매우 불만족에서 매우 만족의 계류점을 사용했

154

고, 2차원 만족 척도는 전혀 만족하지 않음에서 매우 만족함, 2차원
불만족 척도는 매우 불만족하지 않음에서 매우 불만족함으로 일방
향 척도의 계류점을 사용했다.

4. 분석 방법

본 연구에서 설정된 이론 모형의 지지 여부를 검증하기 위해 선
형구조관계의 틀을 사용하였고, 자료 분석을 위한 분석 프로그램은
LISREL 8.52판을 사용하였다. LISREL은 요인 또는 직접적으로 측
정될 수 없는 이론 변인들 간의 구조식 모델을 분석하는 기법으로
서, 요인분석과 경로분석을 합쳐놓은 분석이라 할 수 있다. 구조식
모델의 타당성을 검증함에 있어서 LISREL은 이론 변인들을 나타내
는 지수로서 측정 변인들을 사용하지만, 실제 구조 모델의 검증은
이론 변인 또는 요인들에 의해 평가되고 무선적 측정 오차의 효과
를 반영하기 때문에 측정 변인들만으로 분석이 이루어지는 회귀분
석이나 경로분석보다 편파 되지 않은 구조 관계 계수들의 추정이
가능한 것으로 평가된다(서용원, 2002).

가설적 이론 모델의 타당성을 검증하기 위해서는 x^2검증이 사용되
는데, 이 x^2은 경험적 자료에서 관찰된 측정 변인들 간의 관계를 보
여주는 표본 공분산 행렬과 가설 모델에서 설정한 측정 변인들 간의
관계를 반영하는 재생 공분산 행렬 간의 차이의 정도를 나타내 준
다. 이 차이가 아주 적다면, 즉 x^2이 통계적으로 유의하지 않다면 관
찰된 자료와 가설적 모델 간에 차이가 없는 것으로 받아들여져서 이
론 모델이 지지되어 진다. 하지만 표본 크기가 크고 측정 변인이 많
을 때는 표본과 재생 공분산행렬 간에 약간의 차이만 있어도 x^2 값
이 유의하게 나타난다는 문제점이 있어서 이에 대한 대안으로 개발

된 여러 부합치 중 가장 널리 쓰이는 것이 표준 부합치(NFI; Normed Fit Index)이다. 본 연구에서는 표준 부합치 외에도 독립모델과 이론 모델의 자유도를 고려한 비표준 부합치(NNFI; Non-Normed Fit Index), 비교 부합치(CFI; Comparative Fit Index), 및 표준화된 원소 간 평균 차이(sRMR; Standardized Root Mean Square Residual)를 제시하여 모형을 비교하였다. 표본 공분산행렬의 분석기법은 극대우 도 추정법(ML; maximum likelihood method)이 사용되었으며, 표본 공분산행렬의 측정 변인의 수는 17개이고 분석에 사용된 사례 수는 신용카드가 440개, 핸드폰이 460개였다. 그리고 집단 간 차이검증을 위해 일원 변량분석과 T-test를 수행하였다.

제3절 고객 만족/불만족 차원성 검증에 대한 분석 결과

1. 고객 만족/불만족 2차원 가설 검증

지금까지 대부분의 고객 만족 측정에는 단일 차원의 만족도를 사용하여 왔으며, 기대−불일치를 중심으로 한 인지적 평가만을 통해 만족도 평가가 이루어져 왔다고 할 수 있다. 하지만 여러 연구들에서 고객 만족 측정에 감정적 평가를 고려해야 한다는 주장들이 나오고 있으며, 그러한 주장에 따라 만족과 불만족의 2차원성 또한 함께 고려되어져야 한다는 것이 본 연구의 기본 가정이다. 따라서 본 연구에서는 고객 만족의 차원성을 검증하기 위해 고객 만족의 1차원 모형과 2차원 모형을 비교하였다. 표 5-4와 표 5-5에는 본 연구에서 설정한 구조 모형들의 부합치와 x^2차이검증 결과가 제시되어 있다.

표 5-4. 만족-불만족 이론 모형들의 부합치와
x^2차이검증(신용카드)

모 형	x^2	df	p	NFI	NNFI	CFI	sRMR
2차원 모형	779.236	110	p<.001	.909	.899	.918	.189
1차원 모형	1289.830	112	p<.001	.855	.835	.864	.253
x^2차이검증							
1차원-2차원	510.594	2	p<.001				

우선 신용카드에 대한 두 모형의 지수들을 살펴보면, 2차원 모형은 Chi-square가 779.236(자유도, 110)이고 NFI는 .909, NNFI는 .899, CFI는 .918, sRMR은 .189이었고, 1차원 모형은 Chi-square가 1289.830(자유도, 112)이고 NFI는 .855, NNFI는 .835, CFI는 .864, sRMR은 .253이었다. 모형의 지수들을 통해 본 모형의 부합도는 2차원 모형이 높다고 할 수 있는데, 이를 확인해 보기 위해 두 모형 간의 x^2차이검증을 하였다. 즉 2차원 모형과 이보다 구조 관계에 관한 미지수 추정을 적게 한 제약 모형이기 때문에 부합도가 낮을 것으로 예언된 1차원 모형 간의 x^2차이검증을 한 것이다. 만일 이 차이검증 결과가 유의하지 않게 나타난다면, 비제약 모형보다는 경로계수를 적게 사용한 제약 모형이 간결성 기준에 의하여 지지될 수 있기 때문이다. 표 5-4에 제시된 바와 같이, 2차원 모형과 1차원 모형 간의 차이(x^2=510.594, df=2, p<.001)가 유의한 것으로 나타나 1차원 모형이 2차원 모형에 비해 상대적으로 부합도가 떨어지는 것으로 밝혀졌다. 따라서 만족과 불만족의 2차원 모형이 부합도가 높을 것이라는 가설 1은 지지되었다.

표 5-5. 만족-불만족 이론 모형들의 부합치와 χ^2차이검증(핸드폰)

모 형	x^2	df	p	NFI	NNFI	CFI	sRMR
2차원 모형	776.494	110	p<.001	.905	.894	.914	.192
1차원 모형	1296.421	112	p<.001	.855	.835	.864	.250
x^2차이검증							
1차원-2차원	519.927	2	p<.001				

핸드폰에 대한 두 모형의 지수들을 살펴보면, 2차원 모형은 Chi-square가 776.494(자유도, 110)이고 NFI는 .905, NNFI는 .894, CFI는 .914, sRMR은 .192이었고, 1차원 모형은 Chi-square가 1296.421(자유도, 112)이고 NFI는 .855, NNFI는 .835, CFI는 .864, sRMR은 .250이었다. 모형의 지수들을 통해 본 모형의 부합도는 2차원 모형이 높다고 할 수 있는데, 이를 확인해 보기 위해 두 모형 간의 x^2차이검증을 하였다. 표 5-5에 제시된 바와 같이, 2차원 모형과 1차원 모형 간의 차이(x^2=519.927, df=2, p<.001)가 유의한 것으로 나타나 1차원 모형이 2차원 모형에 비해 상대적으로 부합도가 떨어지는 것으로 밝혀졌다. 따라서 핸드폰에서도 만족과 불만족의 2차원 모형이 부합도가 높을 것이라는 가설 1은 지지되었다.

2. 소비 정서의 매개 효과 가설 검증

불일치 경험은 정적 정서를 통해 만족에, 부적 정서를 통해 불만족에 영향을 미칠 것이라는 정서의 매개 효과 가설을 검증하였다. 기대 불일치가 정적 정서에, 정적 정서는 이차원 만족에, 그리고 기대 불일치가 이차원 만족에 유의하게 영향을 미치고 있으며, 이차원 만족에 정적 정서의 영향력을 먼저 넣은 후 기대 불일치의 영향력을 분석한 결과 모두 유의하게 영향을 미치는 것으로 나타났다. 하지만 기대 불일치가 이차원 만족에 직접 영향을 미칠 때에 비해(β =.181)정적 정서가 매개되었을 때 기대 불일치의 영향은(β=.102) 감소하는 것으로 나타났는데 그 차이가 유의하지 않아(sig.=0.226) 정적 정서의 매개 효과는 없었다. 부적 정서의 매개 효과에서는 기대 불일치가 부적 정서에, 부적 정서는 이차원 불만족에, 그리고 기대 불일치가 이차원 불만족에 유의하게 영향을 미치고 있으며, 이차원 불만족에 부적 정서의 영향력을 먼저 넣은 후 기대 불일치의 영향력을 분석한 결과 부적 정서가 매개되었을 때 기대 불일치의 영향은 유의하지 않은 것으로 나타났다. 따라서 부적 정서는 완전 매개효과가 있다고 할 수 있다. 따라서 가설 2-1은 지지되지 않았고, 가설 2-2는 지지되었다. 이에 대한 결과가 표 5-6에 제시되어 있다.

표 5-6. 2차원 만족/불만족에 대한 정서의 매개 효과 검증(신용카드)

	독립 변인	종속 변인	표준화된 β계수	유의도
정적 정서	기대 불일치	정적 정서	.106	.05
	정적 정서	이차원 만족	.759	.001
	기대 불일치	이차원 만족	.181	.001
	정적 정서	이차원 만족	.748	.001
	기대 일치		.102	.001
부적 정서	기대 불일치	부적 정서	−.113	.05
	부적 정서	이차원 불만족	.610	.001
	기대 불일치	이차원 불만족	−.112	.05
	부적 정서	이차원 불만족	.606	.001
	기대 일치		−.043	n.s.

표 5-7. 2차원 만족/불만족에 대한 정서의 매개 효과 검증(핸드폰)

	독립 변인	종속 변인	표준화된 β계수	유의도
정적 정서	기대 불일치	정적 정서	.082	n.s.
	정적 정서	이차원 만족	.768	.001
	기대 불일치	이차원 만족	.176	.001
	정적 정서	이차원 만족	.759	.001
	기대 일치		.114	.001
부적 정서	기대 불일치	부적 정서	−.273	.05
	부적 정서	이차원 불만족	.567	.001
	기대 불일치	이차원 불만족	−.218	.05
	부적 정서	이차원 불만족	.549	.001
	기대 일치		−.068	n.s.

  핸드폰 모형에서 정서의 매개효과를 살펴본 결과가 표 5-7에 제시되어 있다. 불일치가 정적 정서에 유의한 영향을 미치지 못하는 것으로 나타나 정적 정서는 매개 효과가 없는 것으로 나타났다. 부적 정서의 매개효과를 살펴보면, 기대 불일치가 부적 정서에, 부적 정서는 이차원 불만족에, 그리고 기대 불일치가 이차원 불만족에 유의하게 영향을 미치고 있으며, 이차원 불만족에 부적 정서의 영향력을 먼저 넣은 후 기대 불일치의 영향력을 분석한 결과 부적 정서가 매개되었을 때 기대 불일치의 영향은 유의하지 않은 것으로 나타나 부적 정서의 완전 매개효과가 있음을 알 수 있다. 따라서 신용카드에서와 마찬가지로 핸드폰에서도 가설 2-1은 지지되지 않았고 가설 2-2는 지지되는 결과를 보여주었다.

  반면에 1차원 만족도에 대한 정서의 매개 효과를 검증해 본 결과, 정적 정서와 부적 정서 모두에서 매개 효과가 없는 것으로 나타났다. 우선 신용카드의 경우에서는 기대 불일치가 정적 정서와 부적 정서에 모두 유의한 영향을 미쳤고, 1차원 만족에도 정적 정

서와 부적 정서가 모두 유의한 영향을 미치고 있었으나, 정적 정서
와 부적 정서의 영향이 미치고 있을 때 불일치의 영향력을 분석한
결과 불일치의 영향이 감소되기는 하였지만 그 차이가 유의하지 않
았다. 따라서 1차원 만족의 경우에는 소비 정서의 매개 효과가 없
는 것으로 나타났다. 이에 대한 결과가 표 5-8에 제시되어 있다.

표 5-8. 1차원 만족도에 대한 매개 효과 검증(신용카드)

	독립 변인	종속 변인	표준화된 β계수	유의도
정적 정서	기대 불일치	정적 정서	.106	.05
	정적 정서	일차원 만족	.572	.001
	기대 불일치	일차원 만족	.199	.001
	정적 정서	일차원 만족	.558	.001
	기대 불일치		.140	.001
부적 정서	기대 불일치	부적 정서	−.113	.05
	부적 정서	일차원 만족	−.201	.001
	기대 불일치	일차원 만족	.199	.05
	부적 정서	일차원 만족	−.181	.001
	기대 불일치		.178	.001

다음은 핸드폰에서 1차원 만족도에 미치는 소비 정서의 매개 효
과를 검증해 본 결과, 정적 정서와 부적 정서 모두에서 매개 효과
가 없는 것으로 나타났다. 정적 정서에는 기대 불일치가 유의한 영
향을 미치지 못했고, 부적 정서가 영향을 미치고 있을 때 기대 불
일치의 영향력을 분석한 결과, 기대 불일치의 영향이 감소되기는
하였지만 그 차이가 유의하지 않게 나타났다. 따라서 핸드폰에서도
1차원 만족도에 미치는 정적 정서와 부적 정서의 매개 효과는 없는
것으로 나타났다. 이에 대한 결과는 표 5-9에 제시되어 있다.

표 5-9. 1차원 만족도에 대한 매개 효과 검증(핸드폰)

	독립 변인	종속 변인	표준화된 β계수	유의도
정적 정서	기대 불일치	정적 정서	.082	n.s.
	정적 정서	일차원 만족	.596	.001
	기대 불일치	일차원 만족	.137	.01
	정적 정서	일차원 만족	.589	.001
	기대 불일치		.089	.05
부적 정서	기대 불일치	부적 정서	−.273	.001
	부적 정서	일차원 만족	−.150	.001
	기대 불일치	일차원 만족	.137	.01
	부적 정서	일차원 만족	−.122	.05
	기대 불일치		.103	.05

위에서 검증된 결과를 통해 신용카드와 핸드폰에서 만족과 불만족이 정적 정서와 부적 정서에 의해 각각 영향을 받고 있는 것으로 나타났으나, 소비 정서의 매개효과는 신용카드와 핸드폰에서 만족과 불만족이 2차원일 경우에 부적 정서만이 매개 효과가 있는 것으로 나타났고, 1차원일 경우는 매개효과가 모두 없는 것으로 나타났다.

다음은 2차원 모형에 정서가 포함되어 있는 모형과 포함되어 있지 않은 모형을 비교하였다. 표 5-10과 5-11은 두 구조 모형들의 부합치와 x^2차이검증 결과를 제시한 것이다.

표 5-10. 고객만족의 정서 포함 모형과 비포함 모형의 부합치와 χ^2차이검증(신용카드)

모 형	x^2	df	p	NFI	NNFI	CFI	sRMR
정서 포함모형	348.442	94	p<.001	.954	.955	.964	.0938
정서 비포함모형	677.437	98	p<.001	.900	.890	.910	.216
x^2차이검증							
비포함−포함	328.995	4	p<.001				

우선 신용카드에 대한 두 모형의 지수들을 살펴보면, 정서 포함 모형은 Chi-square가 348.442(자유도, 94)이고 NFI는 .954, NNFI는 .955, CFI는 .964, sRMR은 .0938이었고, 정서 비포함 모형은 Chi-square가 677.437(자유도, 98)이고 NFI는 .900, NNFI는 .890, CFI는 .910, sRMR은 .216이었다. 모형의 지수들을 통해 본 모형의 부합도는 정서 포함 모형이 높다고 할 수 있는데, 이를 확인해 보기 위해 두 모형 간의 x^2차이검증을 하였다. 표 5-10에 제시된 바와 같이, 정서 포함 모형과 비포함 모형 간의 차이(x^2=328.995, df=4, p<.001)가 유의한 것으로 나타나 정서 비포함 모형이 포함 모형에 비해 상대적으로 부합도가 떨어지는 것으로 밝혀졌다. 따라서 고객 만족의 결정요인에 인지적 평가 요인뿐 아니라 정서적 평가 요인도 포함될 것이라는 가설 3은 지지되었다.

표 5-11. 고객만족의 정서 포함 모형과 비포함 모형의 부합치와 χ^2차이검증(핸드폰)

모 형	x^2	df	p	NFI	NNFI	CFI	sRMR
정서 포함모형	339.395	94	p<.001	.956	.957	.967	.090
정서 비포함모형	699.839	98	p<.001	.898	.888	.908	.218
x^2차이검증							
비포함−포함	360.444	4	p<.001				

핸드폰에 대한 두 모형의 지수들을 살펴보면, 정서 포함 모형은 Chi-square가 339.395(자유도, 94)이고 NFI는 .956, NNFI는 .957, CFI는 .967, sRMR은 .090이었고, 정서 비포함 모형은 Chi-square가 699.839(자유도, 98)이고 NFI는 .898, NNFI는 .888, CFI는 .908, sRMR은 .218이었다. 모형의 지수들을 통해 본 모형의 부합도는 정서 포함 모형이 높다고 할 수 있는데, 이를 확인해 보기 위해 두

모형 간의 x^2차이검증을 하였다. 표 5-11에 제시된 바와 같이, 정서 포함 모형과 비포함 모형 간의 차이(x^2=360.444, df=4, p<.001)가 유의한 것으로 나타나 정서 비포함 모형이 포함 모형에 비해 상대적으로 부합도가 떨어지는 것으로 밝혀졌다. 따라서 핸드폰에 대해서도 고객 만족의 결정요인에 인지적 평가 요인뿐 아니라 정서적 평가 요인도 포함될 것이라는 가설 3이 지지되었다.

표 5-12에는 신용카드 측정 변인들의 상관 행렬이 제시되어 있으며, 표 5-13에는 핸드폰 측정 변인들의 상관 행렬이 제시되어 있다. 우선 신용카드의 상관 행렬에서 나타난 특징적인 사실은 전반적인 1차원 만족도와 2차원 만족도 간의 상관은 .75로 나타난 반면, 전반적인 1차원 만족도와 2차원 불만족도 간의 상관은 −.30이었고, 2차원 만족도와 2차원 불만족도 간의 상관은 −.21인 점이다. 즉 전반적인 1차원 만족도와 2차원 만족도는 상관이 높게 나타난 반면, 2차원 불만족도는 상대적으로 낮은 상관을 보이고 있으며, 2차원 만족도와 불만족도 간의 상관도 매우 낮게 나타나고 있다.

핸드폰의 상관 행렬에서도 신용카드의 상관 행렬에서의 나타난 것과 유사한 결과를 보여주고 있다. 전반적인 1차원 만족도와 2차원 만족도 간의 상관은 .75로 나타난 반면, 전반적인 1차원 만족도와 2차원 불만족도 간의 상관은 −.24이었고, 2차원 만족도와 2차원 불만족도 간의 상관은 −.21인 점이다. 즉 전반적인 1차원 만족도와 2차원 만족도는 상관이 높게 나타난 반면, 2차원 불만족도는 상대적으로 낮은 상관을 보이고 있으며, 2차원 만족도와 불만족도 간의 상관도 매우 낮게 나타나고 있다.

신용카드와 핸드폰 모두에서 전반적 만족이 2차원 만족과는 상관이 높은데 비해 2차원 불만족과의 상관이 매우 낮게 나타났다는 것은 만족과 불만족이 독립적인 2차원의 구조라는 것을 입증해주는 또 다른 증거라 할 수 있는 결과이다.

표 5-12. 측정 변인들의 상관 행렬(신용카드)

	e1	e2	p1	p2	ec1	ec2	pa1	pa2	na1	na2	os	s	d	cb1	cb2	ri1	ri2
e1	1.00																
e2	0.68	1.00															
p1	0.46	0.50	1.00														
p2	0.44	0.45	0.77	1.00													
ec1	0.29	0.31	0.74	0.74	1.00												
ec2	0.28	0.31	0.70	0.75	0.83	1.00											
pa1	0.35	0.39	0.55	0.54	0.49	0.49	1.00										
pa2	0.38	0.39	0.58	0.54	0.50	0.51	0.95	1.00									
na1	-0.05	0.02	-0.20	-0.24	-0.25	-0.23	-0.01	-0.03	1.00								
na2	-0.06	0.01	-0.19	-0.22	-0.23	-0.19	-0.01	-0.02	0.96	1.00							
os	0.43	0.44	0.78	0.71	0.70	0.65	0.55	0.58	-0.21	-0.19	1.00						
s	0.41	0.44	0.73	0.66	0.68	0.65	0.74	0.75	-0.10	-0.09	0.75	1.00					
d	-0.16	-0.0	-0.28	-0.34	-0.31	-0.25	-0.10	-0.11	0.60	0.61	-0.30	-0.21	1.00				
cb1	0.03	-0.02	-0.18	-0.20	-0.20	-0.23	-0.09	-0.08	0.31	0.30	-0.20	-0.18	0.28	1.00			
cb2	0.08	0.03	-0.09	-0.12	-0.14	-0.17	-0.02	0.00	0.29	0.27	-0.09	-0.10	0.20	0.59	1.00		
ri1	0.22	0.28	0.46	0.41	0.46	0.42	0.39	0.39	-0.15	-0.13	0.46	0.47	-0.18	-0.13	-0.11	1.00	
ri2	0.23	0.24	0.41	0.41	0.37	0.40	0.34	0.34	-0.18	-0.17	0.47	0.44	-0.21	-0.25	-0.19	0.51	1.00
M	7.08	7.07	6.38	6.19	5.84	5.85	6.21	6.27	6.36	6.31	6.49	6.44	5.54	4.19	4.61	4.82	6.31
SD	1.78	1.69	1.69	1.79	1.75	1.80	1.73	1.73	2.49	2.46	1.61	1.70	2.21	2.00	2.18	2.08	1.98

e1 e2 기대 p1 p2 지각된 품질 ec1 ec2 기대 불일치 pa1 pa2 정적 정서 na1 na2 부적 정서 os 전반적 1차원 만족도 s 2차원 만족도 d 2차원 불만족도 cb1 cb2 불평행동 ri1 ri2 재구매 의도

표 5-13. 측정 변인들의 상관 행렬(핸드폰)

	e1	e2	p1	p2	ec1	ec2	pa1	pa2	na1	na2	os	s	d	cb1	cb2	ri1	ri2
e1	1.00																
e2	0.77	1.00															
p1	0.54	0.47	1.00														
p2	0.48	0.46	0.79	1.00													
ec1	0.34	0.31	0.73	0.68	1.00												
ec2	0.34	0.30	0.71	0.73	0.84	1.00											
pa1	0.41	0.40	0.58	0.53	0.52	0.51	1.00										
pa2	0.43	0.41	0.59	0.54	0.51	0.50	0.93	1.00									
na1	0.17	0.17	-0.15	-0.14	-0.22	-0.22	-0.08	-0.05	1.00								
na2	0.12	0.13	-0.20	-0.18	-0.25	-0.24	-0.12	-0.09	0.92	1.00							
os	0.51	0.44	0.81	0.72	0.71	0.69	0.58	0.59	-0.13	-0.16	1.00						
s	0.41	0.35	0.73	0.66	0.65	0.65	0.74	0.77	-0.12	-0.15	0.75	1.00					
d	-0.02	0.02	-0.28	-0.23	-0.26	-0.24	-0.15	-0.15	0.55	0.56	-0.24	-0.21	1.00				
cb1	0.10	0.08	-0.14	-0.12	-0.14	-0.11	-0.06	-0.09	0.20	0.21	-0.07	-0.11	0.14	1.00			
cb2	0.16	0.13	-0.06	-0.04	-0.09	-0.07	-0.04	-0.03	0.18	0.21	-0.03	-0.05	0.13	0.65	1.00		
ri1	0.23	0.22	0.47	0.43	0.45	0.41	0.35	0.36	-0.13	-0.15	0.47	0.44	-0.17	-0.12	-0.03	1.00	
ri2	0.29	0.29	0.52	0.47	0.47	0.43	0.39	0.40	-0.13	-0.16	0.57	0.50	-0.14	-0.18	-0.11	0.70	1.00
M	7.54	7.75	6.91	6.96	6.29	6.33	6.54	6.87	6.32	6.09	6.87	6.86	5.52	4.23	4.46	5.22	6.30
SD	1.68	1.65	1.66	1.72	1.72	1.79	1.71	1.74	2.23	2.32	1.62	1.72	2.23	2.12	2.18	2.15	2.16

e1 e2 기대 p1 p2 지각된 품질 ec1 ec2 기대 불일치 pa1 pa2 정적 정서 na1 na2 부적 정서 os 전반적 1차원 만족도 s 2차원 만족도 d 2차원 불만족도 cb1 cb2 불평행동 ri1 ri2 재구매 의도

그리고 만족과 불만족이 2차원이라는 사실을 입증할 수 있는 결과를 다른 방법으로 분석하였다. 만약 만족이 단일차원이라면, 2차원 불만족 측정값을 역으로 전환시켰을 때, 그 값은 만족으로 측정한 값과 같거나 두 값의 차이가 유의하지 않아야 할 것이다. 따라서 2차원으로 측정된 만족 값과 2차원 불만족을 역으로 전환시킨 값(11－불만족)을 차이검증하였다. 신용카드와 핸드폰 각각에서 차이검증한 결과가 표 5-14에 제시되어 있다. 신용카드(t=8.277, p<.001)와 핸드폰(t=11.768, p<.001) 모두에서 유의한 차이를 보이는 것으로 나타나 만족과 불만족이 단일 차원이 아니라 2차원이라는 것을 확인하였다.

표 5-14. 신용카드/핸드폰 만족 vs. (11－불만족) 차이검증

	비교 대상	N	Mean	df	t	Sig.
신용카드	2차원 만족도	440	6.44	439	8.277	.000
	11－2차원 불만족도	440	5.46			
핸드폰	2차원 만족도	460	6.86	459	11.768	.000
	11－2차원 불만족도	460	5.48			

이러한 결과들을 통해 신용카드와 핸드폰 모두에서 고객 만족이 단일 차원이 아니라 만족/불만족의 2차원 구조라는 것을 확인할 수 있었다. 비록 2차원에서 정서의 매개효과는 부적 정서에서만 완전매개 효과를 보여주었지만, 1차원에서는 정서의 매개 효과는 나타나지 않았으며, 2차원에서 정적 정서와 부적 정서가 만족과 불만족에 유의하게 영향을 미치고 있다는 것도 확인 할 수 있었다.

3. 고객 만족/불만족 2차원성 효과에 관한 가설 검증

고객 만족/불만족이 2차원일 때 나타나는 효과들 즉, 만족과 불만족을 동시에 경험하는 집단과 모두 낮은 집단, 그리고 만족이 높고 불만족이 낮은 집단과 만족이 낮고 불만족이 높은 집단의 4개 집단에 따라 불일치 경험 정도의 차이, 정서 경험 정도의 차이, 그리고 불평행동 및 재구매 의도에 미치는 효과에 대한 가설들을 검증하였다. 이를 위해 만족과 불만족의 경험 정도를 기준으로 집단 분류를 하였는데, 만족과 불만족의 높고 낮음의 기준은 10점 척도의 중간값(midpoint)을 사용치 않고 중앙치(median)를 기준으로 분류하였다. 이는 2차원의 만족도와 불만족도 척도가 양방향 척도가 아니기 때문에 실질적으로 중간값이 중립점을 의미하지 않기 때문이다. 신용카드의 경우 2차원 만족과 불만족의 median값은 각각 7점과 6점으로 나타나 이를 기준으로 만족과 불만족이 높고, 낮은 집단을 나누었다. 그 결과 만족과 불만족이 모두 높은 집단이 107명, 만족과 불만족이 모두 낮은 집단이 91명, 그리고 만족이 높고 불만족이 낮은 집단이 125명, 만족이 낮고 불만족이 높은 집단이 117명으로 분류되었다.

핸드폰의 경우도 신용카드와 같이 2차원 만족과 불만족의 median값은 각각 7점과 6점으로 나타나 이를 기준으로 만족과 불만족이 높고, 낮은 집단을 나누었다. 그 결과 만족과 불만족이 모두 높은 집단이 149명, 만족과 불만족이 모두 낮은 집단이 77명, 그리고 만족이 높고 불만족이 낮은 집단이 156명, 만족이 낮고 불만족이 높은 집단이 78명으로 분류되었다. 이는 신용카드와는 달리 만족 고객이 불만족 고객보다 높은 비율을 보이고 있는 것으로 나타나 핸드폰에 대한 만족 수준은 신용카드보다 높음을 알 수 있다. 신용카드와 핸드폰 모두에서 만족과 불만족을 동시에 경험한 집단과 모두 낮은 집단의 존재가 확실하게 나타나고 있다. 만족/불만족 집단 분류 결과가 표 5-15에 제시되어 있다.

표 5-15. 신용카드와 핸드폰의 만족/불만족 집단 분류 결과

신용카드 집단 분류(n=440)				핸드폰 집단 분류(n=460)			
	만족 낮음	만족 높음	전 체		만족 낮음	만족 높음	전 체
불만족 낮음	91	125	216	불만족 낮음	77	156	233
불만족 높음	117	107	224	불만족 높음	78	149	227
전 체	208	232	440	전 체	155	305	460

만족과 불만족을 동시에 경험하는 집단과 만족만을 또는 불만족만을 경험하는 집단과의 불일치 경험의 차이를 비교한 결과, 만족과 불만족을 동시에 경험하는 집단(n=107, M=1.05)이 만족만을 경험한 집단(n=125, M=0.88)보다 불일치를 오히려 크게 경험하였지만 (t=1.395, n.s.) 유의한 차이는 나지 않았으며, 불만족만을 경험한 집단(n=117, M=1.73)보다는 불일치를 적게 경험하였고(t=.-3.772, p<.001) 그 차이는 유의한 것으로 나타났다. 따라서 만족과 불만족을 동시에 경험하는 집단이 만족만을 경험하는 집단보다 불일치를 적게 경험할 것이라는 가설 4-1은 지지되지 않았고, 불만족만을 경험하는 집단보다 적게 경험할 것이라는 가설 4-2는 지지되었다.

핸드폰의 경우는 만족과 불만족을 동시에 경험하는 집단(n=149, M=1.02)이 만족만을 경험한 집단(n=156, M=0.91)보다 불일치를 크게 경험하였지만(t=0.978, n.s.) 유의하지 않았고, 불만족만을 경험한 집단(n=78, M=1.87)보다는 불일치를 적게 경험하였고(t=.- 4.640, p<.001) 그 차이는 유의한 것으로 나타났다. 따라서 만족과

불만족을 동시에 경험하는 집단이 만족만을 경험하는 집단보다 불
일치를 적게 경험할 것이라는 가설 4-1은 지지되지 않았고, 불만족
만을 경험하는 집단보다 적게 경험할 것이라는 가설 4-2는 지지되
었다. 이 결과는 신용카드에서 나타난 결과와 일치하고 있다. 가설
검증 결과가 표 5-16과 5-17에 제시되어 있다.

표 5-16. 만족/불만족 동시 경험 집단의 불일치 경험에서의
차이 비교(신용카드)

	독립 변인	종속 변인	n	Mean	df	t	Sig.
가설	만족고/불만고	지각된 품질 − 기대	107	1.047	220.3*	1.395	.164
4-1	만족고/불만저	차이의 절대값	125	0.884			
가설	만족고/불만고	지각된 품질 − 기대	107	1.047	222	−3.772	.000
4-2	만족저/불만고	차이의 절대값	117	1.727			

*: 동변량성 불가정 시 자유도

표 5-17. 만족/불만족 동시 경험 집단의 불일치 경험에서의
차이 비교(핸드폰)

	독립 변인	종속 변인	n	Mean	df	t	Sig.
가설	만족고/불만고	지각된 품질 − 기대	149	1.020	302*	.978	.329
4-1	만족고/불만저	차이의 절대값	156	0.910			
가설	만족고/불만고	지각된 품질 − 기대	149	1.020	225	−4.640	.000
4-2	만족저/불만고	차이의 절대값	78	1.865			

*: 동변량성 불가정 시 자유도

또한 만족과 불만족을 모두 적게 경험한 집단과 만족 또는 불만족
만을 경험하는 집단과의 불일치 경험의 차이를 비교한 결과, 신요카
드에서는 만족과 불만족이 모두 낮은 집단(n=91, M=1.29)이 만족만
을 경험한 집단(n=125, M=0.88)보다 불일치를 크게 경험하였고(t=

2.951, p<.01), 불만족만을 경험한 집단(n=117, M=1.73)보다 불일치를 적게 경험한 것(t=-2.134, p<.05)으로 나타났으며, 그 차이는 모두 유의하였다. 따라서 만족과 불만족을 모두 적게 경험한 집단이 만족만 경험하는 집단보다 불일치를 적게 경험할 것이라는 가설 5-1은 지지되지 않았고, 불만족만을 적게 경험하는 집단보다 적게 경험할 것이라는 가설 5-2는 지지되었다. 이 결과는 불일치 경험의 정도가 크게 나타나는 집단은 불만족이 큰 집단이라는 것을 알 수 있는 결과였다. 이것은 만족 집단의 경우보다 불만족 집단의 경우가 만족과 불만족에 관련된 평가 과정이 더욱 구체적이고 의식적으로 작용하고 있음을 보여주는 것이라 할 수 있다. 신용카드에서의 가설 5-1과 5-2에 대한 검증 결과는 표 5-18에 제시되어 있다.

표 5-18. 만족/불만족이 모두 낮은 집단의 불일치 경험의
차이 비교(신용카드)

	독립 변인	종속 변인	n	Mean	df	t	Sig.
가설 5-1	만족저/불만저	지각된 품질-기대	91	1.291	214	2.951	.004
	만족고/불만저	차이의 절대값	125	0.884			
가설 5-2	만족저/불만저	지각된 품질-기대	91	1.291	206	-2.134	.034
	만족저/불만고	차이의 절대값	117	1.727			

핸드폰의 경우는 만족과 불만족이 모두 낮은 집단(n=77, M=1.05)이 만족만을 경험한 집단(n=156, M=0.91)보다 불일치를 크게 경험하였으나(t=0.968, n.s.) 유의하지 않았고, 불만족만을 경험한 집단(n=78, M=1.86)보다 불일치를 적게 경험한 것(t=-3.377, p<.001)으로 나타났으며 차이도 유의하게 나타났다. 따라서 만족과 불만족을 모두 적게 경험한 집단이 만족만 경험하는 집단보다 불일치를 적게 경험할 것이라는 가설 5-1은 지지되지 않았고, 불만족만

을 적게 경험하는 집단보다 적게 경험할 것이라는 가설 5-2는 지지
되었다. 이 결과 역시 신용카드에서와 같은 결과를 보여주고 있다.
핸드폰에서의 가설 5-1과 5-2에 대한 검증 결과는 표 5-19에 제시
되어 있다.

표 5-19. 만족/불만족이 모두 낮은 집단의 불일치 경험의
차이 비교(핸드폰)

	독립 변인	종속 변인	n	Mean	df	t	Sig.
가설 5-1	만족저/불만저 만족고/불만저	지각된 품질 - 기대	77	1.052	231	.968	.334
		차이의 절대값	156	0.910			
가설 5-2	만족저/불만저 만족저/불만고	지각된 품질 - 기대	77	1.052	153	-3.377	.001
		차이의 절대값	78	1.865			

　다음은 만족과 불만족의 2차원성에 따른 정서 경험의 차이검증을
수행하였다. 우선 만족과 불만족으로 분류된 집단 간에 정서 경험
의 정도에 대한 차이검증을 하였다. 여기서 정서 경험의 정도 측정
치는 정적 정서와 부적 정서의 측정치들을 모두 합산한 총합 점수로
사용하였다. 만족과 불만족을 모두 적게 경험한 집단의 정서 경험
정도(n=91, M=88.69)는 만족만을 낮게 경험한 집단의 정서 경험
정도(n=117, M=103.54)보다 적게 나타났고(t=-5.236, p<.001), 불만
족만을 낮게 경험한 집단의 정서 경험 정도(n=125, M=107.37)보다
도 적게(t=-6.250, p<.001) 나타났으며, 그 차이는 모두 유의하였
다. 따라서 만족과 불만족을 모두 적게 경험한 집단이 만족만을 낮
게 경험한 집단보다 정서 경험의 정도가 적을 것이라는 가설 6-1과
불만족만을 경험한 집단보다 정서 경험의 정도가 적을 것이라는 가
설 6-2 모두 지지되었다. 이에 대한 검증 결과는 표 5-20에 제시되
어 있다.

표 5-20. 만족/불만족이 모두 낮은 집단의 정서 경험 정도
차이 비교(신용카드)

	독립 변인	종속 변인	n	Mean	df	t	Sig.
가설 6-1	만족저/불만저 만족저/불만고	정적정서+부적정서	91	88.69	191.5	−5.236	.000
		총 합	117	103.54			
가설 6-2	만족저/불만저 만족고/불만저	정적정서+부적정서	91	88.69	206.2	−6.250	.000
		총 합	125	107.36			

핸드폰의 경우를 보면, 만족과 불만족을 모두 적게 경험한 집단의 정서 경험 정도(n=77, M=92.45)는 만족만을 낮게 경험한 집단의 정서 경험 정도(n=78, M=106.27)보다 적게 나타났고(t=−4.404, p<.001), 불만족만을 낮게 경험한 집단의 정서 경험 정도(n=156, M=107.53)보다도 적게(t=−5.057, p<.001) 나타났으며, 그 차이는 모두 유의하였다. 따라서 만족과 불만족을 모두 적게 경험한 집단이 만족만을 낮게 경험한 집단보다 정서 경험의 정도가 적을 것이라는 가설 6-1과 불만족만을 경험한 집단보다 정서 경험의 정도가 적을 것이라는 가설 6-2 모두 지지되었다. 핸드폰에서의 가설 6-1과 6-2에 대한 검증 결과는 표 5-21에 제시되어 있다.

표 5-21. 만족/불만족이 모두 낮은 집단의 정서 경험 정도
차이 비교(핸드폰)

	독립 변인	종속 변인	n	Mean	df	t	Sig.
가설 6-1	만족저/불만저 만족저/불만고	정적정서+부적정서	77	92.45	154	−5.057	.000
		총 합	78	106.27			
가설 6-2	만족저/불만저 만족고/불만저	정적정서+부적정서	77	92.45	147	−4.404	.000
		총 합	156	107.53			

그리고 만족과 불만족을 모두 높게 경험한 집단의 정서 경험 정도(n=107, M=125.15)는 만족만을 높게 경험한 집단의 정서 경험 정도(n=125, M=107.37)보다 정서 경험의 정도가 크게(t=6.458, p<.001) 나타났고, 불만족만을 높게 경험한 집단의 정서 경험 정도(n=117, M=103.54)보다도 크게(t=8.547, p<.001) 나타났으며, 그 차이는 모두 유의하였다. 따라서 신용카드에서 만족과 불만족을 모두 높게 경험한 집단이 만족만을 높게 경험한 집단보다 정서 경험의 정도가 클 것이라는 가설 7-1과 불만족만을 높게 경험한 집단보다 정서 경험의 정도가 클 것이라는 가설 7-2 모두 지지되었다. 이에 대한 검증 결과는 표 5-22에 제시되어 있다

표 5-22. 만족/불만족 동시 경험 집단의 정서 경험 정도
차이 비교(신용카드)

	독립 변인	종속 변인	n	Mean	df	t	Sig.
가설 7-1	만족고/불만고 만족고/불만저	정적정서+부적정서	107	125.15	230	6.458	.000
		총 합	125	107.37			
가설 7-2	만족고/불만고 만족저/불만고	정적정서+부적정서	107	125.15	221.8	8.547	.000
		총 합	117	103.54			

핸드폰의 경우를 보면, 만족과 불만족을 모두 높게 경험한 집단의 정서 경험 정도(n=149, M=122.60)는 만족만을 높게 경험한 집단의 정서 경험 정도(n=156, M=107.53)보다 정서 경험의 정도가 크게(t=6.561, p<.001) 나타났고, 불만족만을 높게 경험한 집단의 정서 경험 정도(n=78, M=106.27)보다도 크게(t=6.568, p<.001) 나타났으며, 그 차이는 모두 유의하였다. 따라서 만족과 불만족을 모두 높게 경험한 집단이 만족만을 높게 경험한 집단보다 정서 경험

의 정도가 클 것이라는 가설 8-1과 불만족만을 높게 경험한 집단보다 정서 경험의 정도가 클 것이라는 가설 8-2 모두 지지되었다. 정서 경험에 대한 가설 부분 역시 신용카드에서 나타난 결과와 같다. 핸드폰에서의 가설 7-1과 7-2에 대한 결과는 표 5-23에 제시되어 있다.

표 5-23. 만족/불만족 동시 경험 집단의 정서 경험 정도 차이 비교(핸드폰)

	독립 변인	종속 변인	n	Mean	df	t	Sig.
가설 7-1	만족고/불만고	정적정서+부적정서	149	122.60	303	6.561	.000
	만족고/불만저	총 합	156	107.53			
가설 7-2	만족고/불만고	정적정서+부적정서	149	122.60	162	6.568	.000
	만족저/불만고	총 합	78	106.27			

다음은 정적 정서 경험과 부적 정서 경험의 차이에 대한 검증이다. 정서 경험의 차이는 정적 정서와 부적 정서의 차이 값을 산출하여 사용하였다. 신용카드에서 만족과 불만족을 모두 높게 경험한 집단의 정서 경험 차이(n=107, M=23.0)는 만족만을 높게 경험한 집단의 정서 경험 차이(n=125, M=37.19)보다 정서 경험의 차이가 적게(t=−6.322, p<.001) 나타났고 유의한 차이를 보였지만, 불만족만을 높게 경험한 집단의 정서 경험 차이(n=117, M=16.32)보다는 오히려 크게(t=3.844, p<.001) 나타나 가설의 방향과 반대의 결과가 나타났다. 따라서 만족과 불만족을 모두 높게 경험한 집단이 만족만을 높게 경험한 집단보다 정서 경험의 정도가 적을 것이라는 가설 8-1은 지지되었으나, 불만족만을 높게 경험한 집단보다 정서 경험의 정도가 적을 것이라는 가설 8-2는 지지되지 않았다. 이에 대한 검증 결과가 표 5-24에 제시되어 있다.

표 5-24. 만족/불만족 동시 경험 집단의 정서 경험의 차이에
대한 집단 간 차이비교(신용카드)

	독립 변인	종속 변인	n	Mean	df	t	Sig.
가설 8-1	만족고/불만고	정적정서 − 부적정서	107	23.00	230	−6.322	.000
	만족고/불만저	차이값	125	37.19			
가설 8-2	만족고/불만고	정적정서 − 부적정서	107	23.00	221.1	3.844	.000
	만족저/불만고	차이값	117	16.32			

핸드폰에서의 정서 경험의 차이도 정적 정서와 부적 정서의 차이 값을 산출하여 사용하였다. 만족과 불만족을 모두 높게 경험한 집단의 정서 경험 차이(n=149, M=13.66)는 만족만을 높게 경험한 집단의 정서 경험 차이(n=156, M=27.79)보다 정서 경험의 차이가 적게(t=−7.037, p<.001) 나타났고, 불만족만을 높게 경험한 집단의 정서 경험 차이(n=78, M=20.42)보다도 적게(t=−3.318, p<.001) 나타났으며, 그 차이는 모두 유의하였다. 따라서 만족과 불만족을 모두 높게 경험한 집단이 만족만을 높게 경험한 집단보다 정서 경험의 차이가 적 것이라는 가설 8-1과 불만족만을 높게 경험한 집단보다 정서 경험의 차이가 적을 것이라는 가설 8-2 모두 지지되었다. 이 결과는 신용카드에서 가설 8-2가 지지되지 않았던 것과는 다른 결과를 보여준 것이다. 가설 8-1과 8-2에 대한 검증 결과는 표 5-25에 제시되어 있다.

표 5-25. 만족/불만족 동시 경험 집단의 정서 경험의 차이에
대한 집단 간 차이 비교(핸드폰)

	독립 변인	종속 변인	n	Mean	df	t	Sig.
가설 8-1	만족고/불만고	정적정서 − 부적정서	149	13.66	303	−7.037	.000
	만족고/불만저	차이값	156	27.79			
가설 8-2	만족고/불만고	정적정서 − 부적정서	149	13.66	225	−3.318	.000
	만족저/불만고	차이값	78	20.42			

176

본 연구에서 설정한 이론 모델인 정서가 포함된 만족과 불만족의 2차원 모형이 1차원 모형과 정서가 제외된 모형보다 우수한 모형임이 모형 간 차이검증을 통해 밝혀졌다. 따라서 만족과 불만족의 2차원 모형에서 만족과 불만족이 미치는 효과를 알아보고자 모형의 경로별 유의도를 분석하였다. 신용카드에 대한 고객 만족/불만족 2차원 측정 모형이 표준화 계수와 함께 그림 5-1에 제시되어 있다.

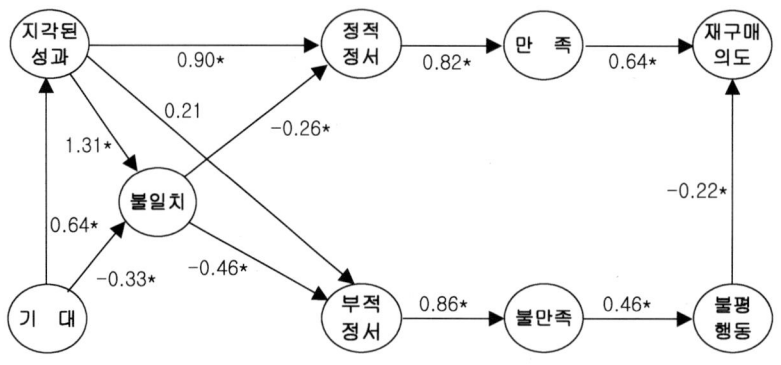

그림 5-1. 신용카드에 대한 고객 만족/불만족 2차원 측정 모형

그림 5-1을 살펴보면, 먼저 기대는 지각된 성과에 유의한 영향을 미치고, 불일치에는 부적으로 유의한 영향을 미치고 있다. 지각된 성과(품질)는 불일치와 정적 정서에 유의한 영향을 미치고 부적 정서에는 유의한 영향을 미치지 못하는 것으로 나타났다. 불일치는 정적 정서에는 유의하지 않았으나 부적 정서에는 유의한 영향을 미치고 있다. 정적 정서는 만족에 정적으로 유의한 영향을 미치고 있고 부적 정서는 불만족에 정적으로 유의한 영향을 미치고 있는 것으로 나타났다. 또한 만족은 재구매 의도에 정적으로 유의한 영향을 미치고 있는 것으로 나타났고, 불만족은 불평행동에 정적으로 유의한 영향을 미치고 있는 것으로 나타나 가설 9와 가설 10은 지

지되었다. 그리고 불평행동은 재구매 의도에 부적으로 유의한 영향을 미치고 있는 것으로 나타났다.

이 모형에서 나타난 결과는 만족과 불만족이 정적 정서와 부적 정서에 의해 영향을 받고 있으며, 만족이 재구매 의도에, 불만족이 불평행동에 영향을 미치고 있음을 보여주었다. 즉 정적 정서가 높을수록 만족이 증가하고, 부적 정서가 높을수록 불만족이 증가하며, 재구매 의도에는 만족이 영향을 미치고 있으며, 불평행동에는 불만족이 영향을 미치고 있기 때문에 만족이 증가한다고 해서 불평행동이 나타나지 않는 것이 아니라 불만족이 증가하게 되면 불평행동이 나타나고 이는 재구매 의도를 감소시키는 결과가 발생할 수 있다는 것을 보여주는 결과이다.

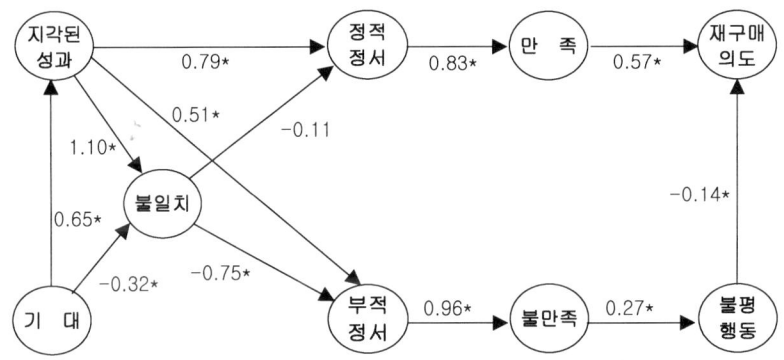

그림 5-2. 핸드폰에 대한 고객 만족/불만족 2차원 측정 모형

다음은 핸드폰에 대한 고객 만족/불만족 2차원 측정 모형이 그림 5-2에 표준화 계수와 함께 제시되어 있다. 그림 5-2를 살펴보면, 먼저 기대는 지각된 성과(품질)에 유의한 영향을 미치고, 불일치에는 부적으로 유의한 영향을 미치고 있다. 지각된 성과는 불일치와 정적 및 부적 정서에 모두 유의한 영향을 미치고 있는 것으로 나타났

다. 불일치는 정적 정서에는 유의하지 않았으나 부적 정서에는 유의한 영향을 미치고 있다. 정적 정서는 만족에 정적으로 유의한 영향을 미치고 있고 부적 정서는 불만족에 정적으로 유의한 영향을 미치고 있는 것으로 나타났다.

또한 만족은 재구매 의도에 정적으로 유의한 영향을 미치고 있는 것으로 나타나 가설 9가 지지되었고, 불만족은 불평행동에 정적으로 유의한 영향을 미치고 있는 것으로 나타나 가설 10도 지지되었다. 그리고 불평행동은 재구매 의도에 부적으로 유의한 영향을 미치고 있는 것으로 나타났다. 모형을 통한 가설 검증은 신용카드와 핸드폰에서 동일한 결과를 보여주었다. 위에서 검증된 결과를 통해 신용카드와 핸드폰에서 2차원의 만족과 불만족이 불일치 경험과 정서 경험에서 차이를 보이고 있으며, 만족은 재구매 의도에, 불만족은 불평행동에 각각 영향을 미치고 있음을 확인하였다.

다음은 이러한 만족과 불만족의 2차원성으로 인해 나타날 수 있는 효과를 알아보기 위해 신용카드와 핸드폰의 속성 평가 결과가 1차원 만족에 미치는 영향력과 2차원 만족/불만족에 미치는 영향력을 확인하기 위해 stepwise 방식으로 회귀분석을 수행하였다. 우선 신용카드에 대해 1차원 만족, 2차원 만족 및 2차원 불만족에 미치는 속성의 영향력을 분석하였고 그 결과는 부록에 제시되어 있으며, 각각의 영향력을 비교한 것이 표 5-26이다.

신용카드에 대한 1차원 만족도에 미치는 속성 영향력과 2차원 만족/불만족에 미치는 속성 영향력이 완전히 다르게 나타나고 있음을 알 수 있다. 이러한 결과는 2차원으로 만족과 불만족을 각각 측정했을 때 만족에 영향을 미치는 요인과 불만족에 영향을 미치는 요인을 분리해 낼 수 있으며, 만족과 불만족에 미치는 요인이 다르게 나타난다는 것을 확인할 수 있는 결과이다. 즉 고객 욕구에 맞는 서비스 제공이 만족을 증가시킬 수 있고 이용실적에 따른 혜택이 많아야 불만족이 감소한다는 것을 의미한다. 마찬가지로 핸드폰에 대해서 분석하여 비교한 결과가 표 5-27에 제시되어 있다. 핸드폰에 대한 1차원 만족도에 미치는 속성 영향력과 2차원 만족/불만족에 미치는 속성 영향력 또한 완전히 다르게 나타나고 있다. 즉 고객 욕구에 맞는 제품을 제공해 주어야 만족이 증가하고 고장이 나지 않아야 불만족이 감소한다는 것을 알 수 있다.

표 5-26. 서비스 속성의 영향력 분석을 위한 회귀분석
결과 비교(신용카드)

영향력 순위	1차원 만족	2차원 만족	2차원 불만족
1	고객 불만 적극적 처리	고객욕구에 맞는 서비스	이용실적에 따른 혜택
2	남에게 드러내 놓고 사용	고객과의 약속이행 잘함	고객의 요구 신속 처리
3	고객관련 정보 보안 철저	회사 이미지가 좋다	
4	이용실적에 따른 혜택	이용실적에 따른 혜택	
5	직원 응대 태도 친절	지점이 많아 이용 편리	
6	고객과의 약속 이행 잘함	고객 불만 적극적 처리	

표 5-27. 제품 속성의 영향력 분석을 위한 회귀분석 결과
비교(핸드폰)

영향력 순위	1차원 만족	2차원 만족	2차원 불만족
1	사용하기 편리함	고객욕구에 맞는 제품	고장이 나지 않음
2	통화품질이 좋음	통화품질이 좋음	무선데이타 통신기능
3	남에게 드러내놓고 사용	사용하기 편리함	판매점이 많아 구입편리
4	디자인이 좋음	회사 이미지 좋음	
5	고장이 나지 않음	가격 적당	
6	고객 욕구에 맞는 제품	남에게 드러내놓고 사용	

　이러한 결과를 통해 신용카드와 핸드폰의 만족과 불만족에 미치는 영향 요인들이 다르다는 것을 확인할 수 있었으며, 1차원으로 만족도를 측정했을 때는 알 수 없는 유용하고 중요한 정보를 2차원으로 만족과 불만족을 분리하여 측정했을 때 알아낼 수 있다는 것이 고객 만족/불만족 2차원 측정의 차별적인 효과라 할 수 있다.

제4절 논　의

　본 연구는 고객 만족/불만족의 차원성 검증을 하기 위해 수행되었다. 즉 고객 만족이 기대와 지각된 품질에 따른 기대－불일치와 같은 인지적 평가에 의해서만 형성되는 것이 아니라 인지적 평가와 함께 정서적 평가가 이루어지고 그것이 만족과 불만족에 각각 영향을 미친다는 것을 검증하기 위해 수행된 것이다. 뿐만 아니라 만족과 불만족은 정적 정서와 부적 정서로 구성된 2차원의 정서가 만족과 불만족에 각각 영향을 미치고 있다는 것을 확인하고자 한 것이다. 이미 서용원과 손영화(2003)는 이동전화 서비스를 대상으로 하여 다양한 검증 방법을 통해 고객 만족/불만족의 2차원성에 대한 연구 결과를 발표하였다. 그 때 제한점으로 제시했던 부분이 제품과 서비스를 대상으로 하여 일관된 결과를 얻어야 한다는 것이었다. 따라서 본 연구는 그러한 제한점을 극복하고자 제품과 서비스를 각각 분리 측정하였고, 선행 연구에서 사용했던 정서 문항 즉, Izard의 DES-Ⅱ에 대해 Richins(1997)가 지적했던 문제점을 개선하고자 했고 한국적 소비 상황에 맞는 정서를 개발하기 위해 본 연구

의 사전 연구로 연구1에서 수행하여 제시한 소비 정서 항목을 개발
하여 본 연구에 사용하였다.

　또한 선행 연구에서 조사 대상자의 사례수가 적었던 점을 보완하
고자 본 연구에서는 제품과 서비스 각각에 분석하는데 충분한 조사
대상자를 확보하였고 최종 분석에 사용하였다. 본 연구의 조사 대
상자는 총 1,100명이었는데, 그 중에서 900명이 최종 분석에 사용되
었으며, 각각의 사례 수는 핸드폰에 460명, 신용카드에 440명이었
다. 조사 대상 제품과 서비스의 선정에도 사전 탐색 과정을 거쳐
일반 소비자들에게 빈번하게 사용되고 있는 품목들 중에서 대부분
의 소비자들이 소유 및 사용을 하고 있는 제품과 서비스를 찾아 낸
것이 바로 핸드폰과 신용카드였다. 조사 대상 품목 선정의 또 한
가지 고려 요소로는 최근 시장 상황이 매우 경쟁이 심하고 광고량
도 많으며, 해당 기업들의 고객 만족도에 대한 관심이 상대적으로
민감하게 작용하고 있는 점이었고 그러한 제품과 서비스가 핸드폰
과 신용카드라고 결론지었으며, 최종적으로 선정하여 조사를 수행
하였다. 물론 여러 차례의 사전 조사를 수행할 때는 제품이나 서비
스를 제한하지 않고 전 소비재 산업 분야에 걸쳐 소비자의 경험에
서 나온 제품과 서비스를 그대로 응답받아 분석하였다.

　본 연구는 핸드폰과 신용카드를 대상으로 각각 측정하였기 때문
에 모든 결과는 신용카드와 핸드폰을 분리하여 분석한 것이며, 가
설 검증 또한 각각 이루어졌다. 우선 본 연구에서 다루고자 했던
가설 검증의 결과를 요약해 보면 표 5-28과 같다.

표 5-28. 신용카드 및 핸드폰 고객 만족/불만족 차원
검증 관련 가설 정리

	가　설	신용카드	핸드폰
1	고객 만족의 1차원 측정 모형보다 만족 요인과 불만족 요인의 2차원 모형이 부합도가 높을 것이다	지지됨	지지됨
2-1	불일치 경험은 정적 정서를 통해 만족에 영향을 미칠 것이다	지지되지 않음	지지되지 않음
2-2	불일치 경험은 부적 정서를 통해 불만족에 영향을 미칠 것이다	지지됨	지지됨
3	고객 만족의 결정요인에는 인지적 평가 요인(기대, 지각된 성과 및 기대 불일치)뿐만 아니라 정서적 평가요인 (정적정서와 부적 정서)도 포함된다. 즉 정서가 포함된 2차원 모형이 정서가 제외 된 모형보다 부합도가 높을 것이다.	지지됨	지지됨
4-1	만족과 불만족을 동시에 경험하는 집단은 만족만을 경험하는 집단보다 불일치를 적게 경험할 것이다.	지지되지 않음	지지되지 않음
4-2	만족과 불만족을 동시에 경험하는 집단은 불만족만을 경험하는 집단보다 불일치를 적게 경험할 것이다.	지지됨	지지됨
5-1	만족과 불만족이 모두 낮은 집단은 만족만을 경험하는 집단보다 불일치를 적게 경험할 것이다	지지되지 않음	지지되지 않음
5-2	만족과 불만족이 모두 낮은 집단은 불만족만을 경험하는 집단보다 불일치를 적게 경험할 것이다	지지됨	지지됨
6-1	만족과 불만족을 모두 적게 경험한 집단은 만족만을 낮게 경험한 집단보다 정서 경험의 정도가 적을 것이다	지지됨	지지됨
6-2	만족과 불만족을 모두 적게 경험한 집단은 불만족만을 낮게 경험한 집단보다 정서 경험의 정도가 적을 것이다	지지됨	지지됨
7-1	만족과 불만족을 모두 높게 경험한 집단 만족만을 높게 경험한 집단보다 정서 경험의 정도가 클 것이다	지지됨	지지됨
7-2	만족과 불만족을 모두 높게 경험한 집단 불만족만을 높게 경험한 집단보다 정서 경험의 정도가 클 것이다	지지됨	지지됨
8-1	만족과 불만족을 동시에 경험하는 집단은 만족만을 높게 경험한 집단에 비해 정적 정서와 부적 정서 경험의 차이가 적을 것이다	지지됨	지지됨
8-2	만족과 불만족을 동시에 경험하는 집단은 불만족만을 높게 경험한 집단에 비해 정적 정서와 부적 정서 경험의 차이가 적을 것이다	지지되지 않음	지지됨
9	만족은 재구매 의도에 정적 영향을 미칠 것이다	지지됨	지지됨
10	불만족은 불평행동에 정적 영향을 미칠 것이다	지지됨	지지됨

　첫 번째로 신용카드에 대한 가설 검증 결과는 전체적인 모형 간 차이검증을 통해 2차원 모형에 대한 가설 1은 지지되었고 정서의 매개 효과에 대한 가설 2-2(부적 정서)는 지지되었으며 정서가 포함된 모형의 우수함을 입증하여 가설 3도 지지되었다. 또한 기대－불일치 관련 가설인 가설 4-2와 5-2가 지지되었고 정서 경험의 차이에 대한 검증 결과는 6-1, 6-2, 7-1, 7-2, 및 8-1이 지지되었으며, 불평행동과 재구매 의도에 미치는 영향력에 관한 가설 9와 10에 대한 검증 결과는 모두 지지되는 결과를 보여주었다. 반면에 지지되지 않았던 가설들을 살펴보면, 정서의 매개 효과에 대한 가설 2-1(정적 정서)이 지지되지 않았고 기대－불일치와 관련된 가설 4-1과 5-1, 그리고 정서와 관련된 가설 8-2가 지지되지 않았다.

　두 번째로 핸드폰에 대한 가설 검증 결과는 전체적인 모형 간 차이검증을 통해 가설 1과 가설 3이 모두 지지되었고, 정서의 매개 효과 가설은 2-2가 지지되었다. 그리고 기대－불일치 관련 가설은 가설 4-2, 5-2가 지지되었고, 정서 경험의 차이에 대한 가설은 6-1, 6-2, 7-1, 7-2, 8-1, 8-2가 모두 지지되었으며, 불평행동과 재구매 의도에 미치는 효과에 관한 가설 9와 10은 모두 지지되는 결과를 보여주었다. 반면에 지지되지 않은 가설들을 살펴보면, 정적 정서의 매개 효과 가설 2-1, 기대－불일치와 관련된 가설 4-1과 5-1이 지지되지 않은 것으로 나타났다. 즉 종속변인에 따라 가설을 분류해서 보면, 기대－불일치 관련 가설이 일부 지지되지 않았고 정서와 관련된 가설은 모두 지지되었으며 불평행동과 재구매 의도와 관련된 가설은 모두 지지된 것으로 나타났으며, 이러한 결과는 신용카드에서의 가설 검증 결과와 유사한 것으로 볼 수 있다.

　전체적으로 보면 신용카드와 핸드폰에서 거의 일치하는 결과가 나왔다고 볼 수 있으며, 신용카드에서는 지지되었으나 핸드폰에서 지지되지 않은 가설은 가설 3인 기대－불일치의 정적, 부적 정서에 대한 직접적인 영향력에 관한 것이었다. 즉 신용카드에서는 정적 불일치가 정적 정서에, 부적 불일치가 부적 정서에 유의하게 영향을 미치는 것으로 나타났으나, 핸드폰에서는 부적 불일치는 부적 정서에 유의하게 영향을 미쳤으나 정적 불일치가 정적 정서에 대한 영향이 유의하지 않게 나와서 가설이 지지되지 못했던 것이다.

핸드폰의 경우 정적 불일치가 정적 정서에 유의한 영향을 미치지 않은 이유를 추론해 보면, 핸드폰의 경우에는 신용카드에 비해 전반적인 만족도(6.87>6.49)와 이차원 만족도(6.86>6.44) 그리고 이차원 불만족도(5.52<5.54)에서 나타난 바와 같이 전반적으로 만족도가 높게 나온 것에 비해 불만족이 높은 집단의 비율(49.3%>48.8%)은 오히려 높게 나왔기 때문에 기대 대비 품질 지각으로 발생하는 정적 불일치가 크게 작용하지 않았을 수 있다. 또 한 가지 추론해 볼 수 있는 점은 핸드폰의 품질은 국산 제품이 이미 세계적으로 최우수 제품으로 인정받고 있기 때문에 기대가 신용카드에 비해 높고 (전반적 기대와 부문별 기대 모두 높게 나옴; 핸드폰 7.54/7.75 vs 신용카드 7.08/7.07) 품질 지각에서의 차이가 적을 수밖에 없기 때문에 기대 대비 품질 지각에 의한 정적 불일치로 인해 발생하는 정서보다는 다른 사건에 의한 정적 정서 경험이 상대적으로 높게 작용했을 가능성도 존재한다고 본다.

반면에 핸드폰에서는 지지되고 신용카드에서는 지지되지 않았던 가설은 가설 8-2로 만족과 불만족을 모두 높게 경험한 집단이 불만족만을 경험한 집단보다 정적 정서와 부적 정서 경험의 차이가 적을 것이라는 가설인데, 신용카드에서는 만족과 불만족을 동시에 경험한 집단이 차이가 크게 나와 가설과 반대 방향으로 결과가 나타났다. 이에 대한 이유를 추론해 보면, 신용카드는 정적 정서 발생

정도에 따른 만족 경험의 폭이 크지 않고 불만족에 영향을 미치는 부적 정서 발생 정도가 불만족 경험의 폭에 미치는 영향력이 더 크기 때문에 기인된 결과라고 추론해 볼 수 있지만, 좀 더 세부적인 분석이 필요한 부분이라고 판단된다.

그리고 신용카드와 핸드폰 모두에서 지지되지 않은 가설이 가설 4-1과 5-1로 모두 기대-불일치와 관련된 것들이었다. 이 가설들은 모두 만족과 불만족의 동시 경험자와 아니면 모두 낮은 경험자와 만족만을 경험하는 집단과의 불일치 차이를 검증한 것인데, 핸드폰과 서비스에서 모두 유의한 차이가 나지 않은 것은 만족 경험 집단의 불일치가 기대 대비 지각된 품질에서 발생되는 것보다는 다른 이유로 해서 발생되는 만족 경험이 작용하고 있기 때문인 것으로 추론해 볼 수 있다.

본 연구에서 조사 대상으로 사용한 표본의 구성이 연구 1에서 소비 정서 항목을 개발하기 위해 사용한 대상자의 표본 구성과 차이가 있어서 연구 결과에 영향을 미치는 지를 확인하기 위해 정서에 대한 연령별 차이검증을 실시하였다. 즉 연구 1에서는 20대 표본의 비율이 가장 높은데 비해 연구 2에서는 20대 비율이 가장 낮고 30대와 40대 표본이 더 많게 구성되어 있기 때문이다. 정적 소비 정서와 부적 소비 정서에 대한 연령별 차이검증을 한 결과가 표 5-29와 5-30에 제시되어 있다.

표 5-29. 연령별 정서 차이검증(신용카드)

독립변인	종속 변인	N	Mean	df	t	Sig.
정적 정서	20대	55	5.64	259	−2.917	.004
	30대	206	6.37			
부적 정서	20대	55	6.80	259	1.168	.244
	30대	206	6.37			
정적 정서	20대	55	5.64	232	−2.381	.018
	40대	179	6.28			
부적 정서	20대	55	6.80	232	1.669	.096
	40대	179	6.16			
정적 정서	30대	206	6.37	383	.527	.598
	40대	179	6.28			
부적 정서	30대	206	6.37	383	.866	.387
	40대	179	6.16			

표 5-30. 연령별 정서 차이검증(핸드폰)

독립변인	종속 변인	N	Mean	df	t	Sig.
정적 정서	20대	89	6.62	287	−.074	.941
	30대	200	6.64			
부적 정서	20대	89	6.63	287	1.335	.183
	30대	200	6.25			
정적 정서	20대	89	6.62	258	−.465	.642
	40대	171	6.73			
부적 정서	20대	89	6.63	258	2.455	.015
	40대	171	5.94			
정적 정서	30대	200	6.64	369	−.469	.640
	40대	171	6.73			
부적 정서	30대	200	6.25	369	1.327	.185
	40대	171	5.94			

검증 결과, 신용카드와 핸드폰에서 서로 다른 결과를 보여주고 있다. 신용카드에서는 정적 정서에서 20대와 30대, 20대와 40대가 유의한 차이를 보였고, 부적 정서에서는 연령 간 차이는 나타나지 않았다. 반면에 핸드폰에서는 부적 정서에서 20대와 40대가 유의한 차이를 보인 것 외에는 모두 유의하지 않았다. 연령별 평균을 보면 정적 정서는 신용카드와 핸드폰에서 20대보다 30대와 40대가 높은 반면, 부적 정서는 20대가 30대와 40대보다 높은 것으로 나타났다. 즉 전반적으로 나타난 특징은 20대가 제품이든 서비스이든 간에 30대와 40대보다는 부적 정서를 강하게 나타내고 있다는 것이다. 이는 소비 정서 항목 개발을 위한 연구 1에서의 결과와는 차이가 나는 것으로 볼 수 있는데, 소비 정서의 경험빈도 측정치에서 20대가 30대나 40대보다 전반적으로 높은 값을 보인 것과는 다른 결과가 나온 것이다. 비록 신용카드의 정적 소비 정서에서 유의한 차이를 보이기는 했지만 전반적으로 연구 결과에 연령에 의한 영향은 크게 작용하지 않은 것으로 볼 수 있다.

본 연구의 결과를 통해 전반적으로 만족과 불만족의 2차원성에 대한 실증적인 증거들은 모두 확인되었다고 생각이 되며, 일부 지지되지 않은 가설들은 측정 도구의 정교화와 설문 진행의 엄격함이 보장된다면 개선될 수 있는 가능성은 충분히 존재한다고 할 수 있다. 본 연구의 이론적 의의, 제한점, 및 향후 연구 방향에 대해서는 종합적인 논의에서 다루고자 한다.

제6장 연구 3: 고객 만족/불만족
귀인의 효과

제1절 연구 목적

Weiner(1980a)가 제시한 귀인행동의 3가지 차원 즉 내외 귀인, 원인의 통제 가능성, 안정성(시간의 영속성) 차원으로 소비자의 제품 실패에 대한 부분을 설명할 수 있다. 이를 소비 상황에 적용시킨 Folkes (1984)는 귀인 차원(안정성, 내외 귀인, 통제 가능성)과 소비자 불평행동 사이의 관계를 두 가지 연구를 통해 검증하였다. 첫 번째 연구에서는 중대사건기법(critical incident technique)을 사용하여 학생들에게 제품 실패의 특정 유형에 대한 가장 최근의 사건을 회상해 보라고 요구하였고, Richins(1982)와 유사한 절차로 제품 실패 원인을 분류하고 차원 점수를 소비자 반응에 관련시켰다. 또한 Krishnan과 Valle(1979)는 구매 후 불만족의 책임 귀인과 소비자 불평행동에 대한 영향을 연구하였는데, 이들은 소비자의 귀인을 Weiner 등의 연구를 응용하여 통제 위치와 안정성이라는 두 차원으로 구분하여 2차원 도식을 제시하기도 하였다.

인과적 귀인이 정서적 반응에 어떤 영향을 미치는가를 살펴보면, 정서에 대한 연구들은 대개 공포와 불안과 같은 부적 감정상태를 다루어왔지만, 귀인론적 접근에서는 정적인 감정상태의 선결요인을 포함하여 사고와 정서 간에 어떤 특정의 관계가 있음을 제안하고 있다.

특히 Weiner는 어떤 종류의 감정을 불러일으키는지에 대한 체계적인 도식적 설명을 제공하고 있는데, 성취 맥락에서의 귀인과 감정 간의 관계에 대한 그의 대표적인 연구(Weiner, Russell, & Lerman, 1978, 1979)의 결과를 토대로 인과적 귀인이 정서적 반응에 미치는 영향을 밝혀냈다.

소비 상황에서의 인과적 귀인 연구들은 고객 만족과 불만족에 따른 귀인 유형에 따라 유발되는 정서가 다르다는 연구가 중심이 되기보다는 불평행동이나 구전, 재구매 의도의 선행 변인으로 작용하고 있는 것을 중심으로 이루어 졌다고 볼 수 있다. 하지만 본 연구에서는 고객 만족과 불만족이 형성되고 만족과 불만족 각각에 대한 이유를 추론한 후에 유발되는 정서가 어떤 것들이 있으며, 특히 불만족 귀인이 불평행동과 재구매 의도에 어떻게 영향을 미치고 있는지를 밝히고자 한다.

연구 3에서는 선행 연구 결과들 중 가장 대표적인 Weiner(1980)의 귀인 차원에 따라 감정 유발과 불평행동이 달라진다는 것을 보여준 Folkes(1984)의 연구 결과, 그리고 귀인의 위치와 통제 가능성에 따라 나타나는 유발 감정의 유형이 다르다는 것을 제안한 Weiner(1985)의 연구 결과 등을 기초로 하여 만족한 고객과 불만족한 고객의 귀인 유형이 다르며, 또한 귀인 유형에 따르는 유발된 감정도 달라진다는 것과 이러한 귀인 유형과 유발 감정이 불평행동과 재구매 의도에 영향을 미치고 있다는 것을 밝히는 것이 연구 3의 목적이다. 만족과 불만족이 단일 차원이 아니라는 가정에서 연결된 귀인과의 효과를 확인해 본다는 점에서 연구의 의의를 찾고자 했다.

본 연구의 목적에 따라 앞에서 제시된 가설들을 재정리하면 다음과 같다. 먼저 귀인 유형에 따른 유발 감정의 차이를 확인하는 것에 관련된 가설들이다.

가설 11-1. 제품 사용 후 만족에 대해서 자기 탓으로 귀인을 하면 자신에 대해서 자부심과 자신감과 같은 정서를 느낄 것이다.

가설 11-2. 만족에 대해 회사 탓으로 귀인을 하면 회사에 대해서 고마움과 신뢰감과 같은 정서를 느끼게 될 것이다.

가설 12-1. 불만족에 대해 내적 귀인을 할 때보다 외적 귀인을 할 때 분노가 더 크게 나타날 것이다.

가설 12-2. 불만족에 대해 외적/불안정적 귀인을 할 때보다 외적/안정적 귀인을 할 때 더 큰 분노를 느낄 것이다.

가설 12-3. 불만족에 대해 외적/통제 불가능한 귀인을 할 때보다 외적/통제 가능한 귀인을 할 때 더 큰 분노를 느낄 것이다.

가설 12-4. 불만족에 대해 외적/안정적/통제 가능한 귀인을 할 때 분노를 가장 크게 느낄 것이다.

만족과 불만족의 귀인 유형에 따라 불평행동 및 재구매 의도에 미치는 영향이 다르다는 주장과 관련된 가설들이다.

가설 13. 만족에 대해 내적/안정적 귀인을 할 때가 외적/안정적 귀인을 할 때 및 외적/불안정적 귀인을 할 때보다 재구매 의도가 낮을 것이다.

가설 14-1. 불만족에 대해 내적 귀인을 할 때보다 외적 귀인을 할 때 강한 불평행동을 보일 것이다.

가설 14-2. 불만족에 대해 내적 귀인을 할 때보다 외적 귀인을 할 때 재구매 의도는 낮게 나타날 것이다.

가설 15-1. 불만족에 대해 외적/불안정적 귀인을 할 때보다 외적/안정적 귀인을 할 때 더 강한 불평행동을 할 것이다.

가설 15-2. 불만족에 대해 외적/불안정적 귀인을 할 때보다 외적/안정적 귀인을 할 때 재구매 의도는 낮아질 것이다.

가설 16-1. 불만족에 대해 외적/통제 불가능한 귀인을 할 때보다 외적/통제 가능한 귀인을 할 때 더 강한 불평행동을 할 것이다.

가설 16-2. 불만족에 대해 외적/통제 불가능한 귀인을 할 때보다 외적/통제 가능한 귀인을 할 때 재구매 의도는 더 낮아질 것이다.

가설 17-1. 불만족에 대해 외적/안정적/통제 가능한 귀인을 할 때 가장 강한 불평행동을 할 것이다.

가설 17-2. 불만족에 대해 외적/안정적/통제 가능한 귀인을 할 때 재구매 의도가 가장 낮을 것이다.

제2절 연구 방법

1. 조사 대상

연구 3에서도 연구 2와 같은 핸드폰과 신용카드를 대상으로 동일한 응답자들에게 측정을 하였다.

2. 조사 방법

연구 2와 동일한 방법으로 수행하였다

3. 설문 구성 및 측정 척도

본 연구에서 사용하고자 하는 설문지는 연구 2에서 사용된 설문지에 귀인과 관련된 항목들이 추가되는 형태로 구성되었으며, 고객 만족과 불만족이 형성되기까지의 설문 문항은 연구 2에서 제시한 문항들과 같았다. 앞에서 기술했던 만족 사건들 중에서 가장 만족스러운 경험이 제시된 9가지 요인들 중에서 어떤 것이었는지를 한 가지만 선택하게 하였고, 그 사건의 이유가 귀인 차원 6개 문항에 대해서 어느 쪽에 해당되는 지를 응답하게 하였다. 귀인 유형을 측정하기 위한 문항은 Weiner의 3가지 귀인 차원인 내적/외적, 통제 가능/통제 불가능, 안정/불안정의 세 가지 차원에 각 2개 문항씩 척도형태로 측정되었다. 귀인 차원에 대한 평정 후 느꼈던 느낌에 대한 정적 정서 척도를 5개 문항으로 제시하였다. 같은 방식으로 불만족 사건에 대해 한 가지를 선택하게 하고 불만족 귀인 차원 문항 6개, 그리고 불만족 귀인 후 유발되는 정서에 대한 부적 정서 문항 9개를 제시하였다.

본 연구에 사용된 귀인 후 유발 정서는 심리학과 강좌를 수강하는 수강생 70명을 통해 자신이 최근에 경험한 만족 및 불만족 사건을 기술하게 한 후 그에 따른 만족 및 불만족 이유가 무엇 때문이라고 생각하는지를 기술하게 하였다. 수집된 자료를 내용분석 하여 이유를 3가지 귀인 차원에 따라 분류하였고, 많이 언급된 이유들을 재구성하여 핸드폰과 신용카드를 소비하는 상황에 맞게 3가지 귀인 차원에 대한 시나리오를 작성하여 다시 학생들에게 제시하고, 그러한 만족과 불만족 상황에서 제시된 이유라고 판단되었을 때 어떤 기분이나 감정이 들었는지를 자유롭게 기술하게 하였다. 수집된 정서 형용사를 심리학과에 재학 중인 대학원생들과 함께 재정리하여 최종적으로 귀인 후 유발되는 정적 정서 5개와 부적 정서 9개를 최종적으로 선정하였다. 귀인 후 유발되는 정서 문항의 신뢰도 계수를 산출한 결과, Cronbach Alpha 값이 신용카드에서 만족 귀인 후 정적 정서가 .87, 불만족 귀인 후 부적 정서가 .91 이었고, 핸드폰에서 정적 정서가 .85, 부적 정서가 .93으로 나타나 높은 내적 일관성을 보였다.

설문 후반부에 불평행동의 강도를 측정하는 문항들로 13개의 불평행동 유형을 제시하였으며, 마지막에 가장 불만족스러웠던 때 직접 취했던 불평행동을 선택하게 하였다. 귀인 유형은 6점 척도로 중간점을 없애고 귀인의 각 차원에 어떤 유형에 해당되는지를 구분하기 위해 짝수 척도를 사용하였다. 귀인 후 유발되는 정서들과 불평행동의 강도는 모두 10점 척도를 사용하였다.

4. 분석 방법

귀인 유형에 따른 집단 간 차이검증을 위해 T-test를 수행하였다. 불평행동의 강한 정도를 측정하기 위해 10점 척도로 측정한 13개의 불평행동의 평균값을 산출하여 응답자가 실제 취했던 불평행동에 그 평균값을 대치시킨 후, 각 불평행동의 평균을 모두 합산한 값으로 최종 불평행동의 강도 측정치로 사용하였다.

제3절 고객 만족/불만족 귀인의 효과에 대한 분석 결과

1. 고객 만족/불만족 귀인이 귀인 의존 정서에 미치는 효과

귀인 유형에 따른 유발 감정의 차이를 분석하기 위해 우선, 귀인 유형에 따른 집단 분류 작업을 먼저 하였다. 귀인 차원별로 각 2개 문항씩 측정한 자료의 평균값으로 귀인 유형별 집단 분류의 기준으로 삼았다. 표 6-1과 6-2에 귀인 유형별 집단 분류표가 제시되어 있다.

표 6-1. 신용카드 귀인 유형별 집단 분류 (사례수)

	위 치			통제 가능성			안정성		
	내적	외적	중간	통제가능	불가능	중간	불안정적	안정적	중간
만 족	240	187	13	209	148	83	186	168	86
	내적	외적	중간	통제가능	불가능	중간	불안정적	안정적	중간
불만족	112	287	41	301	101	38	165	190	85

표 6-2. 핸드폰 귀인 유형별 집단 분류 (사례수)

	위 치			통제 가능성			안정성		
	내적	외적	중간	통제가능	불가능	중간	불안정적	안정적	중간
만 족	154	281	25	184	195	81	164	190	106
	내적	외적	중간	통제가능	불가능	중간	불안정적	안정적	중간
불만족	77	346	37	303	106	51	127	235	98

신용카드에서의 귀인 유형별 집단 분류를 통해 나타난 결과를 보면, 내외 귀인이 중간 집단에 속한 사례가 가장 적었고 통제 가능성과 안정성에서는 중간 집단이 많이 나타나고 있는데, 이는 귀인 유형을 측정하는 설문의 의미를 정확하게 이해하지 못해서 생긴 결과라고 생각되며, 만족과 불만족이 발생한 이유가 다양하기 때문에 귀인 유형을 측정하기 위한 문항의 내용이 연결되지 못하는 경우도 있기 때문에 생긴 결과라고도 볼 수 있다. 따라서 귀인 유형에 따른 집단 간 차이 분석에는 중간 집단을 제외시키고 차이검증을 하였다.

핸드폰에서 나타난 결과를 보면, 신용카드에서 나타난 것과 마찬가지로 내외 귀인이 중간 집단에 속한 사례가 가장 적었고 통제 가능성과 안정성에서는 중간 집단이 많이 나타나고 있다. 따라서 핸드폰에서도 귀인 유형에 따른 집단 간 차이 분석에는 중간 집단을 제외시키고 차이검증을 하였다.

먼저 귀인 유형에 따른 유발 감정의 차이를 확인하였다. 만족에 대해 내적 귀인을 하면 자부심이나 자신감과 같은 정서를 느낄 것이라는 가설을 검증한 결과, 자부심의 경우에 내적 귀인 집단(n=240, M=6.29)과 외적 귀인 집단(n=187, M=6.40)이 차이가 없게 나타났으며(t=−.577, n.s.), 오히려 외적 귀인 집단이 약간 높게 나타났다. 자신감의 경우도 내적 귀인 집단(n=240, M=6.23)과 외적 귀인 집단(n=187, M=6.27)과 차이가 없게 나타났으며(t=−.205, n.s.), 자부심과 마찬가지로 외적 귀인 집단이 약간 높게 나타났다. 따라서 가설 11-1은 지지되지 않았다. 반면에 만족에 대해 외적 귀인을 했을 때, 고마움은 내적 귀인 집단(n=240, M=5.57)보다 외적 귀인 집단(n=187, M=7.14)이 높게 나왔고, 두 집단 간 차이도 유의하게 나타났으며(t=−8.507, p<.001), 신뢰감도 내적 귀인 집단(n=240, M=5.72)보다 외적 귀인 집단(n=187, M=7.40)이 높게 나왔

고, 두 집단 간 차이도 유의하게 나타났다(t=−9.618, p<.001). 따라서 가설 11-2는 지지되었다. 가설 11-1과 11-2에 대한 검증 결과가 표 6-3에 제시되어 있다.

핸드폰에 대한 가설 11-1과 2의 결과는 표 6-4에 제시되어 있다. 만족에 대해 내적 귀인을 하면 자부심이나 자신감과 같은 정서를 느낄 것이라는 가설을 검증한 결과, 자부심의 경우에 내적 귀인 집단(n=154, M=6.68)이 외적 귀인 집단(n=281, M=6.44)보다 높게 나타났으나 집단 간 차이가 없었고(t=1.272, n.s.). 자신감의 경우는 내적 귀인 집단(n=154, M=6.72)이 외적 귀인 집단(n=281, M=6.23)보다 높게 나타났고 그 차이도 유의했다(t=2.654, p<.01). 따라서 가설 11-1은 부분적으로 지지되었다. 반면에 만족에 대해 외적 귀인을 했을 때, 고마움은 내적 귀인 집단(n=154, M=5.81)보다 외적 귀인 집단(n=281, M=7.16)이 높게 나왔고, 두 집단 간 차이도 유의하게 나타났으며(t=−6.806, p<.001), 신뢰감도 내적 귀인 집단(n=154, M=5.92)보다 외적 귀인 집단(n=281, M=7.53)이 높게 나왔고, 두 집단 간 차이도 유의하게 나타났다(t=−8.414, p<.001). 따라서 가설 11-2는 지지되었다.

표 6-3. 유발 정서에 미치는 만족에 대한 내/외 귀인의 효과(신용카드)

	독립 변인	종속 변인	n	Mean	df	t	Sig.
가설 11-1	만족−내적귀인	자부심	240	6.29	425	−.577	.564
	만족−외적귀인		187	6.40			
	만족−내적귀인	자신감	240	6.23	425	−.205	.838
	만족−외적귀인		187	6.27			
가설 11-2	만족−내적귀인	고마움	240	5.57	419	−8.507	.000
	만족−외적귀인		187	7.14			
	만족−내적귀인	신뢰감	240	5.72	425	−9.618	.000
	만족−외적귀인		187	7.40			

표 6-4. 유발 정서에 미치는 만족에 대한 내/외
귀인의 효과(핸드폰)

	독립 변인	종속 변인	n	Mean	df	t	Sig.
가설 11-1	만족-내적귀인	자부심	154	6.68	316	1.272	.204
	만족-외적귀인		281	6.44			
	만족-내적귀인	자신감	154	6.72	320	2.654	.008
	만족-외적귀인		281	6.23			
가설 11-2	만족-내적귀인	고마움	154	5.81	311	-6.806	.000
	만족-외적귀인		281	7.16			
	만족-내적귀인	신뢰감	154	5.92	281	-8.414	.000
	만족-외적귀인		281	7.53			

불만족에 대한 귀인 유형에 따른 유발 정서의 차이를 분석한 결과가 표 6-5와 6-6에 제시되어 있다. 먼저 신용카드에서의 내외 귀인에 따른 차이를 살펴보면, 분노는 내적 귀인 집단(n=112, M=5.09)보다 외적 귀인 집단(n=287, M=6.84)이 높게 나왔고, 두 집단 간 차이도 유의하게 나타나(t=-6.148, p<.001) 가설 12-1은 지지되었다. 그리고 불만족에 대해 외적 귀인을 할 때 안정적 귀인과 불안정적 귀인에 따라 분노의 차이가 있는지를 살펴 본 결과, 외적/불안정적 귀인 집단(n=64, M=6.88)보다 외적/안정적 귀인 집단(n=159, M=6.78)이 분노를 더 적게 느꼈으며 유의한 차이도 나지 않았다(t=.257, n.s.). 따라서 가설 12-2는 지지되지 않았다. 마찬가지로 외적 귀인을 할 때 통제 가능 귀인과 불가능 귀인에 따라 차이가 있는지를 살펴 본 결과, 외적/통제 가능 집단이(n=198, M=7.17) 외적/통제 불가능 집단(n=68, M=5.97)보다 더 큰 분노를 느꼈으며 두 집단 간 차이도 유의하게 나타났다(t=3.791, p<.001). 따라서 가설 12-3은 지지되었다.

표 6-5. 부적 정서(화남)에 미치는 불만족에 대한 귀인
차원별 효과(신용카드)

	독립 변인	종속 변인	n	Mean	df	t	Sig.
가설 12-1	불만족 – 내적귀인	화남	112	5.09	189	−6.148	.000
	불만족 – 외적귀인		287	6.84			
가설 12-2	불만족 – 외적/불안정	화남	64	6.88	106	.257	.798
	불만족 – 외적/안정		159	6.78			
가설 12-3	불만족 – 외적/통제 가능	화남	198	7.17	122	3.791	.000
	불만족 – 외적/통제 불가능		68	5.97			

표 6-6. 부적 정서(화남)에 미치는 불만족에 대한 귀인
차원별 효과(핸드폰)

	독립 변인	종속 변인	n	Mean	df	t	Sig.
가설 12-1	불만족 – 내적귀인	화남	77	4.87	111	−7.002	.000
	불만족 – 외적귀인		346	7.03			
가설 12-2	불만족 – 외적/불안정	화남	70	6.76	117	−.884	.379
	불만족 – 외적/안정		207	7.06			
가설 12-3	불만족 – 외적/통제 가능	화남	303	7.35	146	2.742	.007
	불만족 – 외적/통제 불가능		106	6.49			

다음은 핸드폰에서 내외 귀인에 따른 차이를 살펴보면, 분노는 내적 귀인 집단(n=77, M=4.87)보다 외적 귀인 집단(n=346, M=7.03)이 높게 나왔고, 두 집단 간 차이도 유의하게 나타나(t=−7.002, p<.001) 가설 12-1은 지지되었다. 그리고 불만족에 대해 외적 귀인을 할 때 안정적 귀인과 불안정적 귀인에 따라 분노의 차이가 있는지를 살펴 본 결과, 외적/불안정적 귀인 집단(n=70, M=6.76)보다 외적/안정적 귀인 집단(n=207, M=7.06)이 분노를 더 크게 느

200

겼으나 유의한 차이는 나타나지 않았다(t=−.884, n.s.). 따라서 가설 12-2는 지지되지 못했다. 마찬가지로 외적 귀인을 할 때 통제 가능 귀인과 불가능 귀인에 따라 차이가 있는지를 살펴 본 결과, 외적/통제 가능 집단이(n=223, M=7.35) 외적/통제 불가능 집단(n=89, M=6.49)보다 더 큰 분노를 느꼈으며 두 집단 간 차이도 유의하게 나타났다(t=2.742, p<.01). 따라서 가설 12-3은 지지되었다.

불만족에 대해 3가지 귀인 유형을 동시에 적용했을 때, 외적/안정적/통제 가능한 귀인을 하는 경우에 가장 큰 분노를 느낄 것이라는 가설을 검증하기 위해 3가지 귀인 유형의 집단을 조합하여 분류한 후에 일원 변량분석을 실시한 결과, 신용카드에서는 외적/안정적/통제 가능한 집단이 가장 큰 분노를 느끼는 것으로 나왔으며(n=90, M=7.32), 집단 간 차이도 유의한 것으로 나타났다(F=6.137, df=8,431, p<.001). 그리고 이 집단과 나머지 집단 간의 사전비교를 실시하기 위해 Contrast Test를 한 결과, 유의한 차이를 보이는 것으로 나타나(t=−3.733, p<.001) 가설 12-4는 지지되었다. 이에 대한 검증 결과는 표 6-7에 제시되어 있다.

핸드폰에서도 외적/안정적/통제 가능한 집단이 가장 큰 분노를 느끼는 것으로 나왔으며(n=116, M=7.34), 집단 간 차이도 유의한 것으로 나타났다(F=6.237, df=8,451, p<.001). 그리고 이 집단과 나머지 집단 간의 사전비교를 실시하기 위해 Contrast Test를 한 결과, 유의한 차이를 보이는 것으로 나타나(t=−3.869, p<.001) 가설 12-4는 지지되었다. 이에 대한 결과는 표 6-8에 제시되어 있다.

가설 11-1에서 12-4까지 검증해본 결과, 소비자들은 제품과 서비스 이용 후 일차적으로 일반적인 수준에서 정적, 부적 정서를 경험하며, 만족과 불만족 형성 이후에 귀인이 이루어진 후 이차적으로 각 귀인 유형에 따라 귀인 의존 정서를 경험하는 것으로 나타났다.

표 6-7. 불만족에 대한 외적/통제 가능/안정 귀인이 부적
정서(화남)에 미치는 효과(신용카드)

	자승합	df	평균 자승	F	Sig.
집단 간	296.013	8	37.002	6.137	.000
집단 내	2598.751	431	6.030		
전 체	2894.764	439			

귀인 유형별 집단									
Contrast 중 간	내적/통가/불안정	내적/통가/안정	내적/통불/불안정	내적/통불/안정	외적/통가/불안정	외적/통가/안정	외적/통불/불안정	외적/통불/안정
1	1	1	1	1	1	1	−8	1	1

	Value of Cont.	Std. Err.	t	df	Sig.
불만족귀인 유발정서−화남	−12.05	3.23	−3.733	431	.000

표 6-8. 불만족에 대한 외적/통제 가능/안정 귀인이 부적
정서(화남)에 미치는 효과(핸드폰)

	자승 합	df	평균 자승	F	Sig.
집단 간	304.890	8	38.111	6.237	.000
집단 내	2755.684	451	6.110		
전 체1	3060.574	459			

귀인 유형별 집단									
Contrast 중간	내적/통가/불안정	내적/통가/안정	내적/통불/불안정	내적/통불/안정	외적/통가/불안정	외적/통가/안정	외적/통불/불안정	외적/통불/안정
1	1	1	1	1	1	1	−8	1	1

Contrast	Value of Contr.	Std. Error	t	df	Sig.
불만족귀인 유발정서−화남	−12.24	3.16	−3.869	451	.000

2. 만족/불만족 귀인이 불평행동 및 재구매 의도에 미치는 효과

만족/불만족 귀인이 불평행동 및 재구매 의도에 미치는 효과를 검증하였다. 우선 만족한 경우에 대해 살펴보면, 내적/안정 귀인을 할 때가 외적/안정 귀인을 할 때와 외적/불안정 귀인을 할 때보다 재구매 의도가 낮을 것이라는 가설을 검증하였다. 신용카드와 핸드폰에 대한 가설 검증 결과가 표 6-9와 6-10에 제시되어 있다. 우선 신용카드에서 만족한 경우에 대해 나타난 결과를 보면, 내적/안정 귀인 집단(n=62, M=5.56)이 외적/안정적 귀인 집단(n=101, M=5.70)보다 재구매 의도가 낮게 나왔고, 외적/불안정 귀인 집단(n=45, M=5.87)보다도 낮게 나왔으나, 모두 유의한 차이를 보이지 않았다. 따라서 가설 13은 지지되지 못했다. 이 결과 역시 앞에서 검증한 만족 귀인의 경우에 귀인 후 유발 감정에서 유의한 차이를 보이지 않았던 것과 같은 결과라고 볼 수 있다.

핸드폰에서 만족한 경우에 대해 살펴보면, 내적/안정 귀인을 할 때가 외적/안정 귀인을 할 때와 외적/불안정 귀인을 할 때보다 재구매 의도가 낮을 것이라는 가설을 검증하였다. 내적/안정 귀인 집단(n=34, M=5.62)이 외적/안정적 귀인 집단(n=146, M=5.72)보다 재구매 의도가 낮게 나왔고, 외적/불안정 귀인 집단(n=68, M=6.20)보다도 낮게 나왔으나, 모두 유의한 차이를 보이지 않았다. 따라서 가설 13은 지지되지 못했다. 이 결과 역시 앞에서 검증한 만족 귀인의 경우에 귀인 후 유발 감정에서 유의한 차이를 보이지 않았던 것과 같은 결과라고 볼 수 있다.

표 6-9. 만족에 대한 내외 귀인에 따른 안정성 귀인이 재구매
의도에 미치는 효과(신용카드)

	독립 변인	종속 변인	n	Mean	df	t	Sig.
가설 13	내적/안정 귀인 외적/안정 귀인	재구매 의도	62 101	5.56 5.70	114	−.473	.637
만족귀인	내적/안정 귀인 외적/불안정 귀인	재구매 의도	62 45	5.56 5.87	86	−.764	.447

표 6-10. 만족에 대한 내외 귀인에 따른 안정성 귀인이 재구매
의도에 미치는 효과(핸드폰)

	독립 변인	종속 변인	n	Mean	df	t	Sig.
가설 13	내적/안정 귀인 외적/안정 귀인	재구매 의도	34 146	5.62 5.72	55	−.313	.756
만족귀인	내적/안정 귀인 외적/불안정 귀인	재구매 의도	34 68	5.62 6.20	73	−1.549	.126

다음은 불만족에 대한 귀인 유형별 불평행동 및 재구매 의도에 미치는 영향을 살펴보기로 한다. 결과는 표 6-11과 6-12에 제시되어 있다. 신용카드에서는 불만족에 대해 내적 귀인을 할 때(n=112, M=17.25)보다 외적 귀인을 할 때(n=287, M=23.02)가 불평행동의 강도가 유의하게 더 높게 나타났으며(t=−7.238, p<.001), 재구매 의도는 내적 귀인을 할 때(n=112, M=5.98)보다 외적 귀인을 할 때(n=287, M=5.34)가 유의하게 더 낮게 나타나(t=3.096, p<.01), 가설 14-1과 14-2 모두 지지되었다.

핸드폰에서는 불만족에 대해 내적 귀인을 할 때(n=77, M=17.76)보다 외적 귀인을 할 때(n=346, M=22.84)가 불평행동의 강도가 유의하게 더 높게 나타났으며(t=−5.269, p<.001), 재구매 의도는 내적 귀인을 할 때(n=77, M=6.48)보다 외적 귀인을 할 때(n

204

=346, M=5.58)가 유의하게 더 낮게 나타나(t=3.850, p<.001), 가설 14-1과 14-2 모두 지지되었다.

표 6-11. 불만족에 대한 내외 귀인이 불평행동 강도 및 재구매 의도에 미치는 효과(신용카드)

	독립 변인	종속 변인	n	Mean	df	t	Sig.
가설 14-1	불만족－내적귀인	불평행동 강 도	112	17.05	255	−7.238	.000
	불만족－외적귀인		287	23.02			
가설 14-2	불만족－내적귀인	재구매 의도	112	5.98	185	3.096	.002
	불만족－외적귀인		287	5.34			

표 6-12. 불만족에 대한 내외 귀인이 불평행동 강도 및 재구매 의도에 미치는 효과(핸드폰)

	독립 변인	종속 변인	n	Mean	df	t	Sig.
가설 14-1	불만족－내적귀인	불평행동 강 도	77	17.76	131	−5.269	.000
	불만족－외적귀인		346	22.84			
가설 14-2	불만족－내적귀인	재구매 의도	77	6.48	121	3.850	.000
	불만족－외적귀인		346	5.58			

불만족에 대해 외적 귀인을 할 때 안정 귀인과 불안정 귀인에 따라 불평행동 및 재구매 의도에서 차이가 있는지를 살펴 본 결과가 표 6-13과 6-14에 제시되어 있다. 우선 신용카드를 보면, 외적/불안정 귀인을 할 때(n=64, M=22.11)보다 외적/안정 귀인을 할 때(n=159, M=23.26)가 불평행동의 강도가 더 높았으나 유의하지 않게 나타나(t=−.924, n.s.) 가설 15-1은 지지되지 않았고, 재구매 의도는 외적/안정 귀인을 할 때(n=159, M=5.15)가 외적/불안정 귀인을 할 때(n=64, M=5.76)보다 더 낮게 나타났고 두 집단 간 차이도 유의하게 나타나(t=2.401, p<.05) 가설 15-2는 지지되었다.

  핸드폰에서는 외적/불안정 귀인을 할 때(n＝70, M＝23.67)보다 외적/안정 귀인을 할 때(n＝207, M＝22.37)가 불평행동의 강도가 더 낮았고, 유의하지도 않게 나타나(t＝1.024, n.s.) 가설 15-1은 지지되지 않았고, 재구매 의도는 외적/안정 귀인을 할 때(n＝207, M＝5.36)가 외적/불안정 귀인을 할 때(n＝70, M＝6.08)보다 더 낮게 나타났고 두 집단 간 차이도 유의하게 나타나(t＝2.550, p<.01) 가설 15-2는 지지되었다.

표 6-13. 불만족에 대한 외적/안정성 귀인이 불평행동 및 재구매
        의도에 미치는 효과(신용카드)

	독립 변인	종속 변인	n	Mean	df	t	Sig.
가설 15-1	불만족 – 외적/불안정	불평행동 강 도	64	22.11	122	−.924	.357
	불만족 – 외적/안정		159	23.26			
가설 15-2	불만족 – 외적/불안정	재구매 의도	64	5.76	116	2.401	.018
	불만족 – 외적/안정		159	5.15			

표 6-14. 불만족에 대한 외적/안정성 귀인이 불평행동 및 재구매
        의도에 미치는 효과(핸드폰)

	독립 변인	종속 변인	n	Mean	df	t	Sig.
가설 15-1	불만족 – 외적/불안정	불평행동 강 도	70	23.67	120	1.024	.308
	불만족 – 외적/안정		207	22.37			
가설 15-2	불만족 – 외적/불안정	재구매 의도	70	6.08	275	2.550	.011
	불만족 – 외적/안정		207	5.36			

  그리고 불만족에 대해 외적 귀인을 할 때 통제 가능 귀인과 통제 불가능 귀인에 따라 차이가 나는지를 살펴보았는데, 결과는 표 6-15와 6-16에 제시되어 있다. 신용카드에서는 외적 통제 가능한 귀인을 할 때(n＝198, M＝23.24)가 외적 통제 불가능한 귀인을 할

206

때(n=68, M=22.79)보다 불평행동의 강도가 더 높게 나타났으나 유의하지 않았고(t=.381, n.s.), 재구매 의도는 외적 통제 불가능한 귀인을 할 때(n=68, M=5.50)보다 외적 통제 가능한 귀인을 할 때(n=198, M=5.28)가 더 낮게 나왔지만, 그 차이는 유의하지 않았다(t=−.884, n.s.). 따라서 가설 16-1과 16-2 모두 지지되지 않았다.

핸드폰에서는 외적 통제 가능한 귀인을 할 때(n=223, M=23.11)가 외적 통제 불가능한 귀인을 할 때(n=89, M=22.06)보다 불평행동의 강도가 더 높게 나타났으나 유의하지 않았고(t=.880, n.s.), 재구매 의도는 외적 통제 불가능한 귀인을 할 때(n=89, M=5.06)보다 외적 통제 가능한 귀인을 할 때(n=223, M=5.81)가 오히려 더 높게 나왔고 그 차이도 유의하게 나왔다(t=3.031, p<.01). 따라서 가설 16-1과 16-2 모두 지지되지 않았다.

표 6-15. 불만족에 대한 외적/통제 가능성 귀인이 불평행동 및 재구매 의도에 미치는 효과(신용카드)

	독립 변인	종속 변인	n	Mean	df	t	Sig.
가설 16-1	불만족−외적/통제 가능 불만족−외적/통제 불가능	불평행동 강도	198 68	23.24 22.79	113	.381	.704
가설 16-2	불만족−외적/통제 가능 불만족−외적/통제 불가능	재구매 의도	198 68	5.28 5.50	111	−.884	.379

표 6-16. 불만족에 대한 외적/통제 가능성 귀인이 불평행동 및 재구매 의도에 미치는 효과(핸드폰)

	독립 변인	종속 변인	n	Mean	df	t	Sig.
가설 16-1	불만족−외적/통제 가능 불만족−외적/통제 불가능	불평행동 강도	223 89	23.11 22.06	144	.880	.380
가설 16-2	불만족−외적/통제 가능 불만족−외적/통제 불가능	재구매 의도	223 89	5.81 5.06	164	3.031	.003

불만족에 대해 3가지 귀인 유형을 동시에 적용했을 때 불평행동과 재구매 의도가 어떻게 나타나는지를 살펴보았다. 신용카드에서는 불평행동의 강도가 외적/통제 가능/안정 귀인을 할 때(n=90, M=23.59)가 높게 나타났고 일원 변량분석을 통한 집단 간 차이도 유의한 것으로 나타났으며(F=4.740, df=8,431, p<.001), 이 집단과 나머지 집단 간의 사전비교를 실시하기 위해 Contrast Test를 한 결과, 유의한 차이를 보이는 것으로 나타나(t=-2.903, p<.01) 가설 17-1은 지지되었다.

재구매 의도 역시 외적/통제 가능한 안정 귀인을 할 때(n=90, M=4.96)가 낮게 나타나고 있으며 일원 변량분석을 통한 집단 간 차이도 유의한 것으로 나타났고(F=3.506, df=8,431, p<.001), 이 집단과 나머지 집단 간의 사전비교를 실시하기 위해 Contrast Test를 한 결과, 유의한 차이를 보이는 것으로 나타나(t=2.422, p<.05) 가설 17-2는 지지되었다. 이에 대한 검증 결과가 표 6-17에 제시되어 있다.

핸드폰에서도 불평행동에 대한 외적/통제 가능/안정 귀인의 효과를 알아보기 위해 일원 변량분석을 하여 집단 차이는 유의한 것으로 나타났으나(F=2.380, df=8,451, p<.05), 이 집단과 나머지 집단 간의 사전비교를 하기 위해 Contrast Test를 한 결과, 유의한 차이를 보이지 않는 것으로 나타나(t=-.707, n.s.) 가설 17-1은 지지되지 않았다. 반면에 재구매 의도에 대해서 외적/통제 가능/안정 귀인의 효과를 분석해 본 결과, 일원 변량분석(F=2.931, df=8,451, p<.01)과 사전 비교 결과(t=2.003, p<.05) 모두 유의하게 나타나 가설 17-2는 지지되었다. 가설 17-1과 17-2에 대한 검증 결과는 표 6-18에 제시되어 있다.

표 6-17. 불만족에 대한 외적/통제 가능/안정 귀인이 불평행동
강도 및 재구매 의도에 미치는 효과(신용카드)

		자승합	df	평균 자승	F	Sig.
불평행동 강도	집단 간	2405.074	8	300.634	4.740	.000
	집단 내	27333.747	431	63.419		
	전 체	29738.821	439			
재구매 의도	집단 간	83.949	8	10.494	3.506	.001
	집단 내	1289.955	431	2.993		
	전 체	1373.904	439			

	귀인 유형별 집단								
Contrast	중 간	내적/통가 /불안정	내적/ 통가/ 안정	내적/ 통불/ 불안정	내적/ 통불/ 안정	외적/ 통가/ 불안정	외적/통 가/안정	외적/ 통불/ 불안정	외적/통 불/안정
1	1	1	1	1	1	1	−8	1	1

Contrast	Value of Contrast	Std. Error	t	df	Sig.
불평행동 강도	−30.3992	10.4702	−2.903	431	.004
재구매 의도	5.5099	2.2745	2.422	431	.016

표 6-18. 불만족에 대한 외적/통제 가능/안정 귀인이 불평행동
강도 및 재구매 의도에 미치는 효과(핸드폰)

		자승 합	df	평균 자승	F	Sig.
불평행동 강도	집단 간	1507.566	8	188.446	2.380	.016
	집단 내	35703.465	451	79.165		
	전 체	37211.030	459			
재구매 의도	집단 간	89.526	8	11.191	2.931	.003
	집단 내	1722.146	451	3.819		
	전 체	1811.672	459			

Contrast	Value of Contrast	Std. Error	t	df	Sig.
불평행동 강도	−8.0532	11.3866	−.707	451	.480
재구매 의도	5.0080	2.5008	2.003	451	.046

다음은 귀인에 따라 발생되는 귀인 의존 정서에 차이가 있는지를 추가로 분석하여 검증해 보았다. 신용카드와 핸드폰에서 나타난 불만족에 따른 귀인 발생 빈도 및 귀인 유형별 귀인 의존 정서들의 평균값이 표 6-19와 6-20에 제시되어 있다. 우선 신용카드와 핸드폰 모두에서 4가지 귀인 유형만이 활발하게 나타나고 있음을 알 수 있다. 즉 내적/통제 가능/불안정 귀인, 외적/통제 가능/불안정 귀인, 외적/통제 가능/안정 귀인 그리고 외적/통제 불가능/안정 귀인들만 불만족에 대해 이루어지고 있다는 것이다.

표 6-19. 신용카드 불만족에 대한 귀인 유형별 귀인 의존 부적 정서 평균

	n	창피함	후회	걱정스러움	자책감	화남	짜증남	불신감	찜찜함	답답함
내적/통가/불안정	72	4.51	4.54	4.64	4.39	5.07	5.08	4.83	4.99	5.28
내적/통가/안정	4	6.50	6.50	8.25	7.25	5.75	6.75	7.75	7.75	7.75
내적/통불/불안정	9	5.89	6.89	7.44	5.22	5.89	7.33	6.78	7.22	8.11
내적/통불/안정	10	4.10	5.90	6.00	3.60	4.20	6.00	5.70	5.70	5.70
외적/통가/불안정	53	4.00	5.28	5.21	3.47	7.02	7.19	7.00	6.62	6.45
외적/통가/안정	90	4.56	5.50	5.59	3.93	7.32	7.42	6.90	6.40	6.48
외적/통불/불안정	2	6.00	6.00	6.50	6.00	6.00	4.50	6.00	5.50	4.50
외적/통불/안정	61	5.02	5.61	5.69	5.07	5.97	6.34	6.30	5.84	5.93
혼 합	139	4.45	5.14	4.99	4.04	6.63	6.95	6.31	5.86	6.19
전 체	440	4.55	5.27	5.29	4.20	6.39	6.66	6.28	5.96	6.13

표 6-20. 핸드폰 불만족에 대한 귀인 유형별 귀인 의존
부적 정서 평균

	n	창피함	후회	걱정스러움	자책감	화남	짜증남	불신감	찜찜함	답답함
내적/통가/불안정	44	3.64	**4.66**	4.48	4.11	4.52	**4.68**	3.93	4.55	4.25
내적/통가/안정	8	5.38	5.13	5.88	5.13	6.13	7.38	6.88	6.75	7.13
내적/통불/불안정	2	1.00	1.00	5.50	1.00	4.00	4.00	3.50	1.50	6.00
내적/통불/안정	5	4.40	6.00	6.00	6.00	5.60	6.40	5.40	5.80	6.00
외적/통가/불안정	56	3.91	5.88	5.96	3.86	**7.21**	**7.59**	6.45	6.63	**7.30**
외적/통가/안정	116	4.38	5.85	5.84	4.46	**7.34**	**7.38**	7.15	6.52	6.97
외적/통불/불안정	5	4.20	5.60	4.20	3.00	6.20	7.00	5.60	5.00	4.80
외적/통불/안정	72	4.74	6.00	5.47	4.74	**6.51**	**6.61**	6.36	6.15	**6.51**
혼 합	152	4.26	5.34	5.16	3.96	6.34	6.59	5.91	5.60	6.06
전 체	460	4.27	5.56	5.43	4.23	6.53	6.74	6.17	5.94	6.34

신용카드와 핸드폰에서 귀인 유형에 따른 귀인 의존 정서가 다르게 나타나고 있음을 발견할 수 있었지만, 본 연구에서 수행한 사전 연구 결과에서 나타난 것과는 차이가 있음을 발견했다. 신용카드에 대한 귀인 유형별 귀인 의존 정서에 대한 차이검증 결과와 사전 연구 결과와의 비교 자료가 표 6-21과 표 6-22에 제시되어 있다. 결과는 유의한 차이를 보이는 정서만을 정리한 것이다.

표 6-21. 귀인 유형별 귀인 의존 정서 차이검증(신용카드)

내적/통제 가능/불안정 vs. 나머지 집단 contrast 분석(신용카드)

	Value of contrast	Std. Error	t	df	Sig.(2-tailed)
후 회	10.49	3.51	2.99	431	0.00
걱정스러움	12.56	3.44	3.65	431	0.00
자책감	3.47	3.21	1.08	431	0.28
화 남	8.22	3.39	2.43	431	0.02
짜증남	11.82	3.29	3.59	431	0.00
불신감	14.07	3.52	4.00	431	0.00
찜찜함	11.01	3.51	3.13	431	0.00
답답함	8.89	3.52	2.53	431	0.01

외적/통제 가능/불안정 vs. 나머지 집단 contrast 분석(신용카드)

	Value of contrast	Std. Error	t	df	Sig.(2-tailed)
창피함	9.03	3.74	2.42	431	0.02
걱정스러움	7.44	3.72	2.00	431	0.05
자책감	11.72	3.46	3.39	431	0.00
화 남	−9.32	3.66	−2.55	431	0.01
짜증남	−7.13	3.55	−2.01	431	0.05

외적/통제 가능/안정 vs. 나머지 집단 contrast 분석(신용카드)

	Value of contrast	Std. Error	t	df	Sig.(2-tailed)
자책감	7.57	3.06	2.48	431	0.01
화 남	−12.05	3.23	−3.73	431	0.00
짜증남	−9.23	3.14	−2.94	431	0.00

표 6-22. 사전 연구 결과와 본 연구 결과 비교(신용카드)

		사전 연구 결과	본 연구 측정 결과
불만족	내적/불안정적/통제 가능	창피함/후회	후회/걱정스러움/자책감/화남/짜증남/불신감/찜찜함/답답함
	외적/안정적/통제 가능	분노/불신감/적대감	자책감/화남/짜증남
	외적/안정적/통제 불가능	약간 화남/쓸쓸함/답답함/찜찜함	모두 유의하지 않음
	외적/불안정적/통제 가능	화남/불신감/얄미움	창피함/걱정스러움/자책감/화남/짜증남

다음은 핸드폰에 대한 귀인 유형별 귀인 의존 정서에 대한 차이 검증 결과와 사전 연구 결과와의 비교 자료가 표 6-23과 표 6-24에 제시되어 있다.

표 6-23. 귀인 유형별 귀인 의존 정서 차이검증(핸드폰)

내적/통제 가능/불안정 vs. 나머지 집단 contrast 분석(핸드폰)				
	Value of contrast	Std. Error	t	df	Sig.(2-tailed)
화 남	13.16	3.93	3.35	451	0.00
짜증남	15.49	4.03	3.84	451	0.00
불신감	15.79	4.01	3.93	451	0.00
답답함	16.78	4.05	4.14	451	0.00

외적/통제 가능/안정 vs. 나머지 집단 contrast 분석(핸드폰)				
	Value of contrast	Std. Error	t	df	Sig.(2-tailed)
후 회	−7.23	3.24	−2.23	451	0.03
화 남	−12.24	3.16	−3.87	451	0.00
불신감	−13.14	3.23	−4.07	451	0.00
찜찜함	−10.17	3.15	−3.23	451	0.00
답답함	−7.74	3.26	−2.37	451	0.02

외적/통제 불가능/안정 vs. 나머지 집단 contrast 분석(핸드폰)				
	Value of contrast	Std. Error	t	df	Sig.(2-tailed)
창피함	−6.72	3.39	−1.99	451	0.05
후 회	−8.55	3.56	−2.41	451	0.02
찜찜함	−6.89	3.45	−2.00	451	0.05

외적/통제 가능/불안정 vs. 나머지 집단 contrast 분석(핸드폰)				
	Value of contrast	Std. Error	t	df	Sig.(2-tailed)
후 회	−7.43	3.77	−1.97	451	0.05
화 남	−11.07	3.68	−3.00	451	0.00
찜찜함	−11.14	3.66	−3.04	451	0.00
답답함	−10.71	3.80	−2.82	451	0.01

표 6-24. 사전 연구 결과와 본 연구 결과 비교(핸드폰)

		사전 연구 결과	본 연구 측정 결과
불만족	내적/불안정적/통제 가능	창피함/ 후회	화남/짜증남/불신감/답답함
	외적/안정적/통제 가능	분노/불신감/적대감	후회/화남/불신감 찜찜함/답답함
	외적/안정적/통제 불가능	약간 화남/씁쓸함/ 답답함/찜찜함	창피함/후회/찜찜함
	외적/불안정적/통제 가능	화남/불신감/얄미움	후회/화남/찜찜함/답답함

그리고 불평행동 집단과 무행동 집단을 예측해 주는 요인이 무엇인가를 알아보기 위해 판별분석을 실시하였다. 무행동 집단은 불평행동 빈도를 측정한 문항에서 전혀 없음에 응답한 응답자로 하였다. 무행동 집단과 불평행동 집단의 예측 요인들에 대한 평균 값이 표 6-25에 제시되어 있다.

표 6-25. 무행동 집단과 불평행동 집단의 예측 요인 평균 값

신용카드	정적정서	부적정서	1차원 만족	2차원 만족	2차원 불만족	귀인 후 정적정서	귀인 후 부적정서
무행동	6.39	4.67	7.09	7.18	4.55	6.57	4.09
불평행동	6.23	6.47	6.45	6.38	5.62	6.33	5.67
핸드폰							
무행동	6.94	5.04	7.34	7.45	4.77	6.94	4.87
불평행동	6.63	6.36	6.81	6.78	5.62	6.64	5.72

신용카드에서 무행동 집단과 불평행동 집단을 예측해주는 요인으로 귀인 후 부적 정서, 불만족 내외 귀인 및 2차원 만족도가 나왔으며, 무행동 집단과 불평행동 집단의 정확히 분류된 집단 사례의 비율은 73.4%였으며, 판별함수의 유의도 검증 결과는 Chi-square=

33.747(df＝3, p<.001)로 유의하게 나타났다. 이에 대한 결과가 표
6-26에 제시되어 있다.

표 6-26. 무행동 집단과 불평행동 집단 간 판별 분석(신용카드)

Variables in the Analysis		Tolerance	F to Remove	Wilks' Lambda
Step 1 Variables	귀인 후 부적정서	1.000	21.832	
	불만족 귀인 내외			
	2차원 만족도			
Step 2 Variables	귀인 후 부적정서	0.986	18.365	0.978
	불만족 귀인 내외	0.986	6.351	0.953
	2차원 만족도			
Step 3 Variables	귀인 후 부적정서	0.978	15.972	0.960
	불만족 귀인 내외	0.974	7.682	0.942
	2차원 만족도	0.981	6.254	0.939

Standardized Canonical Discriminant Function Coefficients		Test of Function(s)			
	Function 1	Wilks'			
2차원 만족도	−0.441	Lambda	Chi-square	df	Sig.
불만족 귀인 내외	0.489	.926	33.747	3	.000
귀인 후 부적정서	0.697				

Classification Function Coefficients		
	무행동	불평행동
2차원 만족도	2.503	2.223
불만족 귀인 내외	3.638	4.572
귀인 후 부적정서	1.211	1.611
(Constant)	−14.971	−16.612

Fisher's linear discriminant functions

Classification Results

		Predicted Group Membership		Total
		무행동	불평행동	
Count	무행동	21	12	33
	불평행동	105	302	407
%	무행동	63.64	36.36	100
	불평행동	25.80	74.20	100

73.4% of original grouped cases correctly classified.

표 6-27. 무행동 집단과 불평행동 집단 간 판별 분석(핸드폰)

Variables in the Analysis		Tolerance	F to Remove	Wilks' Lambda
Step1 Variables	불만족 귀인 내외	1.000	25.041	
	부적정서			
	2차원 만족도			
Step2 Variables	불만족 귀인 내외	0.995	21.584	0.964
	부적정서	0.995	13.528	0.948
	2차원 만족도			
Step3 Variables	불만족 귀인 내외	0.994	22.075	0.955
	부적정서	0.980	11.109	0.933
	2차원 만족도	0.984	5.230	0.921

Standardized Canonical Discriminant Function Coefficients			Test of Function(s)		
	Function 1	Wilks'			
2차원 만족도	−0.359	Lambda	Chi-square	df	Sig.
부적정서	0.520	.910	42.824	3	.000
불만족 귀인 내외	0.720				

Classification Function Coefficients		
	무행동	불평행동
2차원 만족도	2.700	2.493
부적정서	1.208	1.441
불만족귀인 내외	6.367	7.843
(Constant)	−18.905	−21.389

Fisher's linear discriminant functions

Classification Results

		Predicted Group Membership		Total
		무행동	불평행동	
Count	무행동	35	18	53
	불평행동	94	313	407
%	무행동	66.04	33.96	100
	불평행동	23.10	76.90	100

75.7% of original grouped cases correctly classified.

반면에 핸드폰에서 무행동 집단과 불평행동 집단을 예측해 주는 요인으로는 불만족 귀인 내외, 부적 정서 및 2차원 만족도가 나왔고, 무행동 십단과 불평행동 집단의 정확히 분류된 집단 사례의 비율은 75.7%였으며, 판별 함수의 유의도 검증 결과도 Chi-square=42.824(df=3, p<.001)로 유의하게 나타났다. 이에 대한 결과는 6-27에 제시되어 있다. 신용카드와 핸드폰에서 무행동과 불평행동을 예측해 주는 요인으로 불만족 내외 귀인과 2차원 만족도가 같은 요인으로 나왔고, 신용카드에서는 귀인 의존 부적 정서가, 핸드폰에서는 불일치 후 나타나는 부적 정서가 각각 다른 요인으로 나왔다.

제4절 논 의

고객 만족 연구 분야에서 귀인 효과는 가장 다루어지지 않아 왔던 영역이라고 할 수 있다. Weiner(2000)도 Review 논문을 통해 자신이 귀인 연구를 오랫동안 해오면서도 소비자 행동 분야에서의 귀인에 대해서는 무관심 했었다는 얘기를 했을 정도로 다루어지지 않았던 분야이다. 더구나 고객 만족과 불만족의 2차원 구조와 귀인과의 관계를 다룬 연구는 거의 전무한 상황이었다. 대부분의 연구들은 귀인을 불평행동과 재구매 의도에 영향을 미치는 선행 변인의 역할 관점에서 다루어왔다고 볼 수 있다. 하지만 본 연구에서는 만족과 불만족이 각각 형성되어지고 난 후 귀인이 어떻게 이루어지는가에 따라 정서가 유발되고 그 정서가 불평행동 및 재구매 의도에 어떻게 영향을 미치는지를 좀 더 구체적으로 확인해 보고자 하였다.

표 6-28. 신용카드 및 핸드폰 만족/불만족 귀인 효과 검증 관련 가설 정리

	가　설	신용카드	핸드폰
11-1	만족에 대해 내적 귀인을 하면 자부심과 자신감과 같은 정서를 느낄 것이다	지지되지 않음	부분지지
11-2	만족에 대해 외적 귀인을 하면 고마움과 신뢰감과 같은 정서를 느끼게 될 것이다.	지지됨	지지됨
12-1	불만족에 대해 내적 귀인을 할 때보다 외적 귀인을 할 때 분노가 더 크게 나타날 것이다	지지됨	지지됨
12-2	불만족에 대해 외적/불안정적 귀인을 할 때보다 외적/안정적 귀인을 할 때 더 큰 분노를 느낄 것이다	지지되지 않음	지지되지 않음
12-3	불만족에 대해 외적/통제 불가능한 귀인을 할 때보다 외적/통제 가능한 귀인을 할 때 더 큰 분노를 느낄 것이다	지지됨	지지됨
12-4	불만족에 대해 외적/안정적/통제 가능한 귀인을 할 때 분노를 가장 크게 느낄 것이다.	지지됨	지지됨
13	만족에 대해 내적/안정적 귀인을 할 때가 외적/안정적 귀인을 할 때 및 외적/불안정적 귀인을 할 때보다 재구매 의도가 낮을 것이다	지지되지 않음	지지되지 않음
14-1	불만족에 대해 내적 귀인을 할 때보다 외적 귀인을 할 때 강한 불평행동을 보일 것이다	지지됨	지지됨
14-2	불만족에 대해 내적 귀인을 할 때보다 외적 귀인을 할 때 재구매 의도는 낮게 나타날 것이다	지지됨	지지됨
15-1	불만족에 대해 외적/불안정적 귀인을 할 때보다 외적/안정적 귀인을 할 때 더 강한 불평행동을 할 것이다	지지되지 않음	지지되지 않음
15-2	불만족에 대해 외적/불안정적 귀인을 할 때보다 외적/안정적 귀인을 할 때 재구매 의도는 낮아질 것이다	지지됨	지지됨
16-1	불만족에 대해 외적/통제 불가능한 귀인을 할 때보다 외적/통제 가능한 귀인을 할 때 더 강한 불평행동을 할 것이다	지지되지 않음	지지되지 않음
16-2	불만족에 대해 외적/통제 불가능한 귀인을 할 때보다 외적/ 통제 가능한 귀인을 할 때 재구매 의도는 더 낮아질 것이다	지지되지 않음	지지되지 않음
17-1	불만족에 대해 외적/안정적/통제 가능한 귀인을 할 때 가장 강한 불평행동을 할 것이다.	지지됨	지지되지 않음
17-2	불만족에 대해 외적/안정적/통제 가능한 귀인을 할 때 재구매 의도가 가장 낮을 것이다.	지지됨	지지됨

　지금까지 고객 만족 분야의 연구들이 주로 고객 만족의 측정과 관련된 것들이 주축이 되어 수행되어 왔으며, 만족과 불만족의 이유나 원인이 무엇인지, 그리고 그것들이 불평행동이나 재구매 의도에 어떻게 영향을 미치는지에 대해서는 실증적인 연구들이 이루어지지 못했던 것이다. 즉 단일 차원의 만족이 바로 불평행동이나 재구매 의도에 영향을 미치는 것으로 가정된 모형을 중심으로 연구들이 수행되어온 것이 사실이다. 하지만 점차 만족과 불만족이 형성되어 진 이후의 행동에 관심이 커지면서 불평행동과 재구매 의도에 이르는 과정에 대해서도 관심을 가지기 시작했고 그러한 관점에서 귀인의 역할과 효과는 중요하다고 할 수 있겠다.

　본 연구는 이러한 배경 하에 고객 만족/불만족 2차원성을 검증하고 그 이후의 만족과 불만족 원인에 대한 소비자의 귀인 유형과 그 때 유발되는 귀인 관련 구체적 정서, 그리고 불평행동과 재구매 의도에 미치는 영향에 관한 것까지 다루고자 수행되었다. 본 연구도 연구 2에서와 마찬가지로 제품과 서비스 각각을 대상으로 하여, 즉 핸드폰과 신용카드를 대상으로 조사를 실시하였고, 가설에 대한 결과 부분도 모두 구분하여 정리하였다. 표 6-28에 가설 검증의 결과를 요약하여 제시하였다.

　첫 번째로 신용카드에 대한 가설 검증 결과는 귀인 유형에 따라 차별적으로 유발되는 정서와 관련된 가설 11-2, 12-1, 12-3, 및 12-4는 지지되었고, 만족과 불만족의 귀인 유형에 따라 불평행동 및 재구매 의도에 미치는 영향에 관한 가설 14-1, 14-2, 15-2, 및 17-1과 2가 지지되었다. 반면에 지지되지 않았던 가설들을 살펴보면, 귀인의 유형에 따른 유발 정서의 차이에 관한 가설 11-1과 12-2가 지지되지 않았고, 불평행동 및 재구매 의도에 미치는 영향과 관련된 가설 13, 15-1, 및 16-1과 2가 지지되지 않았다.

두 번째로 핸드폰에 대한 가설 검증 결과는 귀인 유형에 따라 차별적으로 유발되는 정서와 관련된 가설들은 신용카드와 마찬가지로 11-2, 12-1, 12-3, 및 12-4는 지지되었고, 만족과 불만족의 귀인 유형에 따라 불평행동 및 재구매 의도에 미치는 영향에 관한 가설 14-1, 14-2, 및 15-2가 지지되었다. 반면에 지지되지 않았던 가설들을 살펴보면, 귀인의 유형에 따른 유발 정서의 차이에 관한 가설 11-1과 12-2가 지지되지 않았고, 불평행동 및 재구매 의도에 미치는 영향과 관련된 가설 13, 15-1, 16-1, 16-2, 및 17-1과 2도 지지되지 않은 것으로 나타났다. 신용카드와 핸드폰의 가설 검증 결과, 핸드폰이 신용카드에 비해 지지되지 않은 가설이 1개 더 있었지만, 전반적으로 보면 신용카드와 핸드폰에서 일관성 있는 결과를 보여주고 있다.

가설 11-1에서 12-4까지 즉, 만족과 불만족에 대한 귀인 유형에 따라 귀인 후 유발되는 정서가 다르게 나타나는지를 확인한 결과는 만족에 대한 내적 귀인에 대해서 신용카드에서는 유의한 결과를 얻지 못했으나 핸드폰에서는 자신감에서 유의한 차이를 보였고, 불만족에 대한 귀인 유형에 따라서는 내외 귀인 유형에서는 확실하게 유의한 차이를 보여주었고, 외적 귀인을 할 때 외적/통제 가능성 귀인에서는 유의하게 나타났고 외적/안정서 귀인에서는 유의한 차이를 보여주지 못했다. 하지만 전체적으로 볼 때, 이러한 결과는 고객 만족과 불만족이 형성되기 이전에 소비 후 유발되는 정서가 지각된 품질과 기대 불일치에 따라 다르게 영향을 받고 그 결과가 만족과 불만족 형성에 영향을 미치고 있다는 사실과 함께 고객 만족과 불만족의 차원성 연구 및 고객 만족과 관련된 연구에서 다루어야 할 중요한 과정이라고 생각된다. 특히 만족과 불만족이 형성되고 그 이후에 불평행동과 재구매 의도에 이르는 과정에서 영향을 미칠 수 있는 요인이기 때문에 더욱 그러하다고 볼 수 있다.

그리고 만족과 불만족에 대한 귀인 유형에 따라 불평행동과 재구매 의도가 달라질 것이라는 가설들 즉 가설 13에서 17-2까지의 검증 결과를 보면, 만족에 대한 귀인 유형에 따라 재구매 의도가 다르게 나타나지 않았다. 그리고 불만족에 대해 외적 귀인을 하면서 동시에 안정성 차원과 통제 가능성 차원을 하는 경우에 대해서는 불평행동에서는 안정성과 통제 가능성 모두에서 유의하지 않았으나 재구매 의도에서는 통제 가능성에서만 유의하지 않게 나타났다. 하지만 불만족에 대한 내외 귀인 차원에서는 불평행동과 재구매 의도 모두에서 확실하게 유의한 차이를 보여주었다.

불평행동과 재구매 의도에 관련된 가설들은 신용카드와 핸드폰 모두 가설의 절반 정도만 지지되었는데, 특히 외적/안정성 귀인보다는 외적/통제 가능성 귀인의 경우에 지지되지 않은 경우가 많은데, 불평행동의 경우는 불만족에 대한 통제 가능한 귀인을 할 때 유의한 차이는 나타나지 않았지만 경향성은 보여준 반면, 재구매 의도는 가설과 반대되는 방향으로 오히려 외적/통제 가능한 귀인을 할 때 재구매 의도가 높게 나타나는 결과를 핸드폰에서 보여주었다.

이는 외적/통제 가능한 귀인이 현재의 기분 상태 즉 분노를 크게 느끼게 하고 불평행동을 증가시키지만, 향후 재구매 의도라는 것은 앞으로의 일이므로 통제 가능한 귀인을 하는 것은 조치가 가능하거나 개선이 가능한 것으로 볼 수 있기 때문에 오히려 통제가 불가능한 귀인이 재구매 의도를 감소시킬 수 있다는 가능성을 보여준 결과라고 할 수 있다. 물론 일반화해서 주장하기에는 단편적인 결과에서 나온 것이기 때문에 한계가 있다는 것을 고려하여야 할 것이다. 특히 재구매 의도는 시장 상황 내에 있는 많은 다른 요인들의 영향을 받고 있기 때문에 귀인만의 영향력을 검증하는 것은 어렵다고 할 수 있다. 즉, 재구매 의도와 관련된 가설들이 지지 되지 않은 이유를 귀인만으로 설명하는 데는 한계가 있으며, 다른 요인들의 영향력 때문으로 보는 것이 타당할 것이다.

제7장 종합 논의

　고객 만족/불만족은 20년에 걸쳐 연구되어 왔으나 일관성 있는 연구 결과를 보여주었다기보다는 연구자들에 의해 여러 다른 결과들을 보여주었다. 기존의 연구들은 대체적으로 만족과 불만족이 하나의 차원에 놓여 있다는 가정을 수용하여 연구를 수행해왔다. 이에 반해, 만족과 불만족을 별도의 차원으로 인식하는 2요인 이론이 간헐적으로 제기되었지만, 연구자들은 이 이론을 뒷받침하기에 충분한 실증적인 결과를 보여주지는 못했고 다만 소수의 연구에서 부분적으로 2요인 이론에 부합하는 결과를 찾아냈을 뿐이다(Maddox, 1981; Swan & Combs, 1976). 그러나 2요인 이론을 입증하는 강력한 실증이 없었다는 것만으로 소비자의 내면에 만족과 불만족의 상존 가능성을 배제할 수 없다. 즉, 제품 또는 서비스의 구매 및 사용에 있어 소비자들은 그와 관련된 어떤 속성들에는 만족을 느끼면서 동시에 다른 어떤 속성들에는 불만족을 느낄 수 있으며, 또한 구매 및 사용 경험에 대한 인지적 평가를 통해서는 만족을 느끼면서 감정적인 평가 측면에서는 불만족스러워 할 수 있다는 것은 당연한 현상이라 할 수 있기 때문에 본 연구는 이를 뒷받침 할 수 있는 강력한 실증적 증거들을 찾아내고자 수행되었다.

　가장 최근에 만족과 불만족의 2차원성 검증에 관한 연구 결과가 발표되었는데(서용원 & 손영화, 2003), 그 연구에서는 만족과 불만족의 2차원성을 검증하기 위해 만족과 역으로 전환시킨 불만족 값에 대한 차이검증, 만족과 불만족 측정치의 교차분석, 제품에 대한 중대 사건기법을 이용한 내용 분석, 요인 간 상관분석, 회귀 분석 및 구조 모형 검증을 한 바 있다. 그 결과 만족과 불만족의 2차원성에 대한 증거들을 보여주었으며, 2차원 측정을 하는 것이 1차원 측정을 하는 것보다 유용한 정보들을 많이 제공할 수 있다는 점과 2차원 측정을 하는 것이 1차원 측정을 통해 설명할 수 없는 정보까지도 제공할 수 있다는 결과를 보여주었다. 하지만 그 연구는 제품과 서비스를 포괄적으로 다루지 않았고 많은 측정치를 분석하기에 충분한 사례수가 확보되지 않았다는 점에서 연구의 제한점을 가지고 있었으며, 또한 측정에 사용된 항목들 중에서 만족과 불만족에 각각 영향을 미치는 감정적 평가 요소인 소비 정서 항목을 대인관계 상황에서 사용되는 Izard의 DES-II 항목 중 일부를 사용하였기 때문에 정확한 소비 정서 측정이 이루어지지 않았다는 한계를 지니고 있다.

따라서 본 연구에서는 첫째, 고객 만족과 불만족의 2차원성을 규명하고, 둘째, 정적 정서와 부적 정서가 만족과 불만족 경험에 독립적으로 영향을 미치는지 살펴보고, 셋째, 만족과 불만족에 대한 귀인 유형과 그에 따라 유발된 구체 정서가 불평행동 및 재구매 의도에 미치는 영향을 검증하기 위해 3가지 연구를 수행하였다. 연구 1에서는 만족과 불만족 형성에 영향을 미치는 소비 정서를 측정하기 위해 한국적 소비 상황에 맞는 한국인의 소비 정서를 개발하였다. 연구 2는 고객 만족/불만족의 2차원 측정 모형을 확인하고, 2차원과 관련된 가설들을 검증하기 위해 수행되었다. 마지막으로 2차원의 만족과 불만족 경험 후 그 원인을 어떻게 귀인 하는지를 측정함으로써, 귀인 유형에 따라 유발되는 귀인 의존 정서가 무엇이며 어떻게 다르게 나타나는지, 그리고 귀인 유형에 따라 불평행동과 재구매 의도가 어떻게 다르게 나타나는지를 검증하고자 연구 3이 수행되었다. 각 연구에서 얻어진 결과들에 대한 논의와 함께 본 연구가 지니는 제한점과 시사점, 그리고 향후 연구의 방향 및 과제를 다루기로 한다.

제1절 소비 정서 항목 개발

고객 만족 연구 분야에서 고객 만족이 제품 성과(지각된 품질)에 대한 인지적 평가에 의해서만 결정되는 것이 아니라 감정적 요소에 의해서도 영향을 받을 수 있다는 견해가 등장하면서, 제품과 서비스의 소비와 관련해서 유발되는 소비자의 감정적 측면이 고객 만족과 어떤 관계가 있을 지에 대해 연구들이 이루어져 왔다. Westbrook(1987, 1991)과 Oliver(1989, 1991, 1993) 등의 연구를 보면, 소비자가 제품을 소비하는 동안 경험하는 감정은 정적 차원과 부적 차원으로 구분할 수 있으며, 이들 정서가 만족과 불만족에 영향을 미치고 있음을 입증한 바 있다. 하지만 이들의 연구에 대해서도 소비자 감정 반응의 개념을 규정하고 측정하는 데에 문제가 있다는 지적이 나오기 시작했다.

소비자 감정을 다루었던 연구들에서 사용되었던 소비자 감정 측정 문항들은 Izard의 DES, Plutchik의 EPI, Russell의 Circumplex, Mehrabian과 Russell의 PAD 등이었지만, Richins(1997)는 이러한 척도들이 소비상황에 맞지 않으며, 소비자에게 친숙한 용어들이 포함되어 있지 않다는 이유로 CES를 개발하였다. 하지만 이 척도 역시 국내 소비자들이 소비 상황에서 느끼는 소비 정서와 맞지 않는 항목들이 포함되어 있으며 국내 소비자들에게 친숙한 용어들은 오히려 포함되어 있지 않았다는 한계점을 지니고 있다. 뿐만 아니라, 제품과 서비스가 구분되어 있지 않았고, 정적 정서와 부적 정서가 분리되어 추출된 것이 아니었다.

이러한 문제점들을 해결하고자 연구 1이 수행되었고 그 결과는 다음과 같다. 국내 소비자들을 대상으로 하여 제품과 서비스 각각에서 소비 후 경험하는 느낌, 감정 및 정서들을 자신이 경험했던 제품과 서비스에 대해서 자유롭게 기술하게 하여 정리한 항목들, 한덕웅과 강혜자(2000)의 한국인의 정서목록에서 소비와 관련된 성서를 추출한 항목들, 그리고 Izard(1977)의 DES-Ⅱ와 Richins(1997)의 CES를 모두 포함하는 포괄적인 소비 정서 항목들을 가지고 탐색적 요인 분석을 실시하였다. 그 결과 제품과 서비스 각각에서 정적 소비 정서와 부적 소비 정서 요인들을 추출하였는데, 정적 소비 정서는 제품에서 9개, 서비스에서 10개였으며, 부적 소비 정서는 제품에서 8개, 서비스에서 7개였다. 연구 1에서 나타난 차별적 특징과 이론적 의의를 살펴보면 다음과 같다.

첫째, 제품과 서비스에 각각에 대해 정적과 부적 정서가 다르게 추출되었으며, 제품과 서비스에 공통적으로 나타나는 정서들이 있는 반면, 제품에서만 그리고 서비스에서만 독특하게 나타나는 정서가 있다는 사실을 확인할 수 있었다.

둘째, 정적과 부적 정서들 또한 서로 다른 차원에서 발생되는 독립적인 정서들이 존재한다는 것도 확인 할 수 있었다. 이러한 결과들은 소비 후 유발되는 정서를 측정할 때, 특히 만족과 불만족이 형성되는데 영향을 미치는 정서를 측정할 때 정적 정서와 부적 정서를 제품과 서비스에 적합한 용어들로 선정하여 측정해야 한다는 것을 시사해주고 있다.

셋째, 국내 소비자들에게 친숙한 소비 관련 정서를 대학생들뿐만 아니라 20대에서 40에 이르는 일반인들을 대상으로 하는 다양한 소비자 집단을 통해 추출해 냈다는 점이다. 비록 10대와 50대 이후 연령층이 제외되었다고는 하지만, 20대에서 40대에 이르는 연령층에서 학생들뿐만 아니라 다양한 직종의 직장인 및 주부들을 대상으로 하는 다양한 소비자 계층을 측정함으로서 다양한 인구통계적 특성에 따르는 소비 정서에 대한 특징도 찾아 볼 수 있는 기회를 가졌다는 것이다.

　넷째, 정적 정서와 부적 정서를 분리하여 다룸으로써 고객 만족의 경우와 고객 불만족의 경우에 각각 독특하게 유발되는 정서를 분리하여 다루는 것이 가능해졌다는 점이다. 이 점 또한 제품과 서비스를 분리하여 다루었던 것과 같은 맥락에서 볼 수 있으며, 역시 고객 만족과 불만족을 형성하는데 영향을 미치는 정적 정서와 부적 정서가 서로 다른 차원의 다른 정서 용어들을 포함하고 있다는 점을 밝혀냈다는 데에 그 의의가 크다고 하겠다.

　본 연구 결과의 제한점에 대해 살펴보면, 우선 포괄적이고 다양한 소비 관련 정서 항목들을 구성하여 20대에서 40대까지의 성인 남녀를 대상으로 측정을 하였지만 10대가 제외되어 있다는 점이 아쉬움으로 남는다. 왜냐하면 10대들의 경우는 성인들보다 오히려 소비에 따른 감정과 정서가 더 풍부할 수 있기 때문이다. 향후 연구에서는 10대에서 50대 이후까지 포함한 전 소비 계층을 대상으로 한 연구가 수행되어 좀 더 세분화된 소비 정서 항목들을 개발하는 것도 필요할 것이라고 본다.

　또한 본 연구에서 소비 정서를 추출하기 위한 척도 문항으로 소비 정서의 적절성과 경험빈도를 사용했는데, 적절성을 측정하는 문항이 응답자들에게 쉽게 이해되지 않고 반응하기가 어려웠다는 점이 나타났다. 따라서 향후 연구에서는 소비 정서에 대한 문항 수집 단계에서 각 용어의 적절성보다는 중요성의 정도를 물어보는 것이 필요할 것으로 생각되며, 필요하다면 추가적인 측정 척도들을 개발하여 사용하는 것도 고려해 볼만하다.

　향후 연구에서는 제품과 서비스에서 각각 마케팅 분야에서 활용하고 있는 범주들, 예를 들면, 식음료, 내구재, 생활용품, 금융서비스, 유통서비스 등과 같이 구분하여 연구를 수행할 필요가 있을 것이다. 그렇게 함으로써 각 제품과 서비스 군별로 고객 만족과 불만족을 형성하는데 영향을 미치는 정서들이 어떤 것들인지를 좀 더 정확하게 파악해 낼 수 있을 것으로 생각된다.

한편 본 연구는 현장의 마케팅 실무자들에게 다음과 같은 시사점을 제공한다. 최근 마케팅 분야에서는 소비자의 감정을 다루어야 한다는 목소리가 자주 나오고 있는데, 본 연구에서 한국인의 소비 정서를 추출해 냈기 때문에 향후 마케팅 분야에서 소비자의 감정을 다루는데 반드시 있어야 할 기초 자료로 활용될 수 있다는 점이다. 특히 소비 정서를 측정할 때는 제품과 서비스를 분리하여 측정하여야 하며, 동시에 정적 정서와 부적 정서도 분리하여 측정하여야 할 것이다. 앞으로 본 연구에서 추출된 소비 정서 요인에 포함된 항목들 중에서 제품과 서비스별로 정적 정서와 부적 정서를 구분하여 조사 대상 품목에 맞는 것을 선택적으로 활용할 수 있으리라 생각된다. 본 연구를 계기로 마케팅에서의 소비자 감정 분야에서 소비자 정서를 기초로 한 활발한 연구가 이루어지는 데에 중요한 촉진제 역할을 할 수 있을 것으로 기대가 된다.

제2절 고객 만족/불만족 차원성 검증

연구 2는 고객 만족과 불만족의 2차원성을 검증하기 위해 가설을 크게 3가지 측면에서 구분하여 설정하고 검증을 하였다. 첫 번째로 모형 검증에 관한 가설이었다. 우선 본 연구에서는 고객 만족의 개념을 불일치된 기대와 소비자가 소비 경험에 대해 사전적으로 가지고 있던 감정이 복합적으로 결합하여 발생된 종합적 상태, 즉 기대

－불일치의 인지적 평가와 정적 및 부적 정서에 의한 감정적 경험으로 발생된 종합적 상태로 보았다. 이에 따라 고객 만족의 1차원 측정 모형보다 만족과 불만족의 2차원 측정 모형이 부합도가 높을 것이라는 가설과 인지적 평가 요인뿐 아니라 정서적 평가 요인도 포함되어야 할 것이라는 가설을 설정하고 검증을 하였다. 검증 결과는 두 가설 모두에서 감정적 평가가 포함된 만족과 불만족의 2차원 측정 모형이 신용카드와 핸드폰 모두에서 부합도가 높은 우세한 모형으로 나타났으며, 정적 정서와 부적 정서가 만족과 불만족에 미치는 영향력에 관한 가설들 또한 신용카드와 핸드폰에서 모두 지지되었다.

반면에 불평행동과 재구매 의도에 미치는 만족과 불만족의 영향력을 검증한 결과는 신용카드와 핸드폰 모두에서 지지되는 결과를 보여주었다. 이러한 검증 결과를 통해 정적 정서와 부적 정서가 만족과 불만족에 각각 영향을 미치고 있으며, 만족과 불만족이 각각 2차원으로 형성되고 있다는 것은 1차원 모형보다 2차원 모형이 부합도가 높았다는 것을 통해 분명하게 밝혀졌다고 할 수 있다.

두 번째로 불일치 정도와 정서 경험을 통해 2차원성을 검증하고자 만족과 불만족의 동시 경험 집단과 모두 낮게 경험한 집단을 만족만을 또는 불만족만을 높게 경험한 집단과의 비교를 하였다. 대부분의 가설들이 신용카드와 핸드폰에서 유사하게 지지되는 결과들을 보여주었으나, 불일치가 정서에 미치는 영향에 대해서는 핸드폰에서, 만족과 불만족 집단 간의 정서 경험의 차이 비교에서는 신용카드가 지지되지 않는 다른 결과를 보여주었다. 신용카드와 핸드폰에서 나타난 가설 검증 결과의 차이는 전반적으로 만족도가 높고 불만족도가 낮은 핸드폰의 제품 특성에서 기인된 결과라고 할 수 있는데, 이는 핸드폰이 이미 품질에 대한 기대가 높게 형성되어 있다는 점과 같은 맥락에서 추론해 볼 수 있는 것이다. 즉 핸드폰에 대한 사전 기대가 높기 때문에 품질 지각과의 차이에서 일어나는 불일치가 정서 경험에 크게 작용하지 않을 수 있다는 것이다. 반면에 신용카드에서 만족과 불만족을 동시에 경험한 집단이 불만족만을 높게 경험한 집단보다 정서 경험의 차이가 크지 않았던 것은 신용카드의 경우 만족보다는 불만족이 정서 경험의 차이를 크게 일으키고 있는 것으로 볼 수 있다. 즉 만족이 높고 낮음에 따라 경험하는 정서보다는 불만족이 높고 낮음에 따라 경험하는 정서의 차이가 크게 작용하고 있다고 추론해 볼 수 있는데, 이에 대해서는 좀 더 추가적인 분석 작업이 필요할 것으로 판단된다.

전체적으로 신용카드와 핸드폰 모두에서 지지되지 않았던 가설들은 만족과 불만족을 동시에 경험하는 집단, 그리고 모두 낮게 경험하는 집단과 만족만을 경험하는 집단과의 불일치 경험의 차이를 비교한 것이다. 여기서 공통적인 부분은 비교 집단이 만족만을 경험한 집단이라는 것으로 나타났는데, 이는 신용카드와 핸드폰 모두 불일치 경험이 만족보다는 불만족에 의해 유발되는 것이 더 크다는 것을 암시해 주는 결과라 할 수 있다.

기존 선행 연구들과 비교를 해보면, 본 연구에서 지지되지 않았던 가설 4-1, 즉 만족과 불만족을 동시에 경험한 집단이 만족만을 경험한 집단보다 불일치를 적게 경험할 것이라는 가설은 전선규(1996)의 연구에서는 지지되었고, 만족과 불만족이 모두 낮은 집단이 불만족만을 경험하는 집단보다 불일치를 적게 경험할 것이라는 가설은 본 연구에서는 지지되었고, 전선규(1996)의 연구에서는 지지되지 않은 것으로 나왔다. 그 외의 정서 경험과 관련된 가설들은 모두 지지된 것으로 나타났다. 물론 전선규(1996)의 연구에서 측정 대상으로 삼은 것은 대학 강의에 대한 만족도였기 때문에 본 연구

와는 연구 대상과 조사 대상 모두가 큰 차이를 보이고 있는 것이어
서 직접적인 비교를 하기는 어렵다고 볼 수 있겠다.

국내에서 지금까지 수행된 연구들은 고객 만족의 측정 항목을 다
루는데 있어서 단일 항목 척도인지 아니면 복수 항목 척도인지에
대한 논의가 활발하게 이루어진 반면에(예: 구순이, 1996; 김광수 &
곽원일, 1998; 안광호 & 윤면상, 1990; 이유재, 1997a, 2000), 고객
만족의 차원성을 다룬 연구는 전선규(1996)의 연구 외에는 거의 없
었다. 또한 기대-불일치 패러다임을 이용한 연구들(예: 구순이,
1996; 이유재, 1997a 등)과 감정을 포함한 불일치 모형을 다룬 연구
(김광수 & 곽원일, 1998) 등도 활발하게 진행되었지만 만족과 불만
족의 차원성에 대한 문제는 다루지 않았다.

그리고 결과 변인으로 불평행동을 다룬 연구들은 비교적 많은데
비해 재구매 의도를 다룬 연구들은 많지 않았다. 안광호와 윤면상
(1990)은 재구매 의도에 조절변인으로 작용하는 관여도의 효과를,
구순이(1996)는 재구매 의도에 선행 변인으로 작용하는 귀인의 효
과를 다루었지만 역시 단일 차원의 만족도를 사용하였다.

정서 경험과 관련된 연구 가설들에서 나온 결과는 Westbrook과
Oliver(1991), Watson과 Tellgen(1985) 및 Oliver(1989) 등의 소비
정서 관련 연구들에서 나온 결과들과 유사한 경향을 보이고 있다.
즉 만족과 불만족을 모두 경험한 소비자들은 만족하는 소비자에 비
해 그리고 불만족하는 소비자에 비해 정적, 부적 정서들을 전체적으
로 더 많이 경험하고 또한 두 정서가 서로 비슷하게 작용하는 것으
로 밝혀졌다. 또한 만족과 불만족을 모두 낮게 경험하는 소비자들이
불만족하는 소비자들 또는 만족하는 소비자들보다 정서 경험의 정
도가 적게 나타나는 경향을 보였는데, 이는 Westbrook과 Oliver(1991)
가 지적했듯이, 정서적 경험이 결여된 소비자 집단 즉 차가운 만족

또는 불만족하지 않는 소비자 집단의 존재를 확인한 결과였고, 이러한 정서적 경험의 결여는 곧 만족과 불만족 자체를 느끼지 않는 상태에 있다는 것을 알 수 있는 결과였다. 이러한 결과 역시 만족과 불만족이 2차원으로 형성되어 진다는 것을 보여준 결과라고 할 수 있다.

연구 2를 통해 고객 만족과 불만족의 2차원성에 대한 실증적인 증거들을 확인할 수 있었으며, 2차원성에 대한 실증적 증거를 보여주었던 선행 연구(서용원 & 손영화, 2003)에서 제한점으로 나타났던 점들, 즉 고객 만족의 개념적 정의를 명확히 내리지 못하고 연구를 수행한 점과 다양한 측정치들에 비해 사례수가 충분치 못했던 점들, 소비 정서 측정 문항이 적합지 않았다는 점들을 보완하여 연구를 수행했다는 점에서 본 연구를 통해 나타난 결과들은 조금 더 강력한 실증적 증거들이라 할 수 있겠다. 이 외에도 본 연구가 지니고 있는 몇 가지 특징과 의의를 살펴보면 다음과 같다.

첫째, 제품과 서비스를 대표할 수 있는 연구 대상 품목을 현재의 시장 상황과 마케팅 상황에서 다양하게 고려하여 선정했다는 점이다. 즉 모든 소비자들에게 공통적으로 가장 빈번하게 사용되고 있으며, 시장에서의 경쟁상황이 매우 치열하여 고객 만족도에 민감하게 움직이는 제품과 서비스를 핸드폰과 신용카드로 선정하여 조사를 수행하였다는 것이다.

둘째, 모든 소비재를 대표할 수는 없겠지만 적어도 제품과 서비스를 크게 구분하여 각각에서 선정된 핸드폰과 신용카드를 대상으로 조사를 수행하였다는 점이다. 즉 제품과 서비스에서 전체적인 2차원 측정 모형의 우세함을 보여준 것과 만족과 불만족의 형성과정에서 다르게 작용하고 있는 변인들 간의 관계를 동시에 다루어 밝혀냈다는 것 또한 본 연구의 특징적인 의의라 할 수 있겠다.

셋째, 소비 정서 개발 연구에서와 마찬가지로 다양한 소비자 계층을 대상으로 하여 측정을 하였다는 점이다. 지금까지 수행되어온 선행 연구들이 대부분의 대상자를 대학의 학생들을 상대로 학생들과 관련된 품목과 서비스를 가지고 측정을 해온 것과는 본 연구에서는 달리 20대에서 40에 이르는 다양한 소비자들을 대상으로 분석에 충분한 사례 수를 확보하여 표본의 한계를 극복했다는 것이다.

마지막으로 본 연구에서 고객 만족과 불만족의 차원성 검증을 위해 사용되었던 소비 정서 문항들이 사전 연구를 통해 개발된 한국적 소비 상황에 맞는 한국인의 소비 정서 문항들이었다는 점으로, 이것은 기존의 국내외 다른 선행연구들과 차별화되는 의의라고 할 수 있겠다.

반면 본 연구가 지니고 있는 제한점을 살펴보면 다음과 같다. 본 연구를 통해 전체적인 고객 만족과 불만족의 2차원성에 대한 검증은 확실하게 이루어졌으나 만족과 불만족이 형성되기 전의 과정과 만족과 불만족이 형성되고 난 이후에 불평행동과 재구매 의도에 미치는 영향에 대한 결과가 일관성 있게 나타나지 못했다는 점이다. 물론 연구 대상으로 선정된 핸드폰과 신용카드라는 품목들이 지니고 있는 특성에 기인된 부분도 있겠지만, 측정 문항이나 측정 상황의 통제와 관련되어 나타난 결과일 수도 있다. 이는 소비 정서를 제외한 측정 문항들이 기존 연구들에서 사용된 문항들이기 때문에 최근의 소비자들의 소비와 관련된 인지나 지각이 변화되고 있는 것에 맞는 측정치들의 개발이 필요할 수도 있다는 것을 시사해주는 것이다. 또한 조사 대상 제품과 서비스의 혼동 문제와 관련해서 설문 도입부에서 속성 평가를 통해 혼동 가능성을 최소화 하였지만 핸드폰에 대해 서비스와 혼동하여 반응했을 가능성을 배제할 수 없으며, 따라서 향후 연구에서는 제품 특성만이 두드러진 대상을 선정하여 다룰 필요가 있다고 본다.

그리고 본 연구의 설문지 구성 측면에서 볼 때, 측정 방식에서 이미 만족과 불만족을 구분하여 측정을 함으로서 만족과 불만족이 구분되어 나타날 수 있는 것이 아닌가라는 지적이 있을 수 있다. 하지만 그러한 가능성을 완전히 배제할 수는 없다고 하더라도 Herzberg의 연구에서 나온 만족요인과 불만족요인에 대해 귀인편파 작용에 대한 비판이 있었던 것과는 달리, 서용원과 손영화(2003)의 연구 결과에서도 나타났듯이 만족의 이유는 일반적인 반면, 불만족의 이유는 구체적이고 다양하게 나타나며, 1차원의 가정이 맞는다면 7점만큼 만족하면 3점만큼 불만족한 것으로 측정 결과가 나와야 하지만 그렇지 않았기 때문에 만족과 불만족은 성격 자체가 독립적일 가능성이 더 크다고 할 수 있다.

본 연구에서 조사 대상자들의 구매 시점과 가입 시점을 파악하지 않아서 제품과 서비스의 이용 기간을 알 수 없었다. 하지만 제품과 서비스의 이용 기간에 따른 효과가 연구 결과에 영향을 미칠 수 있기 때문에 확인해 볼 필요가 있다. 따라서 이러한 측면도 본 연구의 제한점으로 작용하고 있다고 할 수 있다.

앞으로의 연구 방향으로는 연구 1에서도 언급했지만 제품과 서비스를 좀 더 다양하게 확장하여 고객 만족과 불만족에 대한 2차원성을 검증하는 연구가 수행되어지는 것이 필요할 것으로 생각이 되며, 이는 실제 고객 만족도 조사를 수행하고 있는 기업들의 고객 만족 전략에 더욱 구체적인 시사점을 제공해 주기 위해서는 현장 상황에 맞는 실질적인 증거들이 요구되어질 수 있기 때문이다.

본 연구의 결과들을 통해 기업의 고객 만족 경영 전략을 수립하고 마케팅 활동을 수행하는 데에 제공되어 질 수 있는 시사점은 다음과 같다.

 첫째, 지금까지 고객 만족도 측정이 만족 중심으로 이루어져 왔으며 만족도 점수에 많은 비중을 두고 고객 만족 경영을 펼쳐왔다고 할 수 있다. 하지만 고객 만족이 만족과 불만족의 2차원 구조로 형성되어지고 있고, 만족 고객보다 불만족 고객이 불평행동을 더 강하게 일으키고 재구매 의도도 낮게 되어 결국 고객 이탈로 이어질 수 있기 때문에 더욱 중요하게 다루어야 할 대상임이 확인되었다. 따라서 기업에서는 불만족 고객이 불만족 경험 이후 어떻게 변해가는 지를 정확하게 파악해야만 그 고객을 이탈되지 않게 할 뿐만 아니라 오히려 충성 고객으로 전환시킬 수 있는 계기로 삼을 수 있게 된다. 그렇게 하기 위해서는 불만족 고객을 정확하게 파악한 후 그들의 불만족 원인이 무엇이었는지를 정확하게 알아내야만 하고 그에 대한 대응 처리 전략을 정확하게 수립하고 전개할 수 있게 된다. 만족과 불만족을 2차원으로 분리하여 측정하였을 때 1차원 측정을 통해서는 알 수 없는 사실 즉, 만족과 불만족에 미치는 영향 요인들이 다르다는 것을 연구 2의 결과 분석에서 확인한 바 있다. 따라서 고객 만족을 1차원으로 측정했을 때보다 2차원으로 측정했을 때 불만족에 영향을 미치는 요인이 무엇인지를 정확하게 분리하여 파악 할 수 있게 된다는 사실을 간과해서는 안 될 것이다.

 둘째, 불만족 고객과 함께 더욱 신경을 써야 할 고객은 만족도 높고 불만족도 높은 고객이다. 이들은 만족도를 1차원으로 측정했을 때는 만족과 불만족 중 우세한 쪽으로 분류될 수 있겠지만 어느 쪽으로 분류가 되든지 간에 불만족이 높은 고객들이라는 것은 틀림없는 사실이다. 따라서 이들이 만족 고객으로 분류되었을 때는 기업 입장에서는 문제가 없는 대상으로 여겨질 수 있지만 이 고객들 역시 불만족이 높은 고객들과 마찬가지로 이탈할 가능성이 높은 고객이라는 것이다. 이러한 측면에서 보면, 본 연구 결과는 만족도를

1차원으로 측정했을 때는 전혀 드러나지 않는 고객을 만족과 불만족을 2차원으로 측정했을 때만이 분명하게 찾아 낼 수 있다는 중요한 시사점을 제공하고 있는 것이다.

셋째, 고객 만족을 측정하는데 인지적 평가인 기대-불일치만을 가지고 만족 판단을 하기보다는 정서적 평가를 포함시켜서 만족과 불만족을 판단해야 한다는 점이다. 최근에 마케팅 분야에서 감성 마케팅이 부각되고 있는 시점이라 앞으로는 고객 만족도를 측정하는데 있어서 더욱 중요하게 다루어야 할 요소라고 할 수 있다.

제3절 고객 만족/불만족 귀인의 효과

사실 심리학 분야에서 귀인 연구는 전통적으로 오랫동안 다루어져 온 연구 분야였다. 하지만 소비자 행동 특히 고객 만족과 관련된 귀인 연구들이 시작되고 활발해진 것은 불과 몇 년 전에 불과하다. 물론 소비자 행동 중에서 불평처리와 관련된 연구들은(Folkes 1984, 1988; Krishnan & Valle, 1979) 이어지고 있지만 소수에 불과한 실정이었다. 이것은 소비자 행동에서의 귀인 연구를 하는데 있어서 대인 지각을 다루는 대인 관계 상황이나 성취 상황을 다루는 교육 장면과 같은 영역에서의 귀인 연구와 달리, 소비 상황에 맞게 실험 상황을 조작(manipulation)하는데 한계가 있기 때문이 아닌가 생각되며, 이러한 측면이 소비자 행동 영역에서의 귀인 연구를 활성화시키는데 제약으로 작용해 왔다고 볼 수 있다.

그럼에도 불구하고 고객 만족과 불만족의 2차원성을 검증하고 그에 따른 만족과 불만족 이후에 발생되는 귀인의 유형과 귀인에 의해 유발되는 구체적 정서 그리고 귀인 유형이 불평행동 및 재구매 의도에 미치는 효과를 검증하고자 연구 2에서와 마찬가지로 제품과 서비스를 분리하여 검증하였다.

가설 검증 결과, 신용카드와 핸드폰 모두에서 전체적으로 유사한 검증결과가 나타났다. 즉 지지된 결과와 지지되지 않은 결과가 같은 가설에서 나타났다는 것이다. 가설 검증 결과들의 지지 유형을 보면, 불만족 귀인 후 유발되는 정서에서는 외적/안정 귀인을 제외하고는 모두 지지되었고, 만족에 대한 외적 귀인은 지지되었지만 내적 귀인의 경우는 핸드폰에서 자신감이 유발되는 것만 유의한 차이를 보여주었다. 반면에 불평행동과 재구매 의도에 관련된 가설들은 신용카드와 핸드폰 모두 가설의 절반 정도만 지지되었는데, 특히 내외 귀인이나 안정성 귀인보다는 통제 가능성 귀인의 경우에 지지되지 않은 경우가 많은데, 불평행동의 경우는 불만족에 대한 통제 가능한 귀인을 할 때 유의한 차이는 나타나지 않았지만 경향성은 보여준 반면, 재구매 의도는 가설과 반대되는 방향으로 나왔는데, 핸드폰의 경우 통제 불가능 귀인을 할 때보다 오히려 통제 가능한 귀인을 할 때 재구매 의도가 높게 나타났다.

기존의 선행 연구들 중 고객 만족과 불만족에 관련된 귀인 연구를 가장 활발하게 했던 Folkes(1984, 1988)의 연구 결과와 비교해 보면, Folkes는 3가지 귀인 차원에 따라 감정 유발과 불평행동이 달라진다는 연구를 통해 내외 차원, 안정성, 통제 가능성에 따라 유의한 차이가 나는 결과를 얻은 바 있지만, 이 연구는 귀인 차원에 맞게 가상의 시나리오를 만든 후 피험자들에게 그런 상황에 처한다면 어떻게 반응할 것인지를 물어본 것에 지나지 않기 때문에 실제 상황에서의 소비자 반응과는 거리가 먼 연구결과였다. 뿐만 아니라 귀인 후 경험하는 구체 정서도 기존의 Weiner가 제시한 귀인 차원에 따른 유발 정서를 그대로 사용하여 얻은 결과였다. 따라서 소비자들이 제품과 서비스에서 경험하는 불만족에 따른 이유가 다양하고 그 이유에 대한 원인 지각도 다르게 나타날 수밖에 없는 본 연구 결과와는 직접적으로 비교하는 것이 무의미하다고 보며, 본 연구에서 나타난 결과보다 오히려 Folkes의 연구에서 나타난 결과가 더욱 제한점이 크다고 볼 수 있다. 물론 본 연구의 결과도 지지되지 못한 가설들이 많았고 설문 측정을 통한 귀인 가설 검증이라는 측면에서 많은 제약을 지니고 있다는 것은 분명한 사실이라 할 수 있다.

그럼에도 불구하고 본 연구를 통해 고객 만족과 불만족의 2차원 구조 속에서 귀인의 효과를 다루었다는 것은 고객 만족 연구에서의 또 다른 시도라고 할 수 있다. 본 연구가 지니고 있는 이론적 의의를 정리하면 다음과 같다.

첫째, 고객 만족과 관련된 귀인 연구가 활발하지 못했음에도 불구하고 최근까지도 끊이지 않고 연구들이 이어져 오고 있지만, 본 연구에서 수행되었던 것처럼 소비자들에게 빈번하게 소비되고 있는 품목을 대상으로 고객 만족과 불만족의 차원 구조와 함께 귀인을 다룬 연구는 없었다. Krishnan과 Valle(1979), Folkes(1984), 및 Oliver(1989)와 같은 몇몇 연구자들이 불일치와 귀인과의 관계나 귀인 유형에 따른 정서 유발 및 불평처리와 같은 소비 후 행동들과의 관계를 다룬 연구들에서 귀인에 대한지지 증거를 밝혀왔지만, 본 연구에서와 같은 소비자 개개인들의 다양한 만족과 불만족을 경험한 것을 바탕으로 한 것이 아니라 이미 구성된 시나리오를 제시하거나 특정 상황에 대한 귀인을 가지고 얻어낸 결과(Folkes, 1984)라는 점에서 본 연구의 차별적인 의의를 찾을 수 있다.

둘째, 소비자들을 대상으로 소비 상황에서의 귀인을 다루었던 연구들이 귀인 차원뿐 아니라 귀인 후 유발되는 구체적인 정서도 Weiner가 제시한 성취 상황에서 발생되는 귀인 차원에 따른 유발 정서를 그대로 사용하여 측정해서 결과들을 얻었던 것과는 달리, 본 연구에서는 귀인 차원에 따라 유발되는 구체적 정서를 실제 소비 상황에서 경험되어지는 것으로 측정하기 위해 다양한 소비 경험에 대한 사전 조사를 통해 찾아내어 정리한 후 본 연구 수행을 위한 측정 항목으로 사용하였다. 이러한 노력은 실제 소비 상황에서의 귀인 과정을 측정하는데 사용되어지는 측정 도구의 타당도를 높이기 위한 것이었고, 향후 연구 결과를 실제 마케팅 상황에서도 활용하는데 있어서 일반화 가능성을 높이기 위한 것이었다. 이러한 노력 역시 본 연구가 지니는 의의라 할 수 있겠다.

셋째, 기존의 고객 만족 모형은 만족과 불만족 형성이후 불평행동과 재구매 의도에 이르는 과정을 만족과 불만족이 발생한 정도만으로 확인하고 예측하는 것까지만 다루었는데, 본 연구의 분석 결과에 따르면 귀인 과정과 그 후에 유발되는 구체 정서가 포함되는 모형이 보다 정교한 설명모델이 될 수 있음을 입증하고 있다. 즉 만족과 불만족이 단일 차원이 아닌 2차원 구조 내에서 형성되고 난 후 각각에 대해 귀인 과정이 일어나고 있을 뿐 아니라, 귀인 과정이 일어나는 유형과 불평행동 및 재구매 의도에 미치는 영향력도 다르게 나타났다. 그럼에도 불구하고 이러한 귀인 과정을 무시한 채 만족과 불만족의 정도만으로 불평행동과 재구매 의도를 예측하고 그에 따라 고객 만족 전략을 수립한다는 것은 매우 제한적인 전략으로 마케팅 활동을 전개하게 될 가능성이 높아질 수 있다.

본 연구에서 나타난 결과의 제한점을 살펴보면, 우선 고객 만족과 불만족의 2차원성 검증 연구에서도 언급했지만 만족과 불만족

이후 이루어지는 귀인 과정을 측정하는데 있어서 구인 후 유발되는 구체 정서 항목들은 사전 조사를 통해 수집된 정서 항목들을 정리하여 사용하였으나, 귀인 유형을 측정하는 귀인 차원 문항은 Weiner가 성취 상황에서 사용한 차원들을 그대로 사용하고 있다는 점이다. 따라서 소비 상황에서의 만족과 불만족에 대한 귀인 차원을 찾아내는 것은 하나의 연구로서 충분히 다루어질 만한 가치가 있다고 생각하며 향후 다루어져야 할 연구로 우선적으로 고려할만 하다고 하겠다.

추가 분석 결과에서 나타났듯이, 불만족에 대한 귀인이 4가지 유형으로만 나타나고 있다는 것과 귀인 유형에 따라 나타나는 귀인 의존 정서가 차이가 나고 있음을 알 수 있었다. 또한 이러한 결과가 신용카드와 핸드폰에서 동일한 형태로 나타난 점도 향후 연구에 시사점을 제공하고 있다고 할 수 있다. 따라서 향후 연구에서는 귀인 의존 정서에 대한 항목 개발이 이루어져야 하고 또한 제품과 서비스에서의 귀인 유형을 확인하는 연구도 필요하다고 본다.

반면에 본 연구에서 불만족에 대한 외적 귀인의 경우 제품과 회사에 대해 다르게 나타날 수 있는데 함께 다루었다는 점이 제한점으로 작용할 수 있다. 물론 Weiner의 경우에도 내적 요인인 노력과 능력, 외적 요인인 운과 과제 난이도를 함께 다루었기 때문에 본 연구에서도 여러 원인을 함께 다루는 것이 무리가 없을 것 같다. 하지만 추후 연구에서는 구분하여 차별적으로 예측하는 연구가 필요하다. 그리고 본 연구에서 제품과 서비스를 각각 분리하여 측정했다고 하지만 귀인 과정이 또 다른 유형으로 일어날 수 있다는 가능성을 간과할 수 없다는 것이다. 이에 대해서는 좀 더 다양한 소비재와 서비스를 대상으로 한 연구가 수행되어진 후에 귀인과 관련된 일관성 있는 주장을 할 수 있으리라 생각된다. 따라서 향후 고객 만족/불만족 차원 모형에 귀인 과정이 포함된 확장 모형을 구성하여 다양한 제품과 서비스에 대한 검증 연구를 수행해야 할 것이다.

기업 현장의 관점에서 고려해 보면, 기업에서 고객 만족도를 측정하고 고객 만족 경영 전략을 수립하기 위해서는 만족과 불만족이 형성된 이후에 불평행동과 재구매 의도에 미치는 영향을 직접적으로만 측정해서는 안 될 것이며, 만족과 불만족 각각에 따라 이루어지는 귀인 과정과 유발 정서가 무엇인지를 확인하고 그 이후에 불평행동과 재구매 의도에 어떻게 영향을 미치고 있는 지를 파악해야 할 것이다. 본 연구에서 나타난 결과가 바로 그 점에 대한 시사점을 제공해 주고 있는 것이다.

참고문헌

구순이(1996). 의료서비스에 대한 소비자 만족에 관한 연구. **마케팅 연구**, 11(2), 67-90.

김광수, 곽원일(1998). 소비자만족 형성과정에 대한 감정 반응의 역할. **한국마케팅저널**, 1(1), 14-61.

김완석, 강용주(1998). 복합점수를 이용하는 소비자만족 측정법들의 준거타당도 연구. **소비자학연구**, 9(4), 63-81.

박명호, 조형지(2000). 고객만족의 개념 재정립과 척도개발에 관한 연구. **마케팅연구**, 15(3), 93-122.

서용원(2002). 공정성 지각과 리더 행동 간의 관계: 분배공정 리더 쉽과 절차공정 리더쉽의 차별 효과. **한국 심리학회지: 산업 및 조직**, 15(3), 113-132.

서용원, 손영화(2003). 고객 만족/불만족 차원 검증에 관한 연구. **한국 심리학회지: 소비자 · 광고**, 4(1), 103-121.

성영신, 김완석(1988). 소비자 만족/불만족 요인에 관한 연구; 이 요인이론의 검증과 확장. **한국 심리학회지: 산업 및 조직**, 1(1), 1-12.

안광호, 윤면상(1990). 소비자 만족/불만족에 대한 귀인과정에 있어서의 조정적 역할. **소비자학연구**, 1(2), 43-58.

이유재(1995). 고객만족의 정의 및 측정에 관한 연구, **경영논집**, 29(1), 145-168.

이유재(1997a). 고객만족형성과정의 제품과 서비스 간 차이에 대한 연구. **소비자학연구**, 8(1), 101-108.

244

이유재(2000). 고객만족 연구에 관한 종합적 고찰. **소비자학 연구,** 11(3), 139-166.

전무진(1995). 소비자의 만족 형성 과정에 관한 연구. **서강대학교 대학원 석사학위 청구논문.**

전선규(1996). 만족하지 않는 것은 불만족을 의미하는가? **소비자학 회지,** 7(1), 91-108.

조윤식(1997). 구매만족과 불평행동의도 사이의 조절변수에 관한 연구. **마케팅관리연구,** 3(1), 33-57.

한덕웅, 강혜자(2000). 한국어 정서용어들의 적절성과 경험빈도. **한국 심리학회지: 일반,** 19(2), 63-99.

Anderson, R. E. (1973). Consumer Dissatisfaction: The Effect of Disconfirmed Expectancy on Perceived Product Performance. *Journal of Marketing Research, 10,* 38-44.

Anderson, E. W., Fornell C., & Lehmann, D. R. (1994). Customer Satisfaction, Market Share, and Profitability: Finding From Sweden. *Journal of Marketing, 58*(July), 53-66.

Anderson, J. C., & Gerbing, D. W. (1988). Structural Equation Modeling in Practice: A Review and Recommended Two-Step Approach. *Psychological Bulletin, Vol.* 103, No.3, 411-423.

Andreasen, A. R. & Manning J. (1990). The Dissatisfaction and Complaining Behavior of Vulnerable Consumers. *Journal of Consumer Satisfaction, Dissatisfaction and Complaining Behavior, 3,* 12-20.

Babin, B. J., Griffin, M., & Darden, W. R. (1994). An Empirical Comparison of Alternative Conceptualization of Postconsumption Reaction. *Journal of Consumer Satisfaction, Dissatis-faction and Complaining Behavior, 7*, 172-183.

Bagozzi, R. P., Gopinath, M., & Nyer, P. U. (1990). The Role of Emotions in Marketing. *Journal of the Academy of Marketing Science, 27*(2), 184-206.

Batra, R., & Holbrook, M. B. (1990). Developing a Typology of Affective Response tio Advertising. *Psychology & Marketing, 7*(Spring), 11-25.

Batra, R., & Ahtola, O. T. (1990). Measuring the Hedonic and Utilitarian Sources of Consumer Atitudes. *Marketing Letters, 2*(2), 159-170.

Bearden, W. O., & Oliver, L. R. (1985). The Role Public and Private Complaining in Satisfaction with Problem Resolution. *The Journal of Consumer Affaires, 19*(2), 222-240.

Bearden, W. O., & Teel, J. E. (1983). Selected Determinants of Consumer Satisfaction and Complaint Reports. *Journal of Marketing Research, 20*(Feb.), 21-8.

Bolton, R. N., & Drew, J. H. (1991). A Multistage Model of Customers' Assessments of Service Quality and Value. *Journal of Consumer Research, 17*(Mar.), 375-384.

Bolton, R. N., & Drew, J. H. (1991). A Longitudinal Analysis of the Impact of Service Changes on Customer Attitudes. *Journal of Marketing, 55*(Jan.), 1-9.

Cadotte, E. R., Woodruf, R. B., & Jenkins, R. L. (1987). Xxpectations and Norms in Models of Consumer Satisfaction. *Journal of Marketing Research, 24*, 305-314.

Cardozo, R. M. (1965). An Experimental Study of Customer

Efforts, Expectation, and Satisfaction. *Journal of Marketing Research, 2*(Aug.), 244-249.

Churchill, Jr. G. A., & Surprenant, C. (1982). An Investigation into the Determinants of Customer Satisfaction. *Journal of Marketing Research, 19*(Nov.), 491-504.

Cronin, J. J. Jr., & Taylor S. A. (1992). Measuring Service Quality: A Reexamination and Extension. *Journal of Marketing, 56*(July), 55-68.

Curren, M. T., & Folkes, V. S. (1987). Attributional Influences on Consumers' Desires to Communicate About Products. *Psychology and Marketing, 4*(Sum.), 31-45.

Day, R. L. (1980). Research Perspectives on Consumer Complaining Behaviors. In Lamb and Dunne(Eds.), *Theoretical Developments in Marketing,* Chicago, IL: American Marketing Association, 211-215.

Day, R. L. (1984). Modeling Choices Among Alternative Response to Dissatisfaction. *Advances in Consumer Research, 11,* 496-499.

Day, R. L., & Ash, S. B. (1979). Consumer Response to Dissatisfaction with Durable Products. *Advances in Consumer Research, 6,* 438-444.

Day, R. L., & Landon, E. L. Jr. (1977). Toward a Theory of Consumer Complaining Behavior. In Woodside, Sheth & Bennett (Eds.), *Consumer and Industrial Buying Behavior,* 425-437.

Day, R. L., & Strahle, W. M. (1985). Sex roles, Life style, Store types and Complaining Behavior. In R. L. Day & H. K.

Hunt(Eds.), *Journal of Consumer Satisfaction, Dissatis-faction and Complaining Behavior*, 59-66.

Diener, E., & Emmons, R. A. (1985). The Independence of Positive and Negative Affect. *Journal of personality and Social Psychology, 47(5)*, 1105-1117.

Droge, C., Halstead, D., & Mackoy, R. D. (1997). The Role of Competitive Alternatives in the Postchoice Satisfaction Formation Process. *Journal of the Academy of Marketing Science, 25*(1), 18-30.

Fornell, C. (1992). A National Customer Satisfaction Barometer: The Swedish Experience. *Journal of Marketing, 56*(Jan.), 6-21.

Frijda, N. H. (1993). The Place of Appraisal in Emotion. *Cognition and Emotion, 7*(3-4), 115-143.

Folkes, V. S. (1984). Consumer Reaction to Product Failure: An Attributional Approach. *Journal of Consumer Research, 10*, 398-409.

Folkes, V. S. (1984). An Attributional Approach to Postpurchase Conflict Between Buyer and Sellers. *Advances in Consumer Research, 11,* 500-503.

Folkes, V. S. (1988). Recent Attribution Research in Consumer Behavior: A Review and New Directions. *Journal of Consumer Research, 14,* 548-565.

Gardial, Fisher S., Clemons, D. S., Woodruff, R. B., Schumann, D. W., & Burns, M. J. (1994). Comparing Consumers' Recall of Prepurchase and postpurchase Product Evaluation Experiences. *Journal of Consumer Behavior, 20*(3),

548-560.

Giese, J. L., & Cote, J. A. (2000). Defining Consumer Satis-faction. *Academy of Marketing Science Review.*

Gilly, M. C., & Gelb, B. D. (1982). Post-Purchase Consumer Processes and the Complaining Consumer. *Journal of Consumer Research, 9*(Dec.), 323-328.

Gronhaug, K., & Zaltman, G. (1981). Complainers and Non Complainers, Revised: Another look at the Data. *Advances in Consumer Research, 7,* 83-87.

Halstead, D., & Droge C. (1978). Consumer Attitude Toward Complaining and the Prediction of Multiple Complaint Response. *Advances in Consumer Research, 18,* 210-216.

Halstead, D., & Page Jr., T. J. (1992). The Effect of Satisfaction and Complaining Behavior on Consumer Repurchase Inten-tions. *Journal of Consumer Satisfaction, Dissatisfaction and Complaining Behavior, 5,* 1-11.

Havlena, W. J., & Holbrook, M. B. (1986). The Varieties of Consumption Experience: Comparing Two Typologies of Emotion in Consumer Behavior. *Journal of Consumer Research, 13,* 394-404.

Hirschman, A. O. (1970). *Exit, Voice, and Loyalty,* Cambridge, MA: Harvard University Press.

Hirschman, E. C., & Holbrook, M. B. (1982). Hedonic Con-sumption: Emerging Concepts, Methods and Propositions. *Journal of Marketing, 46,* 92-101.

Howard, J. A., & Sheth, J. N. (1969). *The Theory of Buyer Behavior,* New York: Wiley.

Holbrook, M. B., & Batra, R. (1987). Assessing the Role of Emotions as Mediators of Consumer Responses to Advertising. *Journal of Consumer Research, 14*, 404-420.

Hunt, H. K. (1977). CS/D-Overview and Future Directions, in *Conceptualization and Measurement of Consumer Satisfaction and Dissatisfaction,* H. Keith Hunt, ed. Cambridge, Massachusetts: Marketing Science Institute.

Hunt, H. K. (1993). CS/D & CB Research Suggestions and Observations for the 1990's. *Journal of Consumer Satisfaction, Dissatisfaction and Complaining Behavior, 6,* 40-42.

Izard, C. E. (1977). *Human Emotions.* New York: Plenum Press.

Izard, C. E. (1991). *The Psychology of Emotions.* New York: Plenum.

Jacoby, J., and Jaccard, J. J. (1981). The Sources, Meaning, and Validity of Conumer Complaint Behavior: A Psychological Analysis. *Journal of Retailing, Vol. 57*(3), 4-24.

Kelley, H. H., & Michela, J. L. (1980). Attribution Theory and Research. *Annual Review of Psychology, 31,* 457-501.

Krishnan, S., & Valle, V. A. (1979). Dissatisfaction-Attributions and Consumer Complaint Behavior. *Association of Consumer Research Proceedings, Ed. Wilkie, Vol. 6,* 445-449.

Kumar, A., & Olshavsky, R. W. (1997). Distinguishing Satisfaction from Delight: An Appraisals Approach, presentation in Special Session on Cognitive Appraisals, Consumer Emotion and Consumer Response, *Advances in Consumer Research,* eds. Merrie Brucks and Deborah J. MacInnis, XXIV, 17-18.

Kumar, A., & Iyer, R. (2001). Role of Interpersonal factors in

Delighting Customers, *The Marketing Management Journal,*
11(1), 49-57.

LaBarbera, P. A., & Mazursky, D. (1983). A longitudinal Assess-
ment of Consumer Satisfaction/Dissatisfaction. *Journal of
Marketing Research, 20,* 393-404.

Landon, E. L. Jr. (1977). A Model of Consumer Complaint
Behavior. in *Consumer Satisfaction, Dissatisfaction and Com-
plaining Behavior, Ralph Day, ed.,* 31-35.

Landon, E. L. Jr. (1980). The Direction of Consumer Complaint
Research. *Advances in Consumer Research Proc., Vol. 8,*
335-338.

Lazarus, R. S., Kanner, A. D., & Folkman, S. (1980). Emotions: a
cognitive-phenomenological analysis. in *Plutchik, R. &
Kellerman, H. (Eds), Emotion: Theory, Research and
Experience, Vol. 1,* Academic Press, New York, NY,
189-217.

Mackoy, R. D., & Spreng, R. A. (1995). The Dimensionality of
Consumer Satisfaction/ Dissatisfaction: An Empirical Exa-
mination. *Journal of Consumer Satisfaction, Dissatisfaction
and Complaining Behavior, 8,* 53-58.

Maddox, R. N. (1981). Two Factor Theory and Consumer Satis-
faction: Replication and Extension. *Journal of Consumer
Research, 8*(1), 97-102.

Mano, H., & Oliver, R. L. (1993). Assessing the Dimensionality
and Structure of the Consumption Experience: Evaluation,
Feeling, and Satisfaction. *Journal of Consumer Research,
20*(Dec), 451-466.

Nyer, P. U. (1997a). A study of the Relationships Between Cognitive Appraisals and Consumption Emotions. *Journal of the Academy of Marketing Science, 25*(Fall), 296-304.

Nyer, P. U. (1997b). Modeling the Cognitive Antecedents of Post-Consumption Emotions. *Journal of Consumer Satisfaction, Dissatisfaction and Complaining Behavior, 10,* 80-90.

Oliver, R. L. (1980). A Cognitive Model the Antecedents and Consequences of Satisfaction Decisions. *Journal of Marketing Research, 17,* 460-469.

Oliver, R. L. (1981). Measurement and Evaluation of Satisfaction Processes in Retail Settings. *Journal of Retailing, 57*(Fall), 25-48.

Oliver, R. L. (1989). Processing of the Satisfaction Response in Consumption: A Suggested Framework and Research Propositions. *Journal of Consumer Satisfaction, Dissatisfaction and Complaining Behavior, 2,* 1-16.

Oliver, R. L. (1992). An Investigation of the Attribute Basis of Emotion and Related Affect in Consumption: Suggestions for a Stage-Specific Satisfaction Framework. *Advances in Consumer Research, 19,* 237-244.

Oliver, R. L. (1993). Cognitive, Affective, and Attribute Bases of the Satisfaction Response. *Journal of Consumer Research, 20,* 418-430.

Oliver, R. L., & DeSarbo, W. S. (1988). Response Determinants in Satisfaction Judgements. *Journal of Consumer Research, 14*(Mar.), 495-507.

Oliver, R. L., & Linda, G. (1991). Effect of Satisfaction and Its

Antecedents on Consumer Preference and Intention. *Washington University, Marsteller, Inc.,* 88-93.

Oliver, R. L., & Westbrook, R. A. (1993). Profiles of Consumer Emotions and Satisfaction in Ownership and Usage. *Journal of Consumer Satisfaction, Dissatisfaction and Complaining Behavior, 6,* 12-27.

Olson, J. C., & Dover P. (1976). Effects of Expectation Creation and Disconfirmation of Belief Elements of Cognitive Struc-ture. *Advances in Consumer Research, 3.* Ed. B. B. Anderson. Cincinnati, OH: Association for Consumer Research, 168-17

Olson, J. C., & Dover, P. A. (1979). Disconfirmation of Consumer Expectation Through Product Trial. *Journal of Applied Psychology, 64*(2), 179-189.

Olshavsky, R. N., & Miller, J. A. (1972). Consumer Expectations, Product Performance, and Perceived Quality. *Journal of Marketing Research, 9*(Feb.), 19-21.

Peterson, R. A., & Wilson, W. R. (1992). Measuring Customer Satisfaction: Fact and Artifact. *Journal of the Academy of Marketing Science, 20*(1), 61-71.

Peter, J. P., Churchill. Jr., G. A., and Brown, T. J. (1993). Caution in the Use of Difference Score in Consumer Research. *Journal of Consumer Research, Vol. 19*(Mar.), 655-662.

Richins, M. L. (1982). An Investigation of Consumer Attitudes Toward Complaining. *Advances in Consumer Research, 9,* 502-506.

Richins, M. L. (1987). A Multivariate Analysis of Responses to

Dissatisfaction. *Journal of the Academy of Marketing Science, 15*(Fall), 24-31.

Richins, M. L. (1997). Measuring Emotions in the Consumption Experience. *Journal of Consumer Research, 24*(Sep.), 127-146.

Russell, J. A. (1979). Affective Space Is Bipolar. *Journal of Personality and Social Psychology, 37,* 345-356.

Russell, J. A. (1980). A Circumplex Model of Affect. *Journal of Personality and Social Psychology, 39,* 1161-1178.

Singh, J. (1988). Consumer Complaint Intentions and Behavior: Definitional Taxonomical Issues. *Journal of Marketing, 52* (Jan), 93-107.

Singh, J. (1990). A Typology of Consumer Dissatisfaction Response Styles. *Journal of Retailing, 66*(1), 57-99.

Singh, J. & Wilks, R. E. (1991). A Theoretical Framework for Modeling Consumer's Responses to Marketplace Dissatis-faction. *Journal of Consumer Satisfaction, Dissatisfaction and Complaining Behavior, 4,* 1-12.

Swan, J. E., & Combs, L. J. (1976). Product Performance and Consumer Satisfaction: A New Concept. *Journal of Market-ing, 40,* 25-33.

Swan, J. E., & Trawick, I. F. (1980). Inferred and Perceived Disconfirmation in Consumer Satisfaction. in *Marketing in the 80's proceedings of the AMA Educators' Conference, Chicago,* 97-101.

Swan, J. E., & Trawick, I. F., and Carroll M. G. (1981). Effect of Participation In Marketing Research on Consumer Attitudes Toward Research and Satisfaction With Service.

Journal of Marketing Research, Vol. 18(Aug.), 356-363.

Spreng, R. A., Dixon, A. L., & Olshavsky, R. W. (1993). The Impact of Perceived Value on Satisfaction. *Journal of Consumer Satisfaction, Dissatisfaction and Complaining Behavior, 6,* 50-55.

Spreng, R. A., Mackenzie, S. B., & Olshavsky, R. W. (1996). A Reexamination of the Determinants of Consumer Satis- faction. *Journal of Marketing, 60*(July), 15-32.

TARP(Technical Assistance Research Program), *Consumer Com- plaint Handling in America: An Update Study*, Washington D. C. : White House Office of Consumer Affairs, 1979.

Tse, D. K., & Wilton, P. C. (1988). Models of Consumer Satis- faction Formation: An Extension. *Journal of Market- ing Research, 25,* 204-212.

Valle, V. A., and Wallendorf M. (1977). Consumer's Attributions of the Cause of Their Product Satisfaction and Dissatisfaction. *Consumer Satisfaction, Dissatisfaction and Complaining Behavior, Ed., Ralph Day, Indiana University,* 26-30.

Watson, D., & Tellegen, A. (1985). Toward a Consensual Struc- ture of Mood. *Psychological Bulletin, 98,* 219-235.

Watson, D., Clark L. A., & Tellegen A. (1988). Development and Validation of Brief Measures of Positive and Negative Affect: The PANAS Scales. *Journal of Personality and Social Psychology, 54*(June), 1063-1070.

Watson, D., Wiese, D., Vaidya, J., & Tellegen, A. (1999). The Two Activation Systems of Affect: Structural Findings, Evolutionary Considerations, and Psychological Evidence.

Journal of Personality and Social Psychology, 76(5), 820–838.

Weiner, B. (1980). *Human Motivation.* N. Y. : Holt, Rinehart and Winston.

Weiner, B. (1985a). Spontaneous Casual Thinking. *Psychological Bulletin, 97,* 74–84.

Weiner, B. (1985b). An Attribution Theory of Achievement Motivation and Emotion. *Psychological Review, 92,* 548–573.

Weiner, B. (2000). Attributional Thoughts about Consumer Behavior. *Journal of Consumer Research. 27,* 382–387.

Weiner, B., Russell, D., & Lerman, D. (1979). The Cognition-Emotion Process in Achievement-related Contexts. *Journal of Personality and Social Psychology, 37,* 1211–1220.

Westbrook, R. A. (1987). Product/Consumption-Based Affective Responses and Postpurchase Processes. *Journal of Marketing Research, 24,* 258–270.

Westbrook, R. A., & Oliver, R. L. (1981). Developing Better Measures of Consumer Satisfaction: Some Preliminary Results. *Advances in Consumer Research, 8,* 94–99.

Westbrook, R. A., & Oliver, R. L. (1991). The Dimensionality of Consumption Emotion Patterns and Consumer Satisfaction. *Journal of Consumer Research, 18,* 84–91.

Westbrook, R. A., & Reilly, M. D. (1983). Value Percept Disparity: An Alternative to the Disconfirmation of Expectations Theory of Consumer Satisfaction. *Advances in Consumer Research, 10,* 256–261.

Woodruff, R. B. (1997). "Customer Value: The Next Source for Competitive Advantage." *Journal of the Academy of Marketing Science, 25,* 2, 139-153.

Woodruff, R. B., & Gardial, S. F. (1996). *Know Your Customer: New Approaches to Customer Value and Satisfaction,* Cambridge, MA; Blackwell.

Woodruff, R. B., Cadotte, E. R., & Jenkins, R. L. (1983). Modeling Consumer Satisfaction Processes Using Experience-Based Norms. *Journal of Marketing Research, 20,* 296-304.

Yi, Y. (1990). A Critical Review of Consumer Satisfaction. In V. A. Zeithaml(Eds.), *Review of Marketing,* Chicago, IL: American Marketing Association, 68-123.

Yi, Y. (1993). The Determinants of Consumer Satisfaction: The Moderating Role of Ambiguity. *Advances in Consumer Research, 20,* 502-506.

Zajonc, R. B. (1980). Feeling and Thinking: Preferences Need No Inferences. *American Psychologist, 35*(February), 151-175.

Zajonc, R. B. (1985). Emotion and facial efference. *Science, Vol. 228,* 15-21.

Zeithaml, V. A., Leonard L. B., & Parasuraman, A. The Nature and Determinants of Consumer Expectations of Service. *Journal of the Academy of Marketing Science, 21*(Win.), 1-12.

부 록

<부록 1>
소비자들의 제품 소비 후 경험하는 소비 정서 항목 개발을 위한
사전조사 설문지

소비자 구매 및 사용에 관한 설문

응답자 성별: 1. 남자 2. 여자   연 령: 1. 10대 2. 20대 3. 30대
                                      4. 40대 5. 50대(세)

여러분들이 평소에 제품을 구매하여 사용하시거나 서비스를 이용하
실 때 사용 또는 이용하시면서 느껴지는 감정들이 있을 것입니다.
자신이 구입한 제품이 마음에 들고 성공적 일 때와 마음에 들지 않
고 실패한 경우, 아마도 다른 감정들이 생기겠죠.

1. 우선 여러분들이 어떤 제품이나 서비스를 구입해서 사용 또는 이용해 보시고 마음에 들고 성공적이었을 때 여러분들은 어떤 기분이 드셨는지를 표현해 주십시오. 여러 경우가 있었을 텐데, 모두 다 기억하기 어려우므로 주로 경험하셨던 기분이나 감정을 제품과 서비스 각각의 경우에 대해 형용사로 표현하여 주시기 바랍니다.

제 품:

서비스:

2. 그럼 반대로 제품이나 서비스가 마음에 들지 않거나 실패했을 때는 어떤 기분이나 감정이었는지를 제품과 서비스 각각의 경우에 대해 형용사로 표현하여 주시기 바랍니다.

제 품:

서비스:

학 과: 학 년: 학 번: 성 명:

<부록 2>

소비자들의 만족과 불만족 경험에 대한 원인 지각, 유발 감정 및
그에 따른 불평행동 파악을 위한 사전 조사 설문지

제품 사용에 관한 소비자 반응 파악을 위한 설문지

1. 다음에 제시된 제품 군 중에서 귀하께서 구입하여 사용하시면서
만족스러웠거나 불만족스러웠던 제품군을 최근의 경험 순으로 4가
지만 선택해서 만족인지 불만족인지를 표시해 주십시오.

1. 패션용품 (의류/잡화)	2. 식, 음료/주류	3. 전자제품 (가전/컴퓨터 등)
4. 이동전화/택배	5. 유통점 (백화점/대형할인점)	6. 패밀리레스토랑 /패스트푸드점
7. 금 융 (은행/카드/보험)	8. 극장(공연장 포함)/병원	9. 인터넷사이트 (포털/쇼핑몰 등)

2. 그럼, 귀하께서 생각하시기에 그 제품/서비스가 왜 그렇다고 생
각하십니까?(즉 무슨 이유 때문에 만족스러운지 또는 불만족한 것
인지 나름대로 판단해 볼 때 그 생각을 구체적으로 적어주십시오)
(예를 들면, 그 회사가 제품을 잘 만들어서, 그 회사의 직원이 불친
절해서, 내가 조작을 잘못하여, 그 회사가 불량 재료를 사용해서,
정보를 잘못 알고 구입해서 등과 같이 구체적으로 적어 주세요)

3. 귀하께서는 만족 또는 불만족하고 그 원인을 파악한 후 어떤 감
정이나 기분을 느끼셨습니까? 그리고 나서 어떤 행동들을 하셨나요?

260

(예를 들면, 내 친구에게 그 회사 제품은 사지 말라고 말했다, 그
회사 제품만 사고 싶어졌다, 그 회사에 전화해서 따졌다, 교환/배상
/환불 등을 해달라고 하였다 등과 같은 행동들)

	( ) 1.만 족 2.불만족		( ) 1.만 족 2.불만족	
이유/ 원인	1. 2.		1. 2.	
감정/ 기분				
이후 행동	1. 2.		1. 2.	
	( ) 1.만 족 2.불만족		( ) 1.만 족 2.불만족	
이유/ 원인	1. 2.		1. 2.	
감정/ 기분				
이후 행동	1. 2.		1. 2.	

<부록 3>
소비 정서 항목 개발용 소비 정서 측정 설문지(제품 정적 정서)

성별: 남자/여자   연령: _____세

아래의 형용사들이 제품을 구매하고 사용한 후 느끼는 감정으로서
본인이 생각하기에 과연 얼마나 적절한 형용사인지와 본인의 경험
을 기준으로 얼마나 자주 경험하는지 그 정도를 다음의 7점 척도에
표시해 주십시오.

정서 항목	적 절 성							경 험 빈 도						
	매우 부적절함					매우 적절함		전혀 경험하지 않음						매우 자주 경험함
1. 가뿐하다	1	2	3	4	5	6	7	1	2	3	4	5	6	7
2. 감격스럽다	1	2	3	4	5	6	7	1	2	3	4	5	6	7
3. 감동적이다	1	2	3	4	5	6	7	1	2	3	4	5	6	7
4. 감명 깊다	1	2	3	4	5	6	7	1	2	3	4	5	6	7
5. 감미롭다	1	2	3	4	5	6	7	1	2	3	4	5	6	7
6. 감사하다	1	2	3	4	5	6	7	1	2	3	4	5	6	7
7. 감탄스럽다	1	2	3	4	5	6	7	1	2	3	4	5	6	7
8. 개운하다	1	2	3	4	5	6	7	1	2	3	4	5	6	7
9. 경쾌하다	1	2	3	4	5	6	7	1	2	3	4	5	6	7
10. 고맙다	1	2	3	4	5	6	7	1	2	3	4	5	6	7
11. 관심 있다	1	2	3	4	5	6	7	1	2	3	4	5	6	7
12. 기분 좋다	1	2	3	4	5	6	7	1	2	3	4	5	6	7
13. 기쁘다	1	2	3	4	5	6	7	1	2	3	4	5	6	7
14. 기차다	1	2	3	4	5	6	7	1	2	3	4	5	6	7
15. 깨끗하다	1	2	3	4	5	6	7	1	2	3	4	5	6	7
16. 낙관적이다	1	2	3	4	5	6	7	1	2	3	4	5	6	7
17. 낭만적이다	1	2	3	4	5	6	7	1	2	3	4	5	6	7
18. 놀라다	1	2	3	4	5	6	7	1	2	3	4	5	6	7
19. 다행스럽다	1	2	3	4	5	6	7	1	2	3	4	5	6	7
20. 달콤하다	1	2	3	4	5	6	7	1	2	3	4	5	6	7
21. 대견스럽다	1	2	3	4	5	6	7	1	2	3	4	5	6	7
22. 도도하다	1	2	3	4	5	6	7	1	2	3	4	5	6	7
23. 도전적이다	1	2	3	4	5	6	7	1	2	3	4	5	6	7
24. 든든하다	1	2	3	4	5	6	7	1	2	3	4	5	6	7
25. 듬직하다	1	2	3	4	5	6	7	1	2	3	4	5	6	7
26. 따뜻하다	1	2	3	4	5	6	7	1	2	3	4	5	6	7
27. 마음 끌리다	1	2	3	4	5	6	7	1	2	3	4	5	6	7
28. 매력을 느끼다	1	2	3	4	5	6	7	1	2	3	4	5	6	7
29. 매혹되다	1	2	3	4	5	6	7	1	2	3	4	5	6	7
30. 믿다	1	2	3	4	5	6	7	1	2	3	4	5	6	7
31. 반갑다	1	2	3	4	5	6	7	1	2	3	4	5	6	7
32. 반하다	1	2	3	4	5	6	7	1	2	3	4	5	6	7
33. 밝다	1	2	3	4	5	6	7	1	2	3	4	5	6	7
34. 보람을 느끼다	1	2	3	4	5	6	7	1	2	3	4	5	6	7
35. 부담 없다	1	2	3	4	5	6	7	1	2	3	4	5	6	7
36. 부드럽다	1	2	3	4	5	6	7	1	2	3	4	5	6	7
37. 뿌듯하다	1	2	3	4	5	6	7	1	2	3	4	5	6	7
38. 산뜻하다	1	2	3	4	5	6	7	1	2	3	4	5	6	7
39. 상기되다	1	2	3	4	5	6	7	1	2	3	4	5	6	7
40. 상냥하다	1	2	3	4	5	6	7	1	2	3	4	5	6	7

정서 항목	적 절 성							경 험 빈 도						
	매우 부적절함						매우 적절함	전혀 경험하지 않음						매우 자주 경험함
41. 상쾌하다	1	2	3	4	5	6	7	1	2	3	4	5	6	7
42. 상큼하다	1	2	3	4	5	6	7	1	2	3	4	5	6	7
43. 새롭다	1	2	3	4	5	6	7	1	2	3	4	5	6	7
44. 생기 있다	1	2	3	4	5	6	7	1	2	3	4	5	6	7
45. 생동감	1	2	3	4	5	6	7	1	2	3	4	5	6	7
46. 성공감	1	2	3	4	5	6	7	1	2	3	4	5	6	7
47. 성취감	1	2	3	4	5	6	7	1	2	3	4	5	6	7
48. 승리감	1	2	3	4	5	6	7	1	2	3	4	5	6	7
49. 시원하다	1	2	3	4	5	6	7	1	2	3	4	5	6	7
50. 신나다	1	2	3	4	5	6	7	1	2	3	4	5	6	7
51. 신뢰감	1	2	3	4	5	6	7	1	2	3	4	5	6	7
52. 신비감	1	2	3	4	5	6	7	1	2	3	4	5	6	7
53. 신선하다	1	2	3	4	5	6	7	1	2	3	4	5	6	7
54. 안락하다	1	2	3	4	5	6	7	1	2	3	4	5	6	7
55. 안정감	1	2	3	4	5	6	7	1	2	3	4	5	6	7
56. 애착이가다	1	2	3	4	5	6	7	1	2	3	4	5	6	7
57. 여유 있다	1	2	3	4	5	6	7	1	2	3	4	5	6	7
58. 열광적이다	1	2	3	4	5	6	7	1	2	3	4	5	6	7
59. 열정적이다	1	2	3	4	5	6	7	1	2	3	4	5	6	7
60. 영광스럽다	1	2	3	4	5	6	7	1	2	3	4	5	6	7
61. 온화하다	1	2	3	4	5	6	7	1	2	3	4	5	6	7
62. 우월감	1	2	3	4	5	6	7	1	2	3	4	5	6	7
63. 유능감	1	2	3	4	5	6	7	1	2	3	4	5	6	7
64. 의기양양하다	1	2	3	4	5	6	7	1	2	3	4	5	6	7
65. 자긍심	1	2	3	4	5	6	7	1	2	3	4	5	6	7
66. 자랑스럽다	1	2	3	4	5	6	7	1	2	3	4	5	6	7
67. 자만심	1	2	3	4	5	6	7	1	2	3	4	5	6	7
68. 자부심	1	2	3	4	5	6	7	1	2	3	4	5	6	7
69. 자신감	1	2	3	4	5	6	7	1	2	3	4	5	6	7
70. 자신만만하다	1	2	3	4	5	6	7	1	2	3	4	5	6	7
71. 자유롭다	1	2	3	4	5	6	7	1	2	3	4	5	6	7
72. 자존심	1	2	3	4	5	6	7	1	2	3	4	5	6	7
73. 재미있다	1	2	3	4	5	6	7	1	2	3	4	5	6	7
74. 정복감	1	2	3	4	5	6	7	1	2	3	4	5	6	7
75. 정을 느끼다	1	2	3	4	5	6	7	1	2	3	4	5	6	7
76. 정직하다	1	2	3	4	5	6	7	1	2	3	4	5	6	7
77. 좋다	1	2	3	4	5	6	7	1	2	3	4	5	6	7
78. 즐겁다	1	2	3	4	5	6	7	1	2	3	4	5	6	7
79. 짜릿하다	1	2	3	4	5	6	7	1	2	3	4	5	6	7
80. 참신하다	1	2	3	4	5	6	7	1	2	3	4	5	6	7

264

정서 항목	적절성							경험 빈도						
	매우 부적절함						매우 적절함	전혀 경험하지 않음						매우 자주 경험함
81. 충만하다	1	2	3	4	5	6	7	1	2	3	4	5	6	7
82. 친근감	1	2	3	4	5	6	7	1	2	3	4	5	6	7
83. 친밀감	1	2	3	4	5	6	7	1	2	3	4	5	6	7
84. 친숙하다	1	2	3	4	5	6	7	1	2	3	4	5	6	7
85. 친절감	1	2	3	4	5	6	7	1	2	3	4	5	6	7
86. 쾌감	1	2	3	4	5	6	7	1	2	3	4	5	6	7
87. 쾌적하다	1	2	3	4	5	6	7	1	2	3	4	5	6	7
88. 탄복하다	1	2	3	4	5	6	7	1	2	3	4	5	6	7
89. 통쾌하다	1	2	3	4	5	6	7	1	2	3	4	5	6	7
90. 편안하다	1	2	3	4	5	6	7	1	2	3	4	5	6	7
91. 편하다	1	2	3	4	5	6	7	1	2	3	4	5	6	7
92. 평안하다	1	2	3	4	5	6	7	1	2	3	4	5	6	7
93. 평온하다	1	2	3	4	5	6	7	1	2	3	4	5	6	7
94. 평화롭다	1	2	3	4	5	6	7	1	2	3	4	5	6	7
95. 포근하다	1	2	3	4	5	6	7	1	2	3	4	5	6	7
96. 포만감	1	2	3	4	5	6	7	1	2	3	4	5	6	7
97. 푸근하다	1	2	3	4	5	6	7	1	2	3	4	5	6	7
98. 풍요롭다	1	2	3	4	5	6	7	1	2	3	4	5	6	7
99. 풍족하다	1	2	3	4	5	6	7	1	2	3	4	5	6	7
100. 행복하다	1	2	3	4	5	6	7	1	2	3	4	5	6	7
101. 호감	1	2	3	4	5	6	7	1	2	3	4	5	6	7
102. 호쾌하다	1	2	3	4	5	6	7	1	2	3	4	5	6	7
103. 홀가분하다	1	2	3	4	5	6	7	1	2	3	4	5	6	7
104. 화끈하다	1	2	3	4	5	6	7	1	2	3	4	5	6	7
105. 확신 있다	1	2	3	4	5	6	7	1	2	3	4	5	6	7
106. 환상적이다	1	2	3	4	5	6	7	1	2	3	4	5	6	7
107. 환희	1	2	3	4	5	6	7	1	2	3	4	5	6	7
108. 활기 있다	1	2	3	4	5	6	7	1	2	3	4	5	6	7
109. 황홀하다	1	2	3	4	5	6	7	1	2	3	4	5	6	7
110. 후련하다	1	2	3	4	5	6	7	1	2	3	4	5	6	7
111. 흐뭇하다	1	2	3	4	5	6	7	1	2	3	4	5	6	7
112. 흡족하다	1	2	3	4	5	6	7	1	2	3	4	5	6	7
113. 흥겹다	1	2	3	4	5	6	7	1	2	3	4	5	6	7
114. 흥분하다	1	2	3	4	5	6	7	1	2	3	4	5	6	7
115. 흥미롭다	1	2	3	4	5	6	7	1	2	3	4	5	6	7
116. 희망적이다	1	2	3	4	5	6	7	1	2	3	4	5	6	7
117. 희열을 느끼다	1	2	3	4	5	6	7	1	2	3	4	5	6	7
118. 희희낙락하다	1	2	3	4	5	6	7	1	2	3	4	5	6	7

<부록 4>

소비 정서 항목 개발용 소비 정서 측정 설문지(서비스 부적 정서)

성 별: 남자/여자   연 령: _____세

아래의 형용사들이 서비스를 이용한 후 느끼는 감정으로서 본인이 생각하기에 과연 얼마나 적절한 형용사인지와 본인의 경험을 기준으로 얼마나 자주 경험하는지 그 정도를 다음의 7점 척도에 표시해 주십시오.

정서 항목	적 절 성							경 험 빈 도						
	매우 부적절함						매우 적절함	전혀 경험하지 않음						매우 자주 경험함
1. 가슴 아프다	1	2	3	4	5	6	7	1	2	3	4	5	6	7
2. 가증스럽다	1	2	3	4	5	6	7	1	2	3	4	5	6	7
3. 갑갑하다	1	2	3	4	5	6	7	1	2	3	4	5	6	7
4. 거부감	1	2	3	4	5	6	7	1	2	3	4	5	6	7
5. 거북하다	1	2	3	4	5	6	7	1	2	3	4	5	6	7
6. 걱정스럽다	1	2	3	4	5	6	7	1	2	3	4	5	6	7
7. 겁나다	1	2	3	4	5	6	7	1	2	3	4	5	6	7
8. 격노하다	1	2	3	4	5	6	7	1	2	3	4	5	6	7
9. 격분하다	1	2	3	4	5	6	7	1	2	3	4	5	6	7
10. 경멸감	1	2	3	4	5	6	7	1	2	3	4	5	6	7
11. 경악하다	1	2	3	4	5	6	7	1	2	3	4	5	6	7
12. 고민스럽다	1	2	3	4	5	6	7	1	2	3	4	5	6	7
13. 고통스럽다	1	2	3	4	5	6	7	1	2	3	4	5	6	7
14. 곤란하다	1	2	3	4	5	6	7	1	2	3	4	5	6	7
15. 곤혹스럽다	1	2	3	4	5	6	7	1	2	3	4	5	6	7
16. 골치 아프다	1	2	3	4	5	6	7	1	2	3	4	5	6	7
17. 공포스럽다	1	2	3	4	5	6	7	1	2	3	4	5	6	7
18. 공허하다	1	2	3	4	5	6	7	1	2	3	4	5	6	7
19. 괘씸하다	1	2	3	4	5	6	7	1	2	3	4	5	6	7
20. 괴롭다	1	2	3	4	5	6	7	1	2	3	4	5	6	7
21. 구역질나다	1	2	3	4	5	6	7	1	2	3	4	5	6	7
22. 굴욕적이다	1	2	3	4	5	6	7	1	2	3	4	5	6	7
23. 근심스럽다	1	2	3	4	5	6	7	1	2	3	4	5	6	7
24. 기가 막히다	1	2	3	4	5	6	7	1	2	3	4	5	6	7
25. 기만감	1	2	3	4	5	6	7	1	2	3	4	5	6	7
26. 기분 나쁘다	1	2	3	4	5	6	7	1	2	3	4	5	6	7
27. 기분 잡치다	1	2	3	4	5	6	7	1	2	3	4	5	6	7
28. 기죽다	1	2	3	4	5	6	7	1	2	3	4	5	6	7
29. 긴장되다	1	2	3	4	5	6	7	1	2	3	4	5	6	7
30. 꺼림칙하다	1	2	3	4	5	6	7	1	2	3	4	5	6	7
31. 껄끄럽다	1	2	3	4	5	6	7	1	2	3	4	5	6	7
32. 난감하다	1	2	3	4	5	6	7	1	2	3	4	5	6	7
33. 난처하다	1	2	3	4	5	6	7	1	2	3	4	5	6	7
34. 놀라다	1	2	3	4	5	6	7	1	2	3	4	5	6	7
35. 달갑지 않다	1	2	3	4	5	6	7	1	2	3	4	5	6	7
36. 답답하다	1	2	3	4	5	6	7	1	2	3	4	5	6	7
37. 당혹스럽다	1	2	3	4	5	6	7	1	2	3	4	5	6	7
38. 대견스럽다	1	2	3	4	5	6	7	1	2	3	4	5	6	7
39. 더럽다	1	2	3	4	5	6	7	1	2	3	4	5	6	7
40. 두렵다	1	2	3	4	5	6	7	1	2	3	4	5	6	7

정서 항목	적 절 성							경험 빈도						
	매우 부적절함						매우 적절함	전혀 경험하지 않음						매우 자주 경험함
41. 떨떠름하다	1	2	3	4	5	6	7	1	2	3	4	5	6	7
42. 마땅찮다	1	2	3	4	5	6	7	1	2	3	4	5	6	7
43. 마음에 걸리다	1	2	3	4	5	6	7	1	2	3	4	5	6	7
44. 망신스럽다	1	2	3	4	5	6	7	1	2	3	4	5	6	7
45. 망연자실하다	1	2	3	4	5	6	7	1	2	3	4	5	6	7
46. 면목 없다	1	2	3	4	5	6	7	1	2	3	4	5	6	7
47. 모멸감	1	2	3	4	5	6	7	1	2	3	4	5	6	7
48. 모욕적이다	1	2	3	4	5	6	7	1	2	3	4	5	6	7
49. 못마땅하다	1	2	3	4	5	6	7	1	2	3	4	5	6	7
50. 무겁다	1	2	3	4	5	6	7	1	2	3	4	5	6	7
51. 무관심하다	1	2	3	4	5	6	7	1	2	3	4	5	6	7
52. 무능감	1	2	3	4	5	6	7	1	2	3	4	5	6	7
53. 무섭다	1	2	3	4	5	6	7	1	2	3	4	5	6	7
54. 무안하다	1	2	3	4	5	6	7	1	2	3	4	5	6	7
55. 미련을 느끼다	1	2	3	4	5	6	7	1	2	3	4	5	6	7
56. 미심쩍다	1	2	3	4	5	6	7	1	2	3	4	5	6	7
57. 미워하다	1	2	3	4	5	6	7	1	2	3	4	5	6	7
58. 미흡하다	1	2	3	4	5	6	7	1	2	3	4	5	6	7
59. 민망스럽다	1	2	3	4	5	6	7	1	2	3	4	5	6	7
60. 밉다	1	2	3	4	5	6	7	1	2	3	4	5	6	7
61. 반감	1	2	3	4	5	6	7	1	2	3	4	5	6	7
62. 반항심	1	2	3	4	5	6	7	1	2	3	4	5	6	7
63. 반발심	1	2	3	4	5	6	7	1	2	3	4	5	6	7
64. 반성하다	1	2	3	4	5	6	7	1	2	3	4	5	6	7
65. 배신감	1	2	3	4	5	6	7	1	2	3	4	5	6	7
66. 복수심	1	2	3	4	5	6	7	1	2	3	4	5	6	7
67. 부끄럽다	1	2	3	4	5	6	7	1	2	3	4	5	6	7
68. 분개하다	1	2	3	4	5	6	7	1	2	3	4	5	6	7
69. 분노하다	1	2	3	4	5	6	7	1	2	3	4	5	6	7
70. 분하다	1	2	3	4	5	6	7	1	2	3	4	5	6	7
71. 불신하다	1	2	3	4	5	6	7	1	2	3	4	5	6	7
72. 불안하다	1	2	3	4	5	6	7	1	2	3	4	5	6	7
73. 불안하다	1	2	3	4	5	6	7	1	2	3	4	5	6	7
74. 불쾌하다	1	2	3	4	5	6	7	1	2	3	4	5	6	7
75. 불편하다	1	2	3	4	5	6	7	1	2	3	4	5	6	7
76. 불행하다	1	2	3	4	5	6	7	1	2	3	4	5	6	7
77. 불확실하다	1	2	3	4	5	6	7	1	2	3	4	5	6	7
78. 비관적이다	1	2	3	4	5	6	7	1	2	3	4	5	6	7
79. 비극적이다	1	2	3	4	5	6	7	1	2	3	4	5	6	7
80. 비위 상하다	1	2	3	4	5	6	7	1	2	3	4	5	6	7

정서 항목	적 절 성							경험 빈도						
	매우 부적절함						매우 적절함	전혀 경험하지 않음						매우 자주 경험함
81. 비참하다	1	2	3	4	5	6	7	1	2	3	4	5	6	7
82. 비통하다	1	2	3	4	5	6	7	1	2	3	4	5	6	7
83. 상실감	1	2	3	4	5	6	7	1	2	3	4	5	6	7
84. 상심하다	1	2	3	4	5	6	7	1	2	3	4	5	6	7
85. 서글프다	1	2	3	4	5	6	7	1	2	3	4	5	6	7
86. 서럽다	1	2	3	4	5	6	7	1	2	3	4	5	6	7
87. 서운하다	1	2	3	4	5	6	7	1	2	3	4	5	6	7
88. 석연치 않다	1	2	3	4	5	6	7	1	2	3	4	5	6	7
89. 섭섭하다	1	2	3	4	5	6	7	1	2	3	4	5	6	7
90. 속상하다	1	2	3	4	5	6	7	1	2	3	4	5	6	7
91. 속 타다	1	2	3	4	5	6	7	1	2	3	4	5	6	7
92. 슬프다	1	2	3	4	5	6	7	1	2	3	4	5	6	7
93. 수치스럽다	1	2	3	4	5	6	7	1	2	3	4	5	6	7
94. 시원찮다	1	2	3	4	5	6	7	1	2	3	4	5	6	7
95. 신경질 나다	1	2	3	4	5	6	7	1	2	3	4	5	6	7
96. 실망스럽다	1	2	3	4	5	6	7	1	2	3	4	5	6	7
97. 실패감	1	2	3	4	5	6	7	1	2	3	4	5	6	7
98. 싫다	1	2	3	4	5	6	7	1	2	3	4	5	6	7
99. 심란하다	1	2	3	4	5	6	7	1	2	3	4	5	6	7
100. 쑥스럽다	1	2	3	4	5	6	7	1	2	3	4	5	6	7
101. 쓰라리다	1	2	3	4	5	6	7	1	2	3	4	5	6	7
102. 씁쓸하다	1	2	3	4	5	6	7	1	2	3	4	5	6	7
103. 아깝다	1	2	3	4	5	6	7	1	2	3	4	5	6	7
104. 아쉽다	1	2	3	4	5	6	7	1	2	3	4	5	6	7
105. 아찔하다	1	2	3	4	5	6	7	1	2	3	4	5	6	7
106. 안타깝다	1	2	3	4	5	6	7	1	2	3	4	5	6	7
107. 암담하다	1	2	3	4	5	6	7	1	2	3	4	5	6	7
108. 암울하다	1	2	3	4	5	6	7	1	2	3	4	5	6	7
109. 애석하다	1	2	3	4	5	6	7	1	2	3	4	5	6	7
110. 애타다	1	2	3	4	5	6	7	1	2	3	4	5	6	7
111. 애통하다	1	2	3	4	5	6	7	1	2	3	4	5	6	7
112. 야속하다	1	2	3	4	5	6	7	1	2	3	4	5	6	7
113. 약 오르다	1	2	3	4	5	6	7	1	2	3	4	5	6	7
114. 얄밉다	1	2	3	4	5	6	7	1	2	3	4	5	6	7
115. 어둡다	1	2	3	4	5	6	7	1	2	3	4	5	6	7
116. 어이없다	1	2	3	4	5	6	7	1	2	3	4	5	6	7
117. 어처구니없다	1	2	3	4	5	6	7	1	2	3	4	5	6	7
118. 억울하다	1	2	3	4	5	6	7	1	2	3	4	5	6	7
119. 언짢다	1	2	3	4	5	6	7	1	2	3	4	5	6	7
120. 역겹다	1	2	3	4	5	6	7	1	2	3	4	5	6	7

정서 항목	적 절 성							경험 빈도						
	매우 부적절함						매우 적절함	전혀 경험하지 않음						매우 자주 경험함
121. 염려스럽다	1	2	3	4	5	6	7	1	2	3	4	5	6	7
122. 우울하다	1	2	3	4	5	6	7	1	2	3	4	5	6	7
123. 울분	1	2	3	4	5	6	7	1	2	3	4	5	6	7
124. 울적하다	1	2	3	4	5	6	7	1	2	3	4	5	6	7
125. 울화가 치밀다	1	2	3	4	5	6	7	1	2	3	4	5	6	7
126. 울화통 터지다	1	2	3	4	5	6	7	1	2	3	4	5	6	7
127. 원망스럽다	1	2	3	4	5	6	7	1	2	3	4	5	6	7
128. 원통하다	1	2	3	4	5	6	7	1	2	3	4	5	6	7
129. 위기감	1	2	3	4	5	6	7	1	2	3	4	5	6	7
130. 위축감	1	2	3	4	5	6	7	1	2	3	4	5	6	7
131. 유감스럽다	1	2	3	4	5	6	7	1	2	3	4	5	6	7
132. 의기소침하다	1	2	3	4	5	6	7	1	2	3	4	5	6	7
133. 의심스럽다	1	2	3	4	5	6	7	1	2	3	4	5	6	7
134. 의아하다	1	2	3	4	5	6	7	1	2	3	4	5	6	7
135. 자신 없다	1	2	3	4	5	6	7	1	2	3	4	5	6	7
136. 자신 없다	1	2	3	4	5	6	7	1	2	3	4	5	6	7
137. 자책감	1	2	3	4	5	6	7	1	2	3	4	5	6	7
138. 재미없다	1	2	3	4	5	6	7	1	2	3	4	5	6	7
139. 적개심	1	2	3	4	5	6	7	1	2	3	4	5	6	7
140. 적대감	1	2	3	4	5	6	7	1	2	3	4	5	6	7
141. 절망적이다	1	2	3	4	5	6	7	1	2	3	4	5	6	7
142. 정떨어지다	1	2	3	4	5	6	7	1	2	3	4	5	6	7
143. 좌절감	1	2	3	4	5	6	7	1	2	3	4	5	6	7
144. 죄책감	1	2	3	4	5	6	7	1	2	3	4	5	6	7
146. 중압감	1	2	3	4	5	6	7	1	2	3	4	5	6	7
147. 증오스럽다	1	2	3	4	5	6	7	1	2	3	4	5	6	7
148. 지겹다	1	2	3	4	5	6	7	1	2	3	4	5	6	7
149. 지긋지긋하다	1	2	3	4	5	6	7	1	2	3	4	5	6	7
150. 징그럽다	1	2	3	4	5	6	7	1	2	3	4	5	6	7
151. 짜증나다	1	2	3	4	5	6	7	1	2	3	4	5	6	7
152. 찜찜하다	1	2	3	4	5	6	7	1	2	3	4	5	6	7
153. 찝찝하다	1	2	3	4	5	6	7	1	2	3	4	5	6	7
154. 착잡하다	1	2	3	4	5	6	7	1	2	3	4	5	6	7
155. 참담하다	1	2	3	4	5	6	7	1	2	3	4	5	6	7
156. 창피스럽다	1	2	3	4	5	6	7	1	2	3	4	5	6	7
157. 처량하다	1	2	3	4	5	6	7	1	2	3	4	5	6	7
158. 충격적이다	1	2	3	4	5	6	7	1	2	3	4	5	6	7
159. 치가 떨리다	1	2	3	4	5	6	7	1	2	3	4	5	6	7
160. 치욕스럽다	1	2	3	4	5	6	7	1	2	3	4	5	6	7
161. 침통하다	1	2	3	4	5	6	7	1	2	3	4	5	6	7

정서 항목	적 절 성							경험 빈도						
	매우 부적절함						매우 적절함	전혀 경험하지 않음						매우 자주 경험함
162. 패배감	1	2	3	4	5	6	7	1	2	3	4	5	6	7
163. 한심하다	1	2	3	4	5	6	7	1	2	3	4	5	6	7
164. 한탄스럽다	1	2	3	4	5	6	7	1	2	3	4	5	6	7
165. 허무하다	1	2	3	4	5	6	7	1	2	3	4	5	6	7
166. 허탈하다	1	2	3	4	5	6	7	1	2	3	4	5	6	7
167. 혐오스럽다	1	2	3	4	5	6	7	1	2	3	4	5	6	7
168. 혼란스럽다	1	2	3	4	5	6	7	1	2	3	4	5	6	7
169. 화나다	1	2	3	4	5	6	7	1	2	3	4	5	6	7
170. 황당하다	1	2	3	4	5	6	7	1	2	3	4	5	6	7
171. 회의감	1	2	3	4	5	6	7	1	2	3	4	5	6	7
172. 후회스럽다	1	2	3	4	5	6	7	1	2	3	4	5	6	7
173. 힘겹다	1	2	3	4	5	6	7	1	2	3	4	5	6	7

<부록 5>
고객 만족/불만족 2차원 측정 및 귀인 측정 본 설문지(신용카드용)

신용카드에 관한 소비자조사 설문지

안녕하십니까. 본 설문은 성균관대학교 응용심리 연구소에서 소비자
들의 신용카드 사용에 관한 소비행태 연구를 위해 작성된 설문입니
다. 본 설문은 오직 연구 목적을 위해 통계분석에 활용될 것이며 다
른 용도에는 절대 사용되지 않을 것입니다. 여러분들의 솔직하고 성
실한 답변은 신용카드 서비스 향상을 위해서만 사용될 것을 다시 한
번 약속드리며, 설문에 참여하여 주서서 감사합니다.

배문 1. 귀하의 연령은 어떻게 되십니까? (세)

배문 2. 귀하의 성별은 ? 1. 남자   2. 여자

배문 3. 귀하는 결혼하셨습니까? 1. 미혼   2. 기혼   3. 기타

배문 4. 귀하의 교육 수준은 어느 정도 되십니까?
　　　　1. 고졸 이하   2. 대재   3. 대졸 이상

배문 5. 귀하의 월평균 소득수준은 어느 정도 되십니까?
　　　　(학생은 가구소득 기준)
　　　　1. 150만원 미만   2. 150-300만원 미만
　　　　3. 300-500만원 미만   4. 500만원 이상

배문 6. 귀하의 직업은 어떻게 되십니까?

　　1. 사무직/관리직　　　2. 기술직　　　　　　3. 영업직

　　4. 판매직　　　　　　5. 대학생/대학원생　　6, 주부

　　7. 자영업　　　　　　8. 전문직　　　　　　9. 기타

배문 7. 귀하께서는 카드를 얼마나 자주 사용하십니까?

　　1. 하루에 1회 이상　　　2. 일주일에 4-6회

　　3. 일주일에 2-3회　　　4. 일주일에 1회

　　5. 한 달에 2-3회　　　　6. 한 달에 1회 이하

배문 8. 귀하께서는 인터넷에 얼마나 자주 접속하십니까?

　　1. 하루에 5회 이상　　　2. 하루에 2-4회

　　3. 하루에 1회　　　　　4. 이틀에 1회

　　5. 일주일에 1회　　　　6. 한 달에 3회 이하

S1. 귀하께서 <u>현재 이용하시는 신용카드는 어느 회사</u>입니까? 모두 표시해 주십시오.

　　① 국민카드　　　　　② 삼성카드　　　　　③ 엘지카드

　　④ 외환카드　　　　　⑤ 현대카드　　　　　⑥ 비씨카드

　　⑦ 신한비자카드　　　⑧ 씨티카드　　　　　⑨ 하나비자카드

　　⑩ 롯데카드(아멕스카드)　　⑪ 한미카드　　⑫ 기타(　　　　)

S2. 귀하께서 현재 <u>주로(가장 자주)</u> 이용하시는 신용카드는 어느 회사입니까?

　　① 국민카드　　　　　② 삼성카드　　　　　③ 엘지카드

　　④ 외환카드　　　　　⑤ 현대카드　　　　　⑥ 비씨카드

　　⑦ 신한비자카드　　　⑧ 씨티카드　　　　　⑨ 하나비자카드

　　⑩ 롯데카드(아멕스카드)　　⑪ 한미카드　　⑫ 기타(　　　　)

■ 다음은 귀하께서 이용하고 계시는 신용카드서비스의 속성에 관한 질문 입니다.

문 1. 먼저, 일반적으로 신용카드 서비스에 있어서 아래의 속성들이 **얼마나 중요한 것인지 평가해** 주십시오.

전혀 중요 하지 않다									매우 중요하다
①----②----③----④----⑤----⑥----⑦----⑧----⑨----⑩									

문 2. 두 번째로 귀하가 현재 주로 사용하고 계신 신용카드 서비스에 대해 각각의 항목이 **어느 정도 그렇다고 생각하시는지**를 평가해 주십시오.

전혀 그렇지 않다									매우 그렇다
①----②----③----④----⑤----⑥----⑦----⑧----⑨----⑩									

신용카드 속성	문 1 전혀 중요하지 않음 = 1점 매우 중요함 = 10	문 2 전혀 그렇지 않다 = 1점 매우 그렇다 = 10
1) 고객의 신상정보 및 카드사용 관련 정보 보안이 잘 되어있다		
2) 카드의 분실이나 도난 사고 발생시 안전하다		
3) 직원들의 응대태도가 친절하다		
4) 제휴업체 및 부가서비스가 다양하다		
5) 회사 이미지가 좋다		
6) 지점이 많아 이용하기가 편리하다		
7) 고객의 요구를 신속하게 처리한다		
8) 수수료 및 이자율이 낮다		
9) 서비스가 다양하다		
10) 이용실적에 따른 혜택이 많다		
11) 장기고객에 대한 특별한 혜택과 같은 고객관리를 잘한다		
12) 인터넷 서비스가 잘되어 있다		
13) 고객의 욕구와 기대에 맞는 서비스를 제공하고 있다		
14) 다른 카드와는 차별화 된 서비스를 제공한다		
15) 남에게 드러내놓고 사용할만하다		
16) 연체가 되었을 때 심한 독촉 전화를 하지 않는다		
17) 고객과의 약속을 잘 지킨다		
18) 고객의 불만에 대해 적극적으로 처리한다		

문 3. 귀하께서 주로 이용하시는 신용카드의 모든 속성들을 고려할 때 **전반적으로 어느 정도 만족하십니까**?

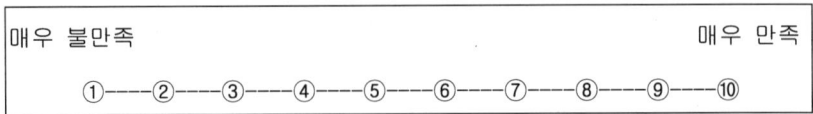

매우 불만족   매우 만족
①────②──③────④────⑤────⑥────⑦────⑧────⑨────⑩

■ 다음은 귀하께서 주로사용하시는 신용카드에 대한 전반적인 질문입니다.

문 4. 그 신용카드 회사에 가입할 때, 그 회사 신용카드의 전반적인 서비스 품질에 대해 **어느 정도 기대**하셨습니까?

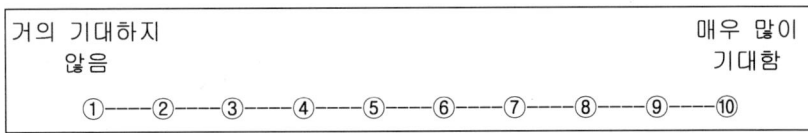

거의 기대하지   매우 많이
않음   기대함
①────②──③────④────⑤────⑥────⑦────⑧────⑨────⑩

문 5. 그 신용카드 회사에 가입할 때, 이용 편리성, 부가서비스, 수수료, 상담원 친절도, 고객 서비스 등이 **얼마나 잘 이루어질 것이라고 기대**하셨습니까?

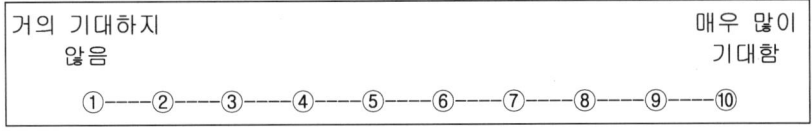

거의 기대하지   매우 많이
않음   기대함
①────②──③────④────⑤────⑥────⑦────⑧────⑨────⑩

문 6. 가입 후 그 신용카드를 이용하시면서, 그 신용카드의 전반적인 서비스 품질에 대해 **어떻게 평가**하십니까?

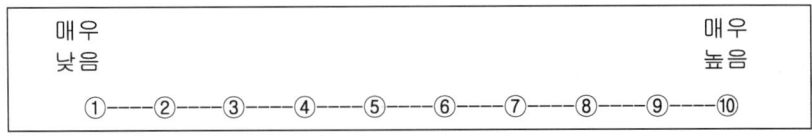

매우   매우
낮음   높음
①────②──③────④────⑤────⑥────⑦────⑧────⑨────⑩

문 7. 귀하께서 그 신용카드를 이용하시면서 이용 편리성, 부가서비스, 수수료, 상담원 친절도, 고객 서비스 등이 현재 **얼마나 잘 이루어지고 있다고 생각**하십니까?

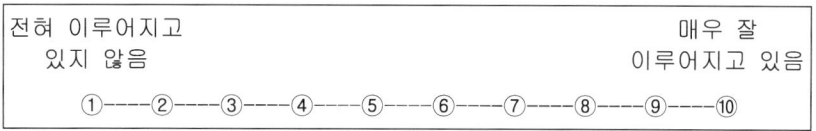

전혀 이루어지고 있지 않음 ①----②----③----④----⑤----⑥----⑦----⑧----⑨----⑩ 매우 잘 이루어지고 있음

문 8. 현재 귀하께서 신용카드를 이용하시면서 느끼신 품질 및 서비스 수준이 **가입할 때의 기대수준에 비해 어떠하십니까?**

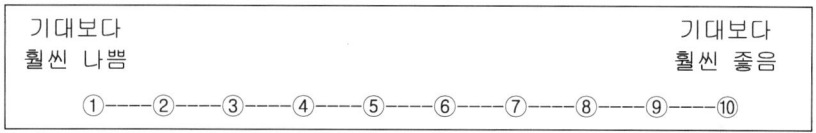

기대보다 훨씬 나쁨 ①----②----③----④----⑤----⑥----⑦----⑧----⑨----⑩ 기대보다 훨씬 좋음

문 9. 이용 편리성, 부가서비스, 수수료, 상담원 친절도, 고객 서비스 등이 **가입할 때의 기대수준에 비해 어떠하십니까?**

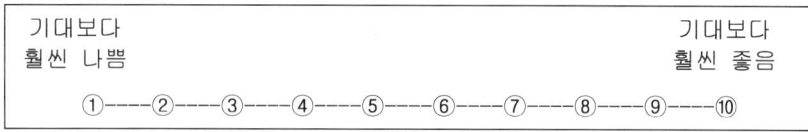

기대보다 훨씬 나쁨 ①----②----③----④----⑤----⑥----⑦----⑧----⑨----⑩ 기대보다 훨씬 좋음

문 10. 귀하께서 주로 사용하는 신용카드에 대해 **만족스러웠던 사건이나 경험**을 있는 대로 적어주십시오.

문 11. 귀하께서 그 신용카드를 주로 이용하시면서 위에서 말씀하신 만족스러운 경험에 대해 다음과 같은 느낌을 **어느 정도** 느끼셨는지 표시해 주십시오.

1. 흡족함	①---②---③---④---⑤---⑥---⑦---⑧---⑨---⑩
2. 생동감	①---②---③---④---⑤---⑥---⑦---⑧---⑨---⑩
3. 고마움	①---②---③---④---⑤---⑥---⑦---⑧---⑨---⑩
4. 즐거움	①---②---③---④---⑤---⑥---⑦---⑧---⑨---⑩
5. 새로움	①---②---③---④---⑤---⑥---⑦---⑧---⑨---⑩
6. 친근감	①---②---③---④---⑤---⑥---⑦---⑧---⑨---⑩
7. 반가움	①---②---③---④---⑤---⑥---⑦---⑧---⑨---⑩
8. 편안함	①---②---③---④---⑤---⑥---⑦---⑧---⑨---⑩
9. 자신감	①---②---③---④---⑤---⑥---⑦---⑧---⑨---⑩
10. 기 쁨	①---②---③---④---⑤---⑥---⑦---⑧---⑨---⑩

문 12. 위 경험에 비추어 볼 때 귀하가 주로 사용하는 신용카드에 대해 **얼마나 만족하십니까**?

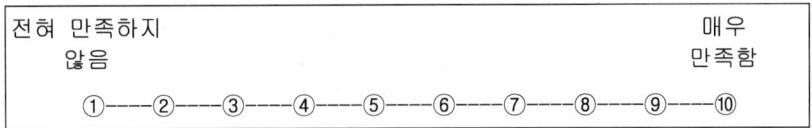

전혀 만족하지
않음

매우
만족함

①----②----③----④----⑤----⑥----⑦----⑧----⑨----⑩

문 13. 귀하께서 **문 10**에서 적었던 만족 경험들 중 가장 만족스러웠던 경우가 다음의 보기 중에서 어떤 것이었는지 **한 가지만** 표시해 주십시오.

1.	신용카드 서비스 품질과 관련된 것
2.	신용카드 고객센터 또는 콜 센터와 관련된 것
3.	고객정보와 관련된 것
4.	신용카드 회사 직원들과 관련된 것
5.	신용카드 회사이미지 또는 광고와 관련된 것
6.	신용카드 서비스 이용과 관련된 것
7.	신용카드 이용에 따른 혜택과 관련된 것
8.	신용카드 회사의 업무처리와 관련된 것
9.	나의 선택이나 결정 또는 나로 인한 문제와 관련된 것
기타	(구체적으로 적어주세요 _____)

문 14. 귀하께서 위에서 가장 만족하다고 선택한 사건에 대해 **만족
의 이유가** 보기 중 **어느 쪽에 해당되는지를 숫자에 표시
해 주십시오.**

1. 그 원인은 내가 잘 사용해서 그런 것이다	①-②-③-④-⑤-⑥	그 회사가 잘해서 그런 것이다
2. 그 원인은 통제 가능한 것이다	①-②-③-④-⑤-⑥	통제 불가능한 것이다
3. 그 원인은 나한테 책임이 있는 것이다	①-②-③-④-⑤-⑥	나 이외의 다른 문제 때문에 생긴 것이다
4. 그 원인은 의도적인 것이다	①-②-③-④-⑤-⑥	의도적인 것이 아니다
5. 그 원인은 상황에 따라 변하는 것이다	①-②-③-④-⑤-⑥	변하지 않는 것이다
6. 그 원인은 이번에만 그런 것이다	①-②-③-④-⑤-⑥	계속 반복되는 것이다

문 14-1. 귀하는 위에서 만족했던 경험과 그 이유에 대해 평가했습
니다. **그때 느낌이 어떠했는지를** 다음에 표시해 주십시오.

느낌 (감정)	전혀 없음 매우 많음 ①---②---③---④---⑤---⑥---⑦---⑧---⑨---⑩
1. 자신감	①---②---③---④---⑤---⑥---⑦---⑧---⑨---⑩
2. 자부심	①---②---③---④---⑤---⑥---⑦---⑧---⑨---⑩
3. 즐거움	①---②---③---④---⑤---⑥---⑦---⑧---⑨---⑩
4. 고마움	①---②---③---④---⑤---⑥---⑦---⑧---⑨---⑩
5. 신뢰감	①---②---③---④---⑤---⑥---⑦---⑧---⑨---⑩

문 15. 귀하께서 주로 사용하는 신용카드에 대해 **불만족스러웠던
사건이나 경험**을 있는 대로 적어주십시오.

문 16. 귀하께서 그 신용카드를 주로 이용하시면서 위에서 말씀하신 불만족스러운 경험에 대해 다음과 같은 느낌을 **어느 정도** 느끼셨는지 표시해 주십시오.

느낌 (감정)	전혀 없음 ①---②---③---④---⑤---⑥---⑦---⑧---⑨---⑩ 매우 많음
1. 기분 나쁨	①---②---③---④---⑤---⑥---⑦---⑧---⑨---⑩
2. 화 남	①---②---③---④---⑤---⑥---⑦---⑧---⑨---⑩
3. 불신감	①---②---③---④---⑤---⑥---⑦---⑧---⑨---⑩
4. 당혹감	①---②---③---④---⑤---⑥---⑦---⑧---⑨---⑩
5. 불쾌감	①---②---③---④---⑤---⑥---⑦---⑧---⑨---⑩
6. 실망스러움	①---②---③---④---⑤---⑥---⑦---⑧---⑨---⑩
7. 신경질 남	①---②---③---④---⑤---⑥---⑦---⑧---⑨---⑩

문 17. 위 경험에 비추어 볼 때 귀하가 주로 사용하는 신용카드에 대해 **얼마나 불만족하십니까**?

전혀 불만족하지 않음									매우 불만족함
①----②----③----④----⑤----⑥----⑦----⑧----⑨----⑩									

문 18. 귀하께서 **문 15** 에서 적었던 불만족 경험들 중 가장 불만족스러웠던 경우가 다음의 보기 중에서 어떤 것이었는지 **한 가지만** 표시해 주십시오.

1.	신용카드 서비스 품질과 관련된 것
2.	신용카드 고객센터 또는 콜센터와 관련된 것
3.	고객정보와 관련된 것
4.	신용카드 회사 직원들과 관련된 것
5.	신용카드 회사이미지 또는 광고와 관련된 것
6.	신용카드 서비스 이용과 관련된 것
7.	신용카드 이용에 따른 혜택과 관련된 것
8.	신용카드 회사의 업무처리와 관련된 것
9.	나의 선택이나 결정 또는 나로 인한 문제와 관련된 것
기타	(구체적으로 적어주세요 _____)

문 19. 귀하께서 위에서 가장 불만족하다고 선택한 사건에 대해 **불만족의 이유가** 보기 중 **어느 쪽에 해당되는지 표시해 주십시오.**

1. 그 원인은 내가 잘못 사용해서 그런 것이다	①-②-③-④-⑤-⑥	그 회사가 잘못해서 그런 것이다
2. 그 원인은 조치할 수 있는 것이다	①-②-③-④-⑤-⑥	어찌할 수 없는 불가피한 것이다
3. 그 원인은 개선할 수 있는 것이다	①-②-③-④-⑤-⑥	개선할 수 없는 것이다
4. 그 원인은 나한테 있다	①-②-③-④-⑤-⑥	상황이나 운 때문에 생긴 것이다
5. 그 원인은 상황에 따라 변하는 것이다	①-②-③-④-⑤-⑥	변하지 않는 것이다
6. 그 원인은 이번에만 그런 것이다	①-②-③-④-⑤-⑥	계속 반복되는 것이다

문 19-1. 귀하는 위에서 불만족했던 경험과 그 이유에 대해 평가했습니다. **그때 느낌이 어떠했는지를** 다음에 표시해 주십시오.

1. 창피함	①---②---③---④---⑤---⑥---⑦---⑧---⑨---⑩
2. 후회	①---②---③---④---⑤---⑥---⑦---⑧---⑨---⑩
3. 걱정스러움	①---②---③---④---⑤---⑥---⑦---⑧---⑨---⑩
4. 자책감	①---②---③---④---⑤---⑥---⑦---⑧---⑨---⑩
5. 화남	①---②---③---④---⑤---⑥---⑦---⑧---⑨---⑩
6. 짜증남	①---②---③---④---⑤---⑥---⑦---⑧---⑨---⑩
7. 불신감	①---②---③---④---⑤---⑥---⑦---⑧---⑨---⑩
8. 찜찜함	①---②---③---④---⑤---⑥---⑦---⑧---⑨---⑩
9. 답답함	①---②---③---④---⑤---⑥---⑦---⑧---⑨---⑩

문 20. 다음은 귀하께서 이용하시는 신용카드에 대해 불만스러웠을 때 요구할 수 있는 행동들입니다. 각 행동들이 **불만족에 대한 불평행동으로 어느 정도 강하게** 생각되시는지 그 정도를 '**전혀 강하지 않다**' 1점에서 '**매우 강하다**' 10점까지 평가해 주십시오.

	전혀 강하지 않다									매우 강하다
1. 대수롭지 않은 일이므로 아무 행동도 취하지 않는다	1	2	3	4	5	6	7	8	9	10
2. 들이는 시간과 노력이 아까워서 아무 행동도 취하지 않는다	1	2	3	4	5	6	7	8	9	10
3. 불평을 해봐야 소용이 없기 때문에 아무 행동도 취하지 않는다	1	2	3	4	5	6	7	8	9	10
4. 보상을 요구한다	1	2	3	4	5	6	7	8	9	10
5. 카드 회원 계약을 해지해 달라고 한다	1	2	3	4	5	6	7	8	9	10
6. 해당회사에 전화를 걸어 항의한다	1	2	3	4	5	6	7	8	9	10
7. 주위 사람들에게 이 카드에 대해 불평을 늘어 놓는다	1	2	3	4	5	6	7	8	9	10
8. 신문이나 인터넷에 불평의 글을 올린다	1	2	3	4	5	6	7	8	9	10
9. 주위 사람들에게 이 카드를 사용하지 말라고 말린다	1	2	3	4	5	6	7	8	9	10
10. 그 회사 카드를 사용하지 말도록 운동을 전개한다	1	2	3	4	5	6	7	8	9	10
11. 손해 배상 청구 등 법원에 소송을 제기한다	1	2	3	4	5	6	7	8	9	10
12. 관련 소비자 단체에 고발한다	1	2	3	4	5	6	7	8	9	10
13. 해당 정부기관(공정거래위원회 등)에 고발한다	1	2	3	4	5	6	7	8	9	10

문 21. 그 동안 귀하께서 주로 이용한 신용카드의 품질 및 서비스에 대해 신용카드회사에 **불평을 한 적이 얼마나 많이 있었습니까?**

전혀 없음									매우 많음
①----②----③----④----⑤----⑥----⑦----⑧----⑨----⑩									

문 22. 귀하께서 **불평을 제기할 때 얼마나 강하게 제기해 보셨습니까**?

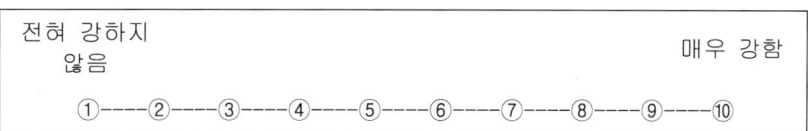

문 23. 귀하께서는 귀하가 주로 이용하시는 신용카드를 가족친지나 주위 분들에게 사용하라고 **권유할 생각**이 얼마나 있으십니까?

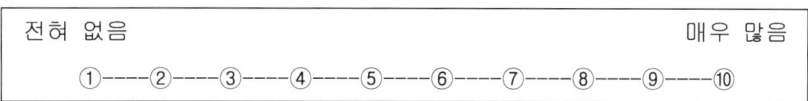

문 24. 귀하께서는 귀하가 이용하시는 그 신용카드회사를 **계속 이용하실 생각**은 얼마나 있으십니까?

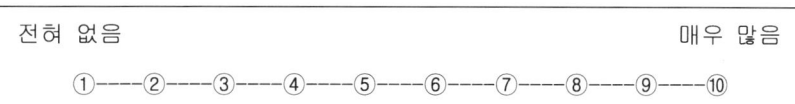

문 25. 다음은 귀하께서 이용하시는 신용카드에 대해 불만스러웠을 때 요구할 수 있는 행동들입니다. **불만족에 대한 불평행동 중 귀하께서 가장 불만족스러웠을 때 직접 취하셨던 행동**이 있으시면 해당되는 행동을 순서대로 5가지만 아래의 보기에서 골라주십시오.

1. (   ) 2. (   ) 3. (   ) 4. (   ) 5. (   )

---

1. 대수롭지 않은 일이므로 아무 행동도 취하지 않았다
2. 들이는 시간과 노력이 아까워서 아무 행동도 취하지 않았다
3. 불평을 해봐야 소용이 없기 때문에 아무 행동도 취하지 않았다
4. 보상을 요구한다
5. 카드 회원 계약을 해지해 달라고 한다
6. 해당회사에 전화를 걸어 항의한다
7. 주위 사람들에게 이 카드에 대해 불평을 늘어 놓는다
8. 신문이나 인터넷에 불평의 글을 올린다
9. 주위 사람들에게 이 카드를 사용하지 말라고 말린다
10. 그 회사 카드를 사용하지 말도록 운동을 전개한다
11. 손해 배상 청구 등 법원에 소송을 제기한다
12. 관련 소비자 단체에 고발한다
13. 해당 정부기관(공정거래위원회 등)에 고발한다

문 26. 귀하께서 불만에 대한 불평행동을 했을 때 회사의 처리에 대해 어느 정도 만족하셨습니까?

매우 불만   매우 만족

①----②----③----④----⑤----⑥----⑦----⑧----⑨----⑩

문 27. 귀하께서는 신용카드 회사(지점이나 고객센터 포함)를 몇 번 정도 방문해 보셨습니까? _____회

<부록 6>
속성 영향력 분석을 위한 회귀분석 결과

1차원 만족에 대한 회귀분석 결과(신용카드)

		R^2	Adjusted R^2	B	Std. Error	Beta	t	Sig
Model 1		.378	.377					
	(constant)			3.094	.217		14.266	.000
	고객 불만 적극적 처리			.526	.032	.615	16.327	.000
Model 2		.465	.462					
	(constant)			2.480	.214		11.570	.000
	고객 불만 적극적 처리			.368	.035	.430	10.399	.000
	남에게 드러내놓고 사용			.267	.032	.347	8.395	.000
Model 3		.500	.497					
	(constant)			1.932	.230		8.412	.000
	고객 불만 적극적 처리			.297	.036	.347	8.140	.000
	남에게 드러내놓고 사용			.219	.032	.285	6.853	.000
	고객 관련 정보 보안 철저			.184	.033	.227	5.555	.000
Model 4		.522	.517					
	(constant)			1.813	.226		8.008	.000
	고객 불만 적극적 처리			.245	.038	.286	6.508	.000
	남에게 드러내놓고 사용			.166	.033	.216	4.951	.000
	고객 관련 정보 보안 철저			.177	.032	.218	5.433	.000
	이용실적에 따른 혜택			.145	.033	.190	4.451	.000
Model 5		.532	.526					
	(constant)			1.583	.237		6.704	.000
	고객 불만 적극적 처리			.209	.039	.244	5.340	.000
	남에게 드러내놓고 사용			.152	.033	.198	4.542	.000
	고객 관련 정보 보안 철저			.132	.035	.163	3.718	.000
	이용실적에 따른 혜택			.150	.032	.196	4.633	.000
	직원 응대태도 친절			.118	.039	.135	3.011	.003
Model 6		.537	.531					
	(constant)			1.515	.238		6.375	.000
	고객 불만 적극적 처리			.139	.050	.163	2.807	.005
	남에게 드러내놓고 사용			.139	.034	.181	4.111	.000
	고객 관련 정보 보안 철저			.131	.035	.162	3.715	.000
	이용실적에 따른 혜택			.138	.033	.181	4.243	.000
	직원 응대태도 친절			.106	.039	.122	2.708	.007
	고객과의 약속 이행 잘함			.118	.052	.132	2.255	.025

2차원 만족에 대한 회귀분석 결과(신용카드)

		R^2	Adjusted R^2	B	Std. Error	Beta	t	Sig
Model 1		.293	.291					
	(constant)			3.447	.233		14.813	.000
	고객의 욕구에 맞는 서비스			.502	.037	.541	13.458	.000
Model 2		.351	.348					
	(constant)			2.671	.255		10.478	.000
	고객의 욕구에 맞는 서비스			.315	.047	.339	6.758	.000
	고객과의 약속 이행 잘함			.297	.047	.315	6.291	.000
Model 3		.377	.372					
	(constant)			2.072	.288		7.207	.000
	고객의 욕구에 맞는 서비스			.268	.047	.288	5.693	.000
	고객과의 약속 이행 잘 함			.238	.048	.252	4.905	.000
	회사 이미지가 좋다			.179	.042	.190	4.223	.000
Model 4		.388	.382					
	(constant)			2.116	.286		7.406	.000
	고객의 욕구에 맞는 서비스			.199	.053	.214	3.770	.000
	고객과의 약속 이행 잘 함			.218	.049	.231	4.488	.000
	회사 이미지가 좋다			.149	.043	.158	3.428	.001
	이용실적에 따른 혜택			.123	.043	.152	2.823	.005
Model 5		.394	.387					
	(constant)			1.924	.298		6.444	.000
	고객의 욕구에 맞는 서비스			.193	.053	.208	3.681	.000
	고객과의 약속 이행 잘 함			.204	.049	.216	4.170	.000
	회사 이미지가 좋다			.114	.046	.121	2.469	.014
	이용실적에 따른 혜택			.122	.043	.151	2.815	.005
	지점이 많아 이용 편리			.081	.038	.094	2.218	.034
Model 6		.400	.391					
	(constant)			1.891	.298		6.345	.000
	고객의 욕구에 맞는 서비스			.171	.054	.184	3.183	.002
	고객과의 약속 이행 잘 함			.127	.062	.135	2.037	.042
	회사 이미지가 좋다			.103	.046	.109	2.222	.027
	이용실적에 따른 혜택			.120	.043	.149	2.791	.005
	지점이 많아 이용 편리			.078	.038	.091	2.060	.040
	고객 불만 적극적 처리			.118	.060	.131	1.976	.049

2차원 불만족에 대한 회귀분석 결과(신용카드)

		R^2	Adjusted R^2	B	Std. Error	Beta	t	Sig
Model 1		.067	.065					
	(constant)			7.113	.297		23.917	.000
	이용실적에 따른 혜택			−.273	.048	−.260	−5.629	.000
Model 2		.077	.073					
	(constant)			7.754	.426		18.211	.000
	이용실적에 대한 혜택			−.209	.057	−.199	−3.658	.000
	고객의 요구 신속 처리			−.149	.071	−.114	−2.095	.037

1차원 만족에 대한 회귀분석 결과(핸드폰)

		R^2	Adjusted R^2	B	Std. Error	Beta	t	Sig
Model 1		.410	.408					
	(constant)			2.588	.247		10.465	.000
	사용하기 편리함			.576	.032	.640	17.830	.000
Model 2		.521	.519					
	(constant)			1.506	.246		6.112	.000
	사용하기 편리함			.389	.034	.432	11.348	.000
	통화품질이 좋음			.337	.033	.393	10.326	.000
Model 3		.571	.568					
	(constant)			1.283	.235		5.447	.000
	사용하기 편리함			.285	.036	.306	7.629	.000
	통화품질이 좋음			.273	.032	.319	8.489	.000
	남에게 드러내놓고 사용			.224	.031	.285	7.264	.000
Model 4		.587	.584					
	(constant)			1.165	.233		5.001	.000
	사용하기 편리함			.196	.040	.218	4.903	.000
	통화품질이 좋음			.275	.032	.322	8.719	.000
	남에게 드러내놓고 사용			.164	.033	.209	4.918	.000
	디자인이 좋음			.157	.037	.193	4.242	.000
Model 5		.596	.592					
	(constant)			1.026	.235		4.369	.000
	사용하기 편리함			.181	.040	.201	4.525	.000
	통화품질이 좋음			.219	.036	.256	6.064	.000
	남에게 드러내놓고 사용			.167	.033	.213	5.049	.000
	디자인이 좋음			.156	.037	.192	4.260	.000
	고장이 나지 않음			.090	.030	.119	3.109	.002
Model 6		.600	.595					
	(constant)			.944	.237		3.988	.000
	사용하기 편리함			.165	.040	.183	4.081	.000
	통화품질이 좋음			.215	.036	.252	5.986	.000
	남에게 드러내놓고 사용			.149	.034	.190	4.405	.000
	디자인이 좋음			.141	.037	.174	3.814	.000
	고장이 나지 않음			.070	.031	.093	2.350	.019
	고객 욕구에 맞는 제품 제공			.090	.039	.096	2.269	.024

2차원 만족에 대한 회귀분석 결과(핸드폰)

		R^2	Adjusted R^2	B	Std. Error	Beta	t	Sig
		.300	.298					
Model 1	(constant)			3.279	.264		12.410	.000
	고객 욕구에 맞는 제품 제공			.529	.038	.548	14.009	.000
		.385	.383					
Model 2	(constant)			2.140	.286		7.480	.000
	고객 욕구에 맞는 제품 제공			.365	.041	.378	8.919	.000
	통화품질 좋음			.306	.038	.338	7.963	.000
		.422	.418					
Model 3	(constant)			1.589	.296		5.365	.000
	고객 욕구에 맞는 제품 제공			.262	.044	.271	5.924	.000
	통화품질 좋음			.235	.040	.259	5.941	.000
	사용하기 편리함			.238	.044	.250	5.366	.000
		.433	.428					
Model 4	(constant)			1.302	.308		4.222	.000
	고객 욕구에 맞는 제품 제공			.228	.045	.236	5.045	.000
	통화품질 좋음			.213	.040	.235	5.351	.000
	사용하기 편리함			.195	.046	.205	4.222	.000
	회사 이미지 좋음			.131	.043	.139	3.039	.003
		.440	.433					
Model 5	(constant)			1.098	.320		3.433	.001
	고객 욕구에 맞는 제품 제공			.195	.047	.202	4.121	.000
	통화품질 좋음			.217	.040	.239	5.463	.000
	사용하기 편리함			.188	.046	.197	4.069	.000
	회사 이미지 좋음			.141	.043	.150	3.279	.001
	가격 적당			.062	.027	.086	2.265	.024
		.444	.437					
Model 6	(constant)			1.104	.319		3.464	.001
	고객 욕구에 맞는 제품 제공			.169	.049	.175	3.463	.001
	통화품질 좋음			.206	.040	.227	5.147	.000
	사용하기 편리함			.167	.047	.175	3.543	.000
	회사 이미지 좋음			.115	.045	.122	2.551	.011
	가격 적당			.068	.027	.095	2.494	.013
	남에게 드러내놓고 사용			.082	.041	.099	1.989	.047

2차원 불만족에 대한 회귀분석 결과(핸드폰)

		R^2	Adjusted R^2	B	Std. Error	Beta	t	Sig
Model 1		.071	.069					
	(constant)			7.524	.353		21.333	.000
	고장이 나지 않음			-.284	.048	-.267	-5.928	.000
Model 2		.082	.078					
	(constant)			7.962	.400		19.899	.000
	고장이 나지 않음			-.240	.051	-.226	-4.686	.000
	무선데이타 통신기능이 좋음			-.118	.052	-.110	-2.282	.023
Model 3		.091	.085					
	(constant)			7.422	.468		15.846	.000
	고장이 나지 않음			-.271	.053	-.255	-5.118	.000
	무선데이타 통신기능이 좋음			-.148	.053	-.139	-2.784	.006
	판매점이 많아 구입 편리			.127	.058	.109	2.193	.029

◈ 저자 ◈

● 손영화(孫英華)　약 력

성균관대학교 경상대학 산업심리학과 졸업
성균관대학교 대학원 심리학 석사
성균관대학교 대학원 산업심리학 박사

한국 닐슨 소비자조사본부 선임연구원
(주)한컴 마케팅실 차장
엠브레인 기획조사팀 이사
SK주식회사 마케팅지원본부 고객분석팀 부장
광운대학교 산업심리학과 겸임교수 역임
세종대학교 신문방송학과 겸임교수 역임
(현) 한국관광공사 마케팅연구팀 R&D팀장

주요 논문

「고객 만족/불만족에 미치는 소비정서의 매개효과」
「한국인의 소비 정서 항목 개발을 위한 탐색적 연구」
「고객 만족/불만족 차원 검증에 관한 연구」
외 다수

고객만족 측정방법의 재정립
-만족한 불평고객을 찾아라-

• 초판 인쇄	2005년 4월 25일
• 초판 발행	2005년 4월 25일
• 지 은 이	손영화
• 펴 낸 이	채종준
• 펴 낸 곳	한국학술정보㈜
	경기도 파주시 교하읍 문발리
	파주출판문화정보산업단지 526-2
	전화 031) 908-3181(대표)·팩스 031) 908-3189
	홈페이지 http://www.kstudy.com
	e-mail(e-Book사업부) ebook@kstudy.com
• 등 록	제일산-115호(2000. 6. 19)
• 가 격	18,000원

ISBN　89-534-2419-4 93320 (paper book)
　　　　89-534-2420-8 98320 (e-book)